KB116817

기후대전

CLIMATE WARS
by Gwynne Dyer

갈수록 뜨거워지는 세상에서 살아남기 위한 싸움

기후대전

권 다이어

— 이창신 옮김

김영사

기후대전

저자_ 귄 다이어
역자_ 이창신

1판 1쇄 발행_ 2011. 9. 19.
1판 2쇄 발행_ 2011. 12. 11.

발행처_ 김영사
발행인_ 박은주

등록번호_ 제406-2003-036호
등록일자_ 1979. 5. 17.

경기도 파주시 교하읍 문발리 출판단지 515-1 우편번호 413-756
마케팅부 031)955-3100, 편집부 031)955-3250, 팩시밀리 031)955-3111

이 책의 한국어판 저작권은 모모 에이전시를 통한
Gwynne Dyer c/o The Susijn Agency Ltd.와의 독점 계약에 의해 김영사에 있습니다.
저작권법에 의해 한국 내에서 보호를 받는 저작물이므로 무단 전재와 무단 복제를 금합니다.

값은 뒤표지에 있습니다.
ISBN 978-89-349-5496-5 03300

독자의견 전화_ 031)955-3200
홈페이지_ http://www.gimmyoung.com
이메일_ bestbook@gimmyoung.com

좋은 독자가 좋은 책을 만듭니다.
김영사는 독자 여러분의 의견에 항상 귀 기울이고 있습니다.

⋮

기후대전,

이것은 세상이 몰고올 마지막 전쟁이 될 것이다!

⋮

차 례

CLIMATE
WARS

들어가는 말

> 최근에 나온 과학 연구를 보면, 기후변화가 세상에 어떤 물리적 충격을 줄지 그림을 그려볼 수 있어요. 그 충격은 환경에만 머무르지 않습니다. 그것의 결과는 안보 문제의 핵심을 건드립니다.
>
> —마거릿 베킷, 영국 전 외무장관

이 책은 21세기의 대부분을 잠식할 것처럼 보이는 종말론적 위기에 대처하려는 세계 각국의 정치와 군사 전략을 들여다보려는 시도다. 기후변화를 과학적으로 다룬 책이나 그 해결책을 제시한 책은 시중에 이미 많이 나왔지만, 지구온난화가 진행되는 과정에서 세계 각국이 서로 다른, 더러는 걷잡을 수 없는 압력에 직면해 그러한 변화에 어떻게 대응할지, 그 암담한 상황을 자세히 다룰 엄두를 낸 책은 거의 없다. 그러나 기후변화의 결과를 결정하는 일은 다분히 정치적이고, 국가적이며, 국제적이라는 사실을 우리는 이미 잘 알고 있다.

이 책을 쓸 때가 되었다고 생각한 계기는 두 가지다. 하나는, 기후변화가 인류 문명에 미칠 일차적이고 가장 중요한 영향이 바로 식량 공급 위기이며 이는 인류의 심각한 문제로 영원히 지속되리라는 판단이다.

식량은 협상 대상이 될 수 없으며, 국민을 먹여 살리지 못하는 국가는 이 문제에 '이성적'으로 대처하기 힘들다. 이것은 흔히 '제3세계'라 부르는 아시아·아프리카·라틴아메리카의 개발도상국가에만 해당하는 일이 아니다.

필자의 주의를 끈 또 다른 계기는 기후변화 시나리오가 이미 강대국들의 군사 계획에서 중대한 비중을 차지하기 시작했으며, 그 비중이 점점 커져간다는 사실이다. 이성적으로 생각하면 얼마든지 그럴 수 있지 않은가, 어느 나라든 전문 군사 조직을 활용해 자국 안보를 '위협'하는 요소를 찾아내 대응하지 않는가, 하고 말할 수도 있겠지만 그 시나리오의 내막을 들여다보면 자연 눈이 휘둥그레진다. 지구의 평균 기온이 섭씨 2, 3도만 올라가도 전쟁이 일어날 가능성이 엿보이니 말이다. 물론 핵전쟁까지 포함해서 말이다. 실제로 그런 일이 벌어지면, 전세계가 힘을 합쳐 온실가스를 억제하고 지구온난화를 막으리라는 희망은 물거품이 되고 만다.

나는 이 책에서 기후변화가 정치와 군사 전략에 미칠 영향을 다루면서 기초 과학 정보는 물론이고, 좀 더 공통적이고 현실적인 지구온난화 시나리오를 얻기 위해 이미 간행된 2차 문헌을 참고했다. 이를테면 〈2007년 기후변화에 관한 정부간 토론회 4차 평가보고서 2007 Intergovernmental Panel on Climate Change Fourth Assessment Report〉라든가 〈2006년 기후변화 경제학에 관한 스턴 리뷰 2006 Stern Review on the Economics of Climate Change〉 등이다. 그리고 각계 전문가와의 대담을 넣어 내용을 보충했다. 사실 어느 면에서는 대담이 이 책의 진짜 토대가 되었다. 그동안 10여 국가를 숨 가쁘게 돌면서 날마다 이 문제로 씨름하는 과학자·군인·정부 관료·정치인과 이야기를 나누었다. 그 덕분에 나는 이 분야에 눈을 뜨고, 인간 이성에 대한 신뢰를 회복하게 되었다. 본문에 인용한 부분은 따로 출처를 밝히지 않는 한, 모두 이들과의 대담에서 그대로 따온 것이다.

회의주의자들이 옳고 그 반대편이 틀릴 확률이 아주 없지는 않지만, 인간이 유발한 지구온난화의 증거는 워낙 명백해서 대책이 시급한 실정이다. 만약 손을 쓰지 않거나 너무 늦게 손을 쓸 경우 그 대가는 혹독해서, 뒤늦게 지구온난화와 싸우려면 꼭 필요한 조치만 취하는 데도 훨씬 많은 비용을 치러야 한다.

각 장 앞에 시나리오를 실은 의도는 예언을 하기 위해서가 아니라, 기후변화가 가져올 정치 위기의 예를 제시하기 위해서일 뿐이다. 그리고 이 시나리오는 대규모 미래 예측의 일부가 아니다. 각 시나리오는 개별적으로 의미를 지니며, 서로 모순된다 해도 크게 문제 삼지 않기를 바란다. 시나리오 중에 다른 출처에서 발췌한 대담을 실은 경우가 있는데, 이는 오직 내 추정의 타당성을 설명하기 위해서일 뿐, 대담 당사자가 해당 시나리오에 동의한다거나 그 시나리오를 보았다는 뜻은 아니다. 시나리오에 언급한 날짜는 순전히 임의로 정한 것이며, 지구온난화가 최신 자료에서 암시된 시기보다 느리게 진행될 경우, 이 날짜는 몇 십 년까지도 얼마든지 늦춰질 수 있다. 하지만 나는 시나리오의 신뢰성을 최대한 높이고자 노력했고, 여기에는 국제관계 언론인으로서 한평생 세상 돌아가는 이치를 분석해온 경험이 바탕됐다. 더러는 제대로 분석한 적도 있었으니까.

그리고 기후변화 문제로 세계를 돌아다니고 나서 내가 얻은 결론은 다음 네 가지다. 처음 이 여정을 시작할 때는 잘 몰랐던 중요한 사실이다. 첫째, 이 문제는 익히 알려진 것보다 훨씬 빠른 속도로 우리에게 다가오고 있다. 기후 문제를 직접적으로 다루는 사람들과 이야기해보면, 과학자든 정책 입안자든 한결같이 공포에 사로잡혀 있다는 걸 느낄 수 있다. 우리가 이 문제에서 용케 빠져나간다 해도 상당한 희생을 감수해야만 한다.

둘째, 백열등을 바꾸거나 차를 덜 몰거나 하는 다양한 실천은 의식 수준을 높이고 사람들 각자의 운명을 관리하는 데는 도움이 될지언정, 이 위기가 불러올 결과를 바꾸는 것과는 사실상 무관하다. 우리는 경제 전반에서 탄소를 대대적으로 제거해야 한다. 그리고 2050년까지 지구 전체에서 온실가스 배출을 완전히 없애지 않는다면(2030년까지 80퍼센트를 줄이면 더 바람직하다) 21세기 후반에는 우리가 원하는 환경에서 살기 힘들 것이다. 반대로, 잘만 실천하면 가정에 불을 밝히고 산업 현장을 움직이는 전력처럼 자동차와 비행기를 움직이는 연료도 이산화탄소나 다른 온실가스를 배출하지 않을 것이다. 원 없이 쓰든가, 아니면 감당할 만큼만 쓰든가.

셋째, 우리가 그 마감 시한을 맞추리라는 믿음은 현실성이 없다. 우리가 15년 전, 아니 10년 전에라도 기후변화를 진지하게 고민했더라면 가능성이 있겠지만, 이제는 너무 늦었다. 기후변화협약이 체결된 1992년 당시, 전세계 온실가스 배출은 연간 약 1퍼센트씩 증가했다. 지금은 증가율이 연간 3퍼센트이며, 인류 절반이 사는 아시아는 대부분 산업화 소비사회로 빠르게 진입 중이다. 지구의 평균 기온을 획기적으로 낮춰 최악의 사태를 피하려면, 온실가스를 '당장' 4퍼센트 줄여야 하는데, 초대형 유조선의 방향을 한순간에 바꾸기란 불가능한 일이다. 따라서 지구공학geo-engineering(환경을 임의로 조절해 기후 문제를 해결하려는 공학−옮긴이)을 임시방편 삼아 기온을 낮추면서 온실가스 배출을 줄여놓고, 동시에 지금 우리가 할 수 있는 일이 무엇인지 하루빨리 찾아내야 한다. 하지만 지구공학 기술은 입에 올리지도 말아야 한다는 공감대가 넓게 형성된 게 사실이다. 자칫하면 온실가스 감축 '대신' 지구공학을 선택하는 '도덕적 해이'를 가져올 수 있다는 이유에서다. 그러나 문제를 해결할 기회는 오직 한 번뿐이며, 지구공학 없이는 성공하기 힘들다.

넷째, 지구의 평균 기온이 올라갈 때마다, 대규모 인구 이동이 일어나고, 곧 파탄하거나 이미 파탄에 이른 국가가 늘고, 국내외에 전쟁이 발발할 확률도 덩달아 높아진다. 이런 상황이 점점 심화되고 자주 발생한다면, 기온 상승을 막을 유일한 수단인 범세계적 공조가 힘들어진다.

끝으로 덧붙일 말은, 20세기 말에 드리워진 핵전쟁과 핵겨울 위협, 지금 우리를 둘러싼 걷잡을 수 없는 기후변화 위험, 그리고 지구온난화를 멈춘다 해도 우리 자식과 손자들을 위태롭게 할 정체 모를, 그러나 충분히 예상되는, 끔찍한 위기에는 한 가지 분명한 진실이 담겨 있다. 우리는 인간 종으로서의 임계질량에 도달했다는 사실이다.

인간은 넘쳐나고 인간의 소비도 엄청나서, 우리가 지속적으로 먹고살려면 지구가 30퍼센트는 더 커져야 한다. 만약 세상 모든 사람이 '서구식' 생활수준을 유지한다면, 지구가 서너 개는 더 필요하다. 이 기후 위기를 해결할 방법은 산업혁명 기술에 의존하는 생활에서 벗어나 환경에 해를 덜 입히는 생활을 택하는 것이지만, 우리 힘은 걷잡을 수없이 너무 막강해졌다. 이 위기 상황은 부분적으로 개선될 수 있을지 몰라도 전체적으로는 이미 영구적인 것이 되어버렸다. 게다가 종말론적 위기가 한

번에 하나씩 닥치는 호사를 기대하기도 어렵다(그러면 얼마나 좋을까마는). 예를 들어 2020년대까지는 인공지능의 적절한 역할을 두고 한바탕 격론이 예상된다. 이것 또한 기후의 영향을 통제하는 것만큼이나 인류의 미래에 중대한 문제다.

　해군 기초 훈련을 받을 당시 내 인생을 지배하던 하사관이 곧잘 하던 말로 이 글을 마무리할까 한다. "농담을 받아들일 줄 모르면 아예 들어오지도 말았어야 한다."

•••••

SCENARIO ONE:
THE YEAR 2045

Average global temperature: 2.8 degrees Celsius higher than 1990
Global population: 5.8 billion

2045년

지구 평균 기온: 1990년보다 섭씨 2.8도 상승
세계 인구: 58억

유럽연합EU이 남부 회원국에서 북부 회원국으로의 대량 이주 사태로 골치를 앓다가 2036년에 마침내 무너진 뒤로, 새롭게 형성된 '북부연합'(프랑스·베네룩스·독일·스칸디나비아 국가·폴란드, 그리고 중유럽의 구 합스부르크 지역)은 국경을 봉쇄하여 기근에 시달리는 지중해 연안 국가에서 몰려온 난민을 막는 데 성공했다. 로마 남쪽의 이탈리아는 기근이 더욱 심각한 북아프리카 국가에서 몰려드는 난민으로 넘쳐나 더 이상 조직적인 국가의 일부라고도 할 수 없는 지경에 이르렀다. 한편 핵무기를 손에 넣은 스페인·파다니아(이탈리아 북부)·터키는 식량 사정이 좋은 북유럽 국가에게 식량을 나누자고 압박한다(성과는 거의 없다). 국가적 노력 덕에 그런대로 식량 자급자족을 이룬 영국은 증강된 핵무기를 방패 삼아 유럽 대륙에서 떨어져 나왔고 난민 보호소 역할에서도 발을 뺐다.

식량 생산에서 기후변화의 최대 수혜국인 러시아는 이론의 여지가 없는 아시아 최대 강국이다. 그러나 2020년대와 2030년대에 대혼란을 겪고 나서 재통합을 이룬 중국이 러시아의 시베리아 국경 지대에 새로운 위협으로 떠올랐다. 중국 인구는 8억 명으로 현저히 줄었지만, 농토가 점점 황폐해져 자급자족이 어려운 실정이다. 북부 평야 지대 전반에 강우량이 줄고 주요 하천 시설이 붕괴된 탓이다. 한편 인도 남부는 이 지역의 주요 세력으로 새롭게 떠오르고 있지만, 한때 인도 북부였던 파키스탄과 방글라데시에는 여전히 기근과 무정부 상태가 만연하다. 빙하가 주요 수원인 인더스 강·갠지스 강·브라마푸트라 강의 물이 마르고 갈수록 계절풍이 불지 않아 강우량이 줄어들기 때문이다. 일본도 영국과 마찬가지로 아시아 대륙에서 떨어진 섬으로, 핵으로 무장한 채 비교적 번영을 누린다.

4천만 명까지 불어났던 아라비아이슬람공화국의 인구는 2020년에 거대한 가와르 유전이 고갈되면서 5년 만에 무려 절반으로 줄었고, 그 뒤로 더 이상 식량을 수입할 곳도 없는 상황에서 얼마 남지 않은 식량의 가격이 치솟자 인구는 다시 절반이 줄었다. 우간다는 1962년 독립할 당시 인구가 5백만 명이었다가 2030년에 1억 1천만 명이 되었고, 그 뒤로 다시 줄어 현재 3천만 명이 되었으며, 이들 생존자 가운데 다수가 심각한 영양실조에 시달린다. 브라질과 아르헨티나는 여전히 그럭저럭 자급자족을 유지하지만, 멕시코는 북미자유무역협정NAFTA에서 제명되었으며, 이로써 미국과 캐나다는 예전 생활방식을 간신히 유지할 정도로 음식과 물을 확보하게 되었다. 미국과 멕시코 국경을 따라 세워진 장벽은 여전히 건재하다.

2032년에는 인간이 배출한 온실가스가 1990년에 비해 47퍼센트 늘어나 최고에 이르렀다가 일시적으로 다시 주춤해졌는데, 석유 공급 감소와 중국 내전이 주요 원인이었다. 그러나 캐나다 극지역, 알래스카, 시베리아 영구동토층이 녹아내리면서 메탄과 이산화탄소 수천 메가톤이 배출되는 바람에 인간의 온실가스 감축 효과가 무색해졌고, 이 자연적 과정은 인간의 통제력을 벗어나 진행되었다. 인간이 배출하고 '신 자연적neo-natural'으로 배출되는 온실가스는 꾸준히 빠르게 증가하고 있으며, 21세기 말에는 지구의 평균 기온이 1990년보다 8, 9도 올라가리라 예상된다.

예상되는 결과: 끔찍함

1장

기후변화의 지정학

The Geopolitics of Climate Change

이제 막 언급한 시나리오는 기후모델을 연구하는 사람들이 내놓는 시나리오가 아니다. 그들은 기후변화가 정치·인구·군사 전략에 미칠 영향을 예상하면서도 그것들을 멀찌감치 피해간다. 내가 쓴 앞의 시나리오는 2045년 지구의 평균 기온을 수많은 기후모델의 예상치보다 높게 상정했지만, 섭씨 2.8도 상승은 얼마든지 있을 수 있는 일이다. 특히 이 시기에 해양의 탄소 흡수에 부분적으로 문제가 생기거나 영구동토층이 녹거나 여름에 북극해에 얼음이 없어지는 등 양성 피드백(어떤 현상에서 나온 반응이 다시 원래의 현상을 촉진하는 피드백—옮긴이)이 나타나기 시작하면 그 가능성은 더 커진다. 안타깝게도 열대해양·영구동토층·북극해와 관련한 최근 자료를 보면 이 모든 피드백이 예상을 훨씬 앞질러 벌써부터 시작된 모양이다.

앞서 시나리오가 가정한 또 한 가지는 20년이라는 제한된 시간에 온실가스 배출을 80퍼센트 줄여야 하지만, 지구상의 나라들이 이 기한을 지키지 않으리라는 점이다. 그러다 보면 21세기 중반에는 지구가 더 뜨거워져 평균 기온은 이미 2, 3도 높아지고, 세기말에는 8, 9도 또는 10도까지도 높아질 것이다. 이런 상황에서 걱정스러운 것은 단지 뜨거운 여름, 세력이 커진 허리케인, 높아진 해수면, 필사적으로 헤엄치는 북극곰만이 아니다. 우리는 대규모 기아 사태, 나아가 핵전쟁이 가져올 대규모 죽음을 피해야 한다. 그러나 가능성은 크지 않다.

세계적으로 식량이 부족하다 보니 아무리 높은 값을 지불해도 식량을 수입하지 못하는 지경에 이른다. 그러나 이 와중에도 상대적 승자와 패자가 존재해서, 위도상으로 높은 지역에 위치한 나라들, 그러니까 북유럽 · 러시아 · 캐나다 같은 곳은 여전히 강우량이 넉넉해 자급자족이 가능한 반면에, 중간 지역에 위치한 나라들은 상황이 심각하다. 심지어 미국도 경작지가 급격히 줄었다. 미시시피 강 서쪽 고원지대는 비가 오지 않고, 남동부는 지속적인 가뭄에 시달리며, 캘리포니아 센트럴밸리에 관개용수를 공급하는 강물은 여름이면 물줄기가 마른다. 지중해 북쪽에 있는 스페인 · 이탈리아 · 터키 같은 작은 나라들은 전 국토가 사막으로 변해가는 바람에 자급자족이 불가능하다. 중국 북부 평원에 비를 뿌렸던 북동계절풍은 불지 않고, 중국 남부의 수원인 여러 강은 캘리포니아에 물을 대던 강과 똑같은 운명에 놓여, 지금은 오직 겨울에만 물줄기를 볼 수 있을 뿐이다.

사람들이 굶주림에 시달리기 시작하는 세상이 되었다. 속수무책으로 기근을 멍하니 바라만 보는 농촌 사회 중에는 이런 일을 처음 당하는 곳도 있다. 피해국 가운데는 기술이 발달한 선진국도 있는데, 이런 나라 국민들은 굶주리는 자식을 손 놓고 바라보기보다는 아이를 살릴 수만 있다면 불법도 마다않고 온갖 수단을 동원할 것이다. 그러다 보니 아직 자급자족은 가능하지만 나눠 먹을 식량은 거의 없는 북쪽의 운 좋은 나라들은 몰려드는 굶주린 난민을 돌려보낼 테고, 이때 무력이 동원될 가능성이 크다. 이들은 위협적 수단으로 식량을 빼앗으려는 이웃 국가에 대처해야 하고, 절박한 이웃 국가는 핵무기를 보유한 나라일 수도 있다. 각 국가는 당연히 수단과 방법을 가리지 않고 대량 기아 사태를 피하려 하고, 이성에 호소한다는 게 부질없는 짓이 되고 만다.

기후모델을 연구하는 사람이 이런 시나리오를 만들지 않는다면, 누가 만들까? 두말할 것 없이 군사 조직이다.

전문 군사 조직 중에서도 특히 강대국의 오래된 조직은 정신적 압박에 시달리는 국민이나 국가가 이성적으로 행동할 가능성에 무척 회의적이다. 늘 비상사태를 예상하도록 훈련받은 전문 장교들이 보기에, 이보다 더 큰 위협은 없다. 환경 분야 권위자들이 기후변화의 심각성을 두고 뭐라 말하든, 그건 일단 접어두자. 군사 전략가는 과연 정부에 어떤 조언을 할까? 우리 미래는 상당 부분이 거기에 달렸다. 비록 듣기 좋은 소리는 한 마디도 없을지라도.

영국은 오래전부터 기후변화를 공식적 차원에서 진지하게 받아들였고, 영국군은 어떤 시나리오든 자유롭게 토론한다. 영국 국방부에 소속된 '개발, 개념, 정책 센터Development, Concepts and Doctrine Centre: DCDC'가 발간한 91쪽짜리 문서 〈DCDC 세계 전략 성향 프로그램 2007~2036DCDC Global Strategic Trends Programme 2007~2036〉(3판, 2006)은 "영국 국방 정책 개발의 원천이 되는 자료"다.

이는 여러 면에서 대단히 정교한 문서다. 한 부분을 예로 뽑아보자. "이 시기 말에는〔2036년〕 전세계 인구의 다수가 '바깥 세계에 신경을 끊기' 어려울 것이다. 정보통신기술이 워낙 광범위하게 퍼져 사람들은 네트워크나 쌍방향 자료 전송에 영속적으로 연결되고, 이것들은 태생적으로 시민의 자유에 도전하는데, 이러한 연결을 끊고 산다면 되레 의심을 살 수 있다." 그런데 기후변화가 정치와 군사 전략에 미칠 영향을 언급한 부분은 어이없이 짤막하다. 그 부분 전체를 옮겨보겠다.

미래에 기후변화의 영향은 갑작스럽고 아마도 더러는 파국적인 변화를 수반하는 불안정한 상황에서 나타날 것이다. 이 영향은 예상보다 훨씬 빠르고 광범위하게 감지되고, 이를테면 극단적 기상 상황이 뜻밖에 빈번히 발생한다든가 하여 개인적·집단적 대응 능력에 도전할 가능성도 있다. (……)

수요 증가와 기후변화가 주요 작물 공급을 압박해, 가령 생선 물량이 급격히 감소하거나 동남아시아의 쌀 재배량 또는 미국 평원의 밀 재배량이 현저히 감소하리라 예상된다. 연이은 수확량 저조로 주요 곡물 가격이 치솟아 정치와 경제에 격변이 일어나고 인도적 활동에도 규모와 빈도 면에서 상당한 위기를 초래할 수 있다. (……)

물 문제도 점점 심각해져, 가뜩이나 불안한 지역에 긴장감을 더해, 군사 행동과 인구 이동을 초래할 것이다. (……) 가장 위험한 지역은 북아프리카·중동·중국을 포함한 중앙아시아이며, 특히 중국은 물 부족과 환경오염이 갈수록 심각해져, 브라마푸트라 강처럼 이웃 나라 인도로 흘러드는 강의 물길을 바꾸려 할 수도 있다. (……)

자원 압박, 기후변화, 경제적 이익 추구가 합쳐져 급격한 대량 인구 이동이 발생할 수 있다. 특히 사하라 사막 이남의 아프리카 인구가 지중해 부근이나 유럽, 중동으로 몰릴 것이며, 남아시아에서는 해안 범람, 육지의 환경 문제, 경제 분야의 치열한 경쟁이 방글라데시와 인도 동해안의 많은 인구에 영향을 미칠 것이다. 비슷한 현상은 동아시아의 주요 군도에도 나타날 수 있으며, 낮은 섬은 사람이 살 수 없을 것이다.

이 정도면 그리 심각한 수준은 아니잖은가? 여기서는 생선이 부족하고, 저기서는 주요 곡물 가격이 치솟고, 중국과 인도는 강의 물길을 바꾸는 문제로 사소한 국경 분쟁을 일으키고, 기후 난민으로 수천만 명이 사하라 이남의 아프리카와 방글라데시를 빠져나온다? 앞으로 30년 안에 기후변화가 초래할 손실이 전부 그 정도라면, 그런대로 견딜 만하지 않은가?

불행하게도 이게 전부가 아니다. 이 정도로는 2045년이 아니라 겨우 2037년에 도착했을 뿐이다. 게다가 앞의 자료가 작성된 해는 2006년이다. 여기에는 '기후변화에 관한 정부간 토론회Intergovernmental Panel on Climate Change: IPCC' 보고서가 바탕이 되었는데, 그렇다면 2007년 보고서가 아닌 2001년 보고서가 쓰였다는 이야기다. 그러니까 대략 10년 전 자료다. 여기서 큰 차이가 발생한다. 각종 수치와 예상은 이제까지 계속 악화되었다. 다음에 나올 DCDC 보고서는 2007년 IPCC 보고서를 참고할 것이고(이 역시 이미 한참 구닥다리가 되었지만), 그때의 기후변화 시나리오는 훨씬 더 암울할 것이다.

영국군이 기후변화가 정치와 군사 전략에 미칠 영향을 예상한 최신 시나리오를 내놓지 않는다면, 누가 내놓을까? 미군? 역시 기대하기 어렵다. 조지 W. 부시 대통령이 취임한 2001년 1월부터 2006년 후반까지 미국 정부는 기후변화를 철저히 부인했다. 그리고 몇 달이 지나 대통령 입에서 '기후변화'라는 말이 간신히 몇 번 나오기는 했지만 부정적 의견이 덧붙여지지는 않았다. 2007년 3월 말에는 '기후변화가 국가 안보에 미치는 영향'이란 제목으로, 미국 육군전쟁대학이 후원하는 이틀간의 대회의가 열려, 민간인 전략가와 현역·퇴역 장교가 모여 기후와 관련한 안보 문제를 광범위하게 논의했다. 그런데 이보다 앞서 군은 한동안 애를 태웠던 모양이다. 2년 이상 매달린 연구 결과가 그 다음 달에 출간되는 탓이다. 워싱턴 방식을 경험한 관료·군인이라면 누구도 기후변화의 지정학에 관한 이번 연구에 이름을 올리는 모험을 하지 않을 터라, 미 국방부는 이 연구를 애초부터 'CNA 코퍼레이션CNA Corporation'에 의뢰했었다.

저는 환경이 안보에 어떤 영향을 미치는지, 오래전부터 관심을 갖고 걱정스럽게 지켜보았고, 8년 동안 국방부 환경 안보 부서에서 일했어요. 몇해 전에는 여러 재단에서 사람들이 찾아와 기후변화가 국가 안보에 미치는 영향을 연구해달라기에, 연구에 도움을 얻을 목적으로 퇴역한 3성, 4성 장군으로 '군사 자문위원단'을 구성했습니다.

보고서에는 주로 앞으로 30, 40년 뒤를 전망했어요. 분명히 문제가 될 만한 사건들이 있고, 그 일은 예상보다 일찍 일어날 수도 있었죠. 하나의 극한 기상이 나타나든, 여러 극한 기상이 복합해 나타나든, 극한 기상 상황은 언제든지 일어날 수 있어요. 하지만 더 중대한 영향은 이후 몇 십 년에 걸쳐, 그리고 물론 훨씬 더 나중까지 일어날 겁니다. 이제부터 온실가스 배출을 줄이고 에너지 사용 습관을 바꾸지 않는 한, 우리 미래는 지독히 암담해요.

—셰리 굿맨, CNA 코퍼레이션 수석 자문위원

CNA 코퍼레이션은 '해군분석센터Center for Naval Analyses'의 전신으로, 제2차 세계대전 중에, 당시 막 생겨난 '운용 연구operational research' 방법론을 대잠수함전에, 뒤이어 해군의 전략과 전술에 도입하려는 일단의 과학자들로 시작되어 지금은 '연방이 지원하는, 해군과 기타 군사 기관을 위한 연구 개발 센터'가 되었다. 그리고 2007년 4월에는 〈국가 안보와 기후변화National Security and Climate Change〉라는 보고서를 내놓았다.

미 육군·해군·공군·해병에서 최근 퇴역한 3성, 4성 장군 11명을 선발해, 그들에게 기후변화나 그와 관련한 분야에 종사하는 수많은 사람들의 의견을 소개한 다음, 소견이나 논평을 부탁해 그것을 토대로 작성한 보고서였다. 보고서가 발표되자 적잖은 반향을 일으켰는데, 그 이유는 정확히 말해, 기후변화를 현실적이고 심각한 현상으로 취급하지 말라는 부시의 정책을 교묘히 피해간 때문이었다.

[중동에서는] 이미 물 문제로 긴장이 고조되었다. 이 지역은 물이라는 단 하나의 자원이 사회 기반이 되는 경우가 많다. 따라서 강물이나 대수층을 둘러싼 사소한 긴장이 분쟁의 씨앗이 될 수 있다. 토지 유실 문제를 본다면, 이집트에서는 나일 강 삼각주 지역이 가장 비옥한 땅인데, [폭풍해일로] 이 지역 토지가 조금이라도 유실된다면 심각한 문제로 이어질 수 있

다. 피해에 워낙 취약한 지역이라 그러하다. (……)

우리는 어떤 식으로든 대가를 치를 것이다. 당장 온실가스 배출을 줄이기 위해 비용을 치르고 경제적 타격도 감수해야 한다. 그렇지 않으면 훗날 군사적 대가를 치를 것이다. 여기에는 인간의 희생도 포함된다. 사상자가 나올 것이다. 실질적 대가를 치르지 않고는 여기서 빠져나올 길이 없다.

—앤서니 '토니' 지니, 미국 해병대 퇴역 장군, 전 중앙사령부 총사령관
〈국가 안보와 기후변화〉 2007년 4월 보고서

〈국가 안보와 기후변화〉는 62쪽 분량에, 출처도 분명한 연구 보고서이지만, 시나리오는 제시하지 않는다. 지구온난화가 일정 수준을 넘으면 일어날 수 있는 다양한 부정적 상황을 지역별로 다루었지만, 그 일정 수준을 정확히 명시하지도 않는다. 정신 바짝 차리고 지구온난화에 대처하지 않으면 어떤 부정적 상황이 일어날지에 대해 지난 두어 해 동안 다양한 전문가들이 펴낸 책을 한데 모은 일종의 요약본에 가깝다. 약간의 과학, 크고 작은 재난을 일정한 순서도 없이(시간 순서조차 없이) 나열한 쇼핑 목록, 그리고 이 문제들을 진지하게 받아들이라는 훈계한 보따리에 불과하다.

보고서의 진짜 핵심은 아마도 수많은 군 관계자들에게 기후변화의 중요성을 설득하고 여기에 퇴역 장군의 승인을 보태는 것이었으리라. 보고서를 직접 작성한 사람들은 전문가였고, 이 선임 장교들은 해당 내용과 주제를 놓고 마음껏 의견을 기술했다. 그러다 보니 이들의 증언이 보고서의 핵심이 되었다. 모두 경험이 풍부한 지식인이라 일관되고 설득력 있는 증언을 내놓았지만, 이들은 분명 무언가를 종용하고 있었다.

사람들은 절대적 확신을 얻고 싶다고 말한다. 이들은 백 퍼센트 확실한 기후과학 예상도를 알고 싶어 한다. 하지만 상당한 정보를 갖고 있는 우리도 여전히 불확실하다. 그러나 장기적 추세만큼은 누가 뭐래도 분명하다. 우리는 결코 백 퍼센트 확신할 수 없다. 결코. 백 퍼센트 확실할 때까지 기다리다가는 전장에 불길한 일이 닥칠 것이다. 우리가 아는 건 그게 전부다. 우리는 불완전한 정보를 가지고 행동에 나서야 한다. 경향을 파악해 행동에 나서야 한다. (……)

냉전 중에도 상황은 상당 기간 안정됐다. 당시의 과제는 안정을 유지하고, 파국적 사건을 막는 것이었다. 우리는 그 전략에 수십 억 달러를 썼다. 기후변화는 정반대다. 이제 파국은 피할 수 없어 보인다. 우리가 할 일은 상황을 안정시키는 것이다. 대기의 탄소를 안정시켜야 한다. 예전 과제가 특정 행동을 막는 것이었다면, 지금의 과제는 특정 행동을 유발하는 것이다. 최악의 상황을 피하려면 반드시 행동해야 한다.

—고든 설리반, 미국 퇴역 장군, 미국 전 육군 총사령관
〈국가 안보와 기후변화〉 2007년 4월 보고서

이들이 종용하는 것은 임무다. 미군이 수행할 다음 임무는 기후변화가 사회 안정을 지속적으로 방해하는 상황에서 안정을 유지하기 위해 오랜 투쟁을 시작하는 것이다. '테러와의 전쟁'이 한물간 상황에서 기후변화가 현실적이고 다양한 영역에 걸친 문제로 떠오르다 보니, 여기에 특수부대에서 항공모함에 이르기까지 모든 수단이 동원되어야 할지도 모른다. 따라서 장교단과 모든 사병의 안이한 태도를 바로잡아, 새로운 위협에 대처하도록 이들을 재정비하고 전열을 가다듬어야 할 때다.

냉소적으로 들리는가? 냉소적으로 말할 뜻은 전혀 없다. 전문 군대가

존재하는 이유는 그들에게 비용을 지불하는 민간 사회가 군대의 필요성을 느끼기 때문이며, 보편적 사랑 따위는 통치 원리가 되지 못하는 복잡하고 우연이 지배하는 세상에서는 군대가 필요한 상황이 오기 마련이다. 군대가 할 일은 군대를 고용한 사회의 행복에 위협이 되는 요소를 찾아내고 규정하는 것이며, 이 과정에서 어쩌다 보니 그러한 위협이 다시 육해군의 존재를 더욱 정당화하는 구실이 되었을 뿐이다. 부시 행정부라는 걸림돌이 존재해 시간은 다소 걸렸지만, 그 위협들은 이제 분명히 모습을 드러냈다.

> **마이클 클레어**: 미군만이 아니라 지식인 사회도 (……) 기후변화를 (미래) 세계의 모습을 결정하는 중요한 요소로, 국가 안보에 중대한 요소로 인식하고 깊이 우려합니다.
>
> **귄 다이어**: 그러한 변화의 계기가 무엇이라고 생각하시나요?
>
> **마이클 클레어**: 다른 사람들처럼 저 역시 의식의 변화라고 생각해요. 시대정신에다 앨 고어나 IPCC의 활동도 있고, 그 모든 것들이 합쳐져 사람들을 바꿔놓았죠. 둘째로, 지난 두어 해 동안 과학적 증거가 쏟아져 나왔고, 그들도 다른 모든 사람들처럼 그 증거에 영향을 받았어요.
>
> **귄 다이어**: 기회주의적 요소는 없을까요? 군은 예산을 정당화하기 위해서라도 항상 위협이 필요하잖습니까. 이번 일이 새로운 위협은 아닐까요?
>
> **마이클 클레어**: 기회주의도 기회주의지만 현재의 임무에 피로감이 쌓였다고 말할 수 있겠죠. 현재의 임무는 이라크와 아프가니스탄이고, 제가 알기로 군은 그 임무에 질리기도 하고 피로도 쌓일 대로 쌓였어요. 부시 행정부·테러와의 국제적 전쟁·이라크·아프가니스탄 따위와는 달리, 오점

이 전혀 없는 주제를 이야기한다는 게 그들에게는 신선했겠죠.

—마이클 클레어, 〈네이션〉 국방부 기자

미군과 지식인 사회는 지금, 동기가 무엇이든 간에 기후변화의 부정적 영향을 억제하는 투쟁에 앞장서 온 힘을 쏟고 있다. 실제로 미국에서는 기후변화를 '군사 문제로 이용'하려 한다는 볼멘소리마저 나온다. 상황이 이렇게 달아오르다 보니, 지구온난화가 진행되면 미래에 정치와 군사 전략은 어떤 모습일지, 그리고 그때 군은 어떤 역할을 하게 될지를 조망하는 진지한 연구가 국방부 안팎에서 진행되었다. 이와 관련해 가장 쉽게 구할 수 있는 자료는 〈결과의 시대: 세계 기후변화가 외교 정책과 국가 안보에 미치는 영향The Age of Consequences: The Foreign Policy and National Security Implications of Global Climate Change〉(이하 〈결과의 시대〉)이다. '군사 전략과 국제관계 연구 센터CSIS'와 '신 미국 안보 센터CNAS'가 공동으로 2007년 11월에 출간한 보고서다(보고서가 완성되자마자 공동 저자들은 국가정보위원회에 관련 내용을 보고해야 했다).

CSIS는 오래전에 설립된 워싱턴 두뇌집단으로 다양한 관심사를 두루 연구하는데 반해, CNAS는 최근에 생긴 조직으로 기후변화에 중점을 둔다. 그러나 두 곳을 이끄는 사람들은 모두 수십 년간 미국의 군사 전략 정책 논쟁을 주도한 인물이다. 우선 CSIS 운영위원을 보면, 미국 전 국무부부장관 리처드 아미티지, 전 국방부장관 해럴드 브라운, 전 국가안보보좌관 즈비그뉴 브레진스키, 전 국방부장관 윌리엄 S. 코언, 전 국무부장관 헨리 키신저, 전 국무부차관보 조지프 나이, 전 국방부장관 제임스 슐레진저, 전 국가안보보좌관 브렌트 스코우크로프트 장군(퇴역 공군), 그 외 유명인 사전에 나오는 최고경영자들이 포함된다. 그리고 CNAS 이사에는 전 국방부장관 윌리엄 페리, 전 국무부장관 매들린 올브라이트, 전 해군장관 리처드 댄지그, 전 국방부차관 윌리엄 린, 전 합동참모본부 운영 책임자 그레그 뉴볼드 장군(퇴역 해병)이 포함된다. CNAS 이사회와 〈결과의 시대〉 주요 저자에 클린턴 행정부(1993~2000)에서 국가 안보 분야 고위 관료를 지낸 사람들이 포함되었다는 사실은 우연이 아닐 것이다.

〈결과의 시대〉에 나오는 세 가지 시나리오를 쓴 주요 저자는 다음과 같다. 1998~2000년 클린턴 대통령 비서실장을 지낸 존 포데스타, 1993~2000년 앨 고어 부통령의 국가안보보좌관이자 미국 국가안전보장회의 장관급 회의 회원이었던 레온 퍼스, 1993~1995년 중앙정보국CIA 국장을 지내고 2008년에는 공화당 대통령 후보인 존 매케인 상원의원의 외교정책 자문을 맡은 제임스 울시 주니어.

이들이 쓴 정치적·군사 전략적 시나리오는 제이 굴리지가 IPCC 2007년 보고서에 내놓은 자료를 바탕으로 한 물리적 기후변화 시나리오다. 제이 굴리지는 '세계 기후변화를 연구하는 퓨센터Pew Center on Global Climate Change'에서 기후변화의 충격을 연구하는 수석 과학자이자 프로그램 관리자다. 괜한 겁주기가 아닌, '예상되는' 2040년 시나리오는 IPCC 2007년 보고서에 나오는 A1B 온실가스 배출 시나리오로 시작한다. 중국, 인도 같은 신흥 공업 강국의 지속적인 경제 성장, 중간 정도의 인구 증가, 비화석연료 에너지 기술의 비약적 발전과 화석연료 사용의 효율성 증대를 가정한 시나리오다. IPCC가 예상한 여섯 가지 시나리오 중에 A1B는 가장 낙관적이지도, 가장 비관적이지도 않다. 다만 광범위한 화석연료 의존도가 꾸준히 지속된다고 가정할 뿐이다. 이 시나리오에서는 대기의 이산화탄소 농도가 2040년까지는 500ppm을 넘지 않지만 21세기 말이 되면 700ppm에 가까워진다(산업화 이전의 이산화탄소 농도는 280ppm이었고, 현재는 390ppm이다).

더욱 중요한 사실은 〈결과의 시대〉에 나오는 이 첫 번째 시나리오는 IPCC의 완만한 추정치를 받아들인다는 점인데, IPCC는 대기에 이산화탄소 농도가 높아져도 그에 따른 기후의 '민감도'는 낮으리라고 내다 보았다. 이를테면 2040년까지는 지구의 평균 기온이 IPCC의 기준 연도인 1990년보다 고작 1.3도 높아지고, 21세기 말에는 2.8도 높아진다고 가정한다. 그러나 이처럼 겁주기와는 거리가 먼 시나리오에서도 2040년만 되면 상황은 꽤나 우려스럽다.

그 시나리오는 이렇다. 지구 표면의 3분의 2를 차지하는 해양 위쪽 대기가 대륙 쪽 대기보다 더 시원하기 때문에, 지구의 평균 기온이 1.3도 올라간다는 이야기는 드넓은 대륙은 2도 이상 올라가고, 대륙 한가운데는 그보다 더 높아지며, 고위도 지역은 상승 폭이 더 커서 극지방 부근으로 가면 4, 5도가 높아진다는 뜻이다. 빙하가 점점 빨리 녹으면서 2040년이 되면 해수면이 전세계적으로 0.23미터 높아지고(물론 갈수록 더 높아지지만), 여기에 더욱 사나워진 폭풍계까지 더해지면 폭풍해일이 발생해, 특히 남아시아·동남아시아·동아시아에서 인구가 밀집한 삼각주가 침수된다. 많은 토지가 영원히 유실되고, 수천만 명의 난민이 새로운 집과 생계를 찾아 가뜩이나 인구가 많은 이웃 지역으로 이주한다. 여기에 국경 지대가 끼어 있다면 분쟁이 일어날 가능성이 매우 크다. 예를 들어 인도는 이미 3천 킬로미터에 이르는 방글라데시와의 접경 지역

전체에 높이 2.5미터의 울타리를 둘렀다. 해안 저지대가 이미 바다에 침수된 방글라데시는 대량 난민이 발생할 확률이 높은 나라다.

비슷한 난민 행렬은 지구 다른 편에서도 일어나는데, 지구온난화로 강우 유형이 바뀌고 아열대지방 그리고 중위도에서 위도가 낮은 중저위도 지방에서 강우량이 대폭 줄어들면서 대규모 가뭄으로 농민들이 고향을 이탈하는 사태가 발생한다. 가령 중앙아메리카와 카리브 해 인접 국가가 곡물 수확량 감소와 강력해진 허리케인, 해수면 상승으로 어려움을 겪게 되면서 이들 국가와 국경을 맞댄 미국 남부 지역이 심각한 압력에 시달린다. 남유럽 국가들도 강우량 부족의 초기 피해자가 될 아프리카 난민으로 비슷한 압력에 직면한다. 한편 지중해 연안의 유럽연합 국가들은 점점 심각해지는 만성 가뭄에 허덕인다. 미국 남서부는 가뭄이 더 잦아지고 더 길어지는 통에 농업만이 아니라 빠르게 성장하는 여러 도시도 타격을 입고, 멕시코 만과 대서양 중부에 인접한 해안 저지대는 허리케인 카트리나의 잦은 위협에 직면한다. 인도양과 태평양에 있는 작은 섬 국가는 섬을 떠나 대피하거나 아예 섬을 버려야 할 상황에 놓인다.

이 연구 보고서는 불확실성을 내포하는 '……일지도 모른다', '……일 수도 있다' 같은 단어를 거의 쓰지 않았다는 점이 놀랍다. 하지만 저자는 말한다. "우리가 바랄 수 있는 최상의 시나리오이며, 이는 결코 겁을 주려는 괜한 소리가 아니다. 우리가 반드시 대비해야 할 최소한의 상황만을 제시했을 뿐이다." 이 시나리오는 온난화를 가속화할 그 어떤 양성 피드백도 고려하지 않았다는 점에서 대단히 완만한 예상도이며, 저자는 이 시나리오가 비현실적으로 낙관적이라고 판단해, 이를 대체할 2040년 시나리오를 다시 내놓으면서 제목도 '심각한 기후변화Severe

Climate Change'로 고쳐 달았다.

〔이 새로운 시나리오는 IPCC 2007년 보고서가 내놓은〕온난화와 그 충격 예측이 조직적으로 편향, 축소되었다고 추정한다. 이 추정을 뒷받침할 증거는 많다. 따라서 위험을 고려한 관점에서 상황을 판단하는 것이 중요하다. 예를 들어, IPCC 기후모델에서는 미래의 온난화를 예측하면서, 온난화를 부채질할 중요한 양성 피드백(영구동토층이 녹으면서 온실가스가 방출되거나, 해양과 육지의 이산화탄소 제거 능력이 떨어지는 등)의 가능성과 그에 따른 불확실성을 빼버리거나 설명하지 않았다. 그리고 현재의 온난화 추세에서 그러한 피드백은 이미 시작되었다는 증거도 있다. 따라서 인간의 활동으로 대기에 배출되는 온실가스만을 따지는 기후모델은 온난화 정도를 과소평가할 수 있다. 게다가 온난화에 반응하는 최근의 기후계(지구를 덮은 얼음의 변화·해수면 상승·열대폭풍의 활동 등)를 관찰한 결과, IPCC 모델은 일정 정도의 온난화에 대한 기후계의 반응을 과소평가할 수 있다는 결론이 나왔다. 이 전제에 따라, 두 번째 시나리오에서는 누락됐던 양성 피드백이 빠르게 일어나 온난화가 가속화하고, 기후계의 각 요소가 애초 예상보다 더 강력하게 온난화에 반응한다고 가정한다. 그 결과, 그 충격은 A1B 시나리오 예측치보다 두 배나 높게 나타난다.

이로써 우리는 두 번째 시나리오인 '심각한 기후변화'가 예고하는 악몽의 세계로 빠져든다. 앞으로 고작 30년만 지나면, 지구 표면의 평균 온도가 1990년보다 2.6도 높아지고, 육지 온도는 이보다 더 높아지며, 고위도 지역은 더 심하다. 그린란드와 서남극 빙상ice sheet(얼음 아래 지형을 완전히 덮으면서 드넓은 지역에 펼쳐진 빙하-옮긴이)이 점점 빨리 녹으면서 해수면은 세계적으로 이미 50센티미터 높아졌고, 더욱 강력해진 기후계가 유발한 폭풍해일로 뉴욕·로테르담·뭄바이·상하이 같은 저지대 항구도시는 이미 심각한 침수 피해를 입고 있다. 런던은 템스 홍수 방어벽을 더 높게 하나 더 건설해 50년 또는 100년을 벌 수도 있겠지만, 전체적으로는 꾸준한 해수면 상승으로, 내륙으로 계속 후퇴하면서 새로 만들어진 임시변통 항구까지 결국에는 물에 잠기고 말 것이다. 이처럼 기존 시설을 버리고 임시방편으로 항구를 계속 새로 건설하다 보면 아무리 돈이 많은 나라라도 감당하기 힘들다.

한편, 방글라데시·이집트·베트남 등에 있는 인구가 밀집한 삼각주는 연이은 폭풍해일로 내륙이 잠식되면서 벌써부터 대량 난민이 발생하는 실정이다. 이 지역 곡물 수확량도 대폭 줄었다(이로써 전세계 식량 생산의 불균형이 초래되었다). 그런가 하면 빙상이 돌이킬 수 없을 정도로 불안정해져서 앞으로 몇 세기 안에 해수면이 4~6미터 높아질 전망이며, 이로써 주요 강의 삼각주가 모두 물에 잠기고, 해안 지역 침수로 문명사회도 수세기 동안 꾸준히 퇴보할 운명이다.

건조한 아열대지방에서는 "급수량 감소로 논에 물 대기가 대단히 어려워지고, 물을 댄 논에서는 물이 증발하는 속도가 더 빨라져 토양의 염분화가 가속화되어" 농업은 "사실상 불가능"하게 되었다. 중저위도 지역에서는 사막화가 확산 중이다. 산호 백화현상, 해양 산성화, 해안의 묘판인 습지의 급격한 감소는 전세계 어업에 타격을 주고 있다. 그러나 2040년 훨씬 이전에, 기후변화와는 상관없이 어류 남획으로 주요 원양 어업 대부분이 어쨌거나 무너질 것이다. 이 시나리오는 2040년에 전세계에 식량이 얼마나 남았을지는 애써 계산하지 않지만, 난민 이동과 지역별 식량 부족 현황을 여러 차례 언급한 부분을 보면, 이제는 전세계에 식량이 충분치 않다는 사실을 짐작할 수 있다.

그러나 '2040년 심각한 기후변화' 시나리오를 쓴 레온 퍼스가 특별히 우려하는 부분은 이러한 자연현상의 영향이 정치, 사회로 확대될 가능성이다. 그는 〈결과의 시대〉에서 이렇게 지적한다. "환경 파괴가 임계점을 넘어서면, 그것에 적응하던 자연계가 깨져버릴 것이다. 사회 조직도 마찬가지다. 기후변화가 어느 수준을 넘어서면, 인류의 상징이랄 수 있는 전세계 산업 문명이 그 기반부터 흔들릴 수 있다."

레온 퍼스는 지역별로 예상 가능한 충격을 가늠해본다. 미국에서는 캘리포니아 센트럴밸리의 농업이 사실상 막을 내린다. 여름이면 시에라 네바다와 로키 산맥에 쌓인 눈이 녹아 강물의 수원이 되었는데, 그 강물이 말라버린 탓이다. 게다가 남서부 주요 도시들은 극심하고 지속적인 물 부족에 시달린다. 미시시피 강 서쪽 고원 지대는 강우량이 급격히 감소해, 오갈랄라 대수층에서 관개용수를 끌어올리다 보니 대수층 고갈이 가속화한다. 험악한 기상 상황에 끊임없이 시달리는 남서부 주 해안 지대 사람들은 처음에는 그들을 보호하려는 연방정부의 시책으로 혜택을 받겠지만, 시책은 결국 실패한다. "막강한 공학으로 자연에 저항한다는 발상은 전략적으로 폐기되고, 가장 귀중한 자원을 보호하기 위한 최후 수단이 동원된다. 낙관주의자들은 해안 지대의 피해가 갈수록 커지다 보면 투자도, 인구도 다른 곳으로 점차 옮겨 가지 않겠냐고 기대할 수 있다. 그러나 인구 감소는 특정 시점에 갑작스럽게 일어날 것이다." 그리고 이런 일들이 계속 터지다 보면 연방정부 정책도 시들해지기 시작한다고 저자는 말한다. 중앙정부는 연이어 터지는 여러 재앙을 감당하기가 벅차고 재원도 부족해져 그 부담을 주정부로 넘기게 된다.

한편 가뭄이 새로운 일상이 되어버린 멕시코·중앙아메리카·카리브해에서는 기후변화의 영향이 더욱 심각해지고, 이는 미국과의 접경 지대에 상당한 압력이 된다. 이곳에서는 "문제가 통제불능으로 확산되고, 이를 막을 방법은 극단적 수단뿐이거나 어쩌면 그마저도 소용없을지 모른다. 불법 이민을 뿌리 뽑으려는 노력은 미국 내 사회, 정치 구조를 차츰 분열시키는 결과를 낳을 것이다."(보고서에는 명시되지 않았지만, 2040년에는 미국 인구의 20퍼센트가 히스패닉계가 될 것이다.)

캐나다와의 문제도 누적된다. 양국 해안에서의 어업권 문제, 수자원 문제(특히 미국이 캐나다인의 3분의 2가 의존하는 오대호의 물길을 돌려, 미국 내 기후변화 피해 지역에 공급하려 할 때), 그리고 최근에 얼음이 없어진 북극해 일대의 항해와 자원 문제가 논란거리가 된다. 여기에 더해 "캐나다와 미국의 긴장은 캐나다 내부의 안정을 저해하는 문제로 번질 가능성도 배제할 수 없다. 석유 수출 지역으로 새롭게 떠오른 서부 지역이 특히 그러하다."(석유가 풍부한 앨버타 주에서 일어나는 분리주의 운동도 이와 관련이 있어 보인다.)

보고서가 예견하기로, 심각한 기후변화는 라틴아메리카 전반에서 민주정부에 치명타를 입히고, "차베스 정부와 유사한 정부를 퍼뜨릴 것이다." 광범위한 지역이 무법천지가 되거나 범죄 조직의 통제 아래 놓이고, 해당 지역 당국을 도와 질서를 회복할 수단이 여의치 않은 미국은 "여러 정책을 혼합해 쓰다가 결국 격리 정책을 택할 공산이 크다." 보고서에 따르면, 2040년이 되면 미국은 넓은 지역을 아우르는 전략을 일찌감치 포기하고 '미국 요새화'로 전략을 축소하는데, 그 바람에 요새 주위는 적대적 이웃으로 둘러싸인다. "그 결과 (……) 미국은 서반구에서 완전히 고립되고, 전세계에 재앙을 퍼뜨리는 주범으로 지목되며, 자기 보호 정책 탓에 증오 대상이 된다."

어느 시나리오에서나 아프리카는 예외 없이 기후변화의 가장 큰 피해 지역이다. "아프리카 북부 국가(모로코·알제리·튀니지·리비아 등)에서는 물 부족 사태가 통제불능에 이를 정도로 심각해지고 여기에 지속적인 인구 증가까지 더해져 결국 국가 붕괴 사태에 직면한다." 퍼스는 모로코 사례를 지적한다. 모로코는 극심한 가뭄으로 관개농업뿐 아니라 수력발전마저 무너질 운명이다. 마그레브 국가들은 대수층을 두고 '생존을 위한 제로섬 투쟁'을 벌이지만, 현재 미화 200억 달러 규모의 초대형 리비아 관개사업이 진행될 예정인 '대 누비아 사암 대수층'마저도 50년 안에 물이 마르리라 예상된다. 이보다 동쪽에 있는 이집트·수단·에티오피아는 2040년 안에 나일 강과 그 지류에서 상류 지역으로 물을 끌어오려고 전쟁을 벌일 가능성이 높고, 나일 강 삼각주는 통째로 폭풍해일에 휩쓸릴 가능성이 크다.

사하라 이남의 아프리카에서는 "가뜩이나 힘없는 사람들 수억 명이 질병, 영양실조, 불화로 죽음의 위협이 한층 고조된 상황에 노출된다." 주된 원인은 장기간의 가뭄이 되겠지만, 아프리카 국가 대부분이 기반 시설이 워낙 부실하다 보니 파탄 국가가 빠르게 늘어, 모든 문제가 더욱 악화되고 대량 난민 사태가 발생한다. 다수는 익숙한 경로인 유럽으로 향하지만, 남아프리카로 가는 사람들도 제법 많다(남아프리카 역시 가뭄이 심각하기는 마찬가지다).

중동에서는 인구가 빠르게 증가하고 물 부족이 심화되면서 곳곳에서 감지되던 적대감이 한결 고조된다. 이스라엘과 팔레스타인에서는 "상수도 공유 문제가 영원한 골칫거리가 될 게 분명하다는 결론"에 따라 평화를 정착하려는 시도가 무기한 뒷전으로 밀려날 것이고, 이스라엘과 요르단은 물 접근권을 둘러싸고 전쟁도 불사할지 모른다. 터키가 티그리스 강과 유프라테스 강의 원류를 통제하려 하자, 이라크·시리아·터키 사이에 "대립이 고조"된다. 페르시아 만 주변국 사이에서는 바닷물을 민물로 바꾸기 위해 원자력 이용이 빠르게 퍼지고, 이로써 "약탈에 맞설 대비책으로서의 핵무기 확산"도 쉬워진다.

히말라야 산맥과 티베트 고원에서 발원하는 아시아의 모든 강(인더스 강·갠지 강·브라마푸트라 강·살윈 강·메콩 강·양쯔 강)은 빙하와 얼음이 녹기 시작하는 처음 몇 십 년은 그것이 강물이 되지만, 빙하와 얼음이 사라지면 특히 여름에 수량이 급격히 줄어든다. 이는 인도 대륙에서 식량 부족과 물을 둘러싼 국경 분쟁으로 이어지고, 핵으로 무장한 인도와 파키스탄은 인더스 강을 놓고 무력 충돌에 직면한다(지구상에서 가장 큰 관개지는 파키스탄에 있는 인더스 수계의 하류 직선 구역이다). 인도의 민주주의를 흔들 수도 있는 문제다.

중국에서는 강물이 줄어들어 남부 일대의 식량 생산이 타격을 받을 뿐 아니라 싼샤 댐 같은 야심찬 수력발전 계획도 차질을 빚는다. 북동계절풍의 세력 약화로 중국 북부 평원의 곡물 생산이 줄고, 산업화한 해안 지역은 해수면 상승과 더욱 강력해진 폭풍으로 심한 타격을 입는다. 중국 독재정권은 이러한 피해로 국내에서 입지가 약해지자 대중의 분노를 타이완, 일본, 심지어 미국으로 돌리면서, 정권을 요새화하려 한다.

권위주의 정권은 유럽에서도 생길 수 있는데, 특히 러시아가 그러하다. "이념은 러시아 민족주의에, 경제는 무모하게 독점하고 개발하는 에너지에 기반을 둔" 정권이다. 그러나 비슷한 정치 상황은 서유럽에서도 발생할 수 있다. 북아프리카와 다른 대륙에서 불법 이민자가 쏟아져 들어오기 때문인데, 이 행렬은 "봉쇄에 가까운 수단 말고는 막을 길이 없다." 특히 이슬람 사회를 향한 적대감이 커지고, 그들을 유럽 주류 사회로 통합하려는 노력이 실패하면서 "극단적 분리가 자연스럽게 받아들여진다." 유럽연합의 거의 모든 항구가 침수되고 네덜란드는 나라가 통째로 바다로 가라앉을 상황이다 보니, 유럽연합도 경제적으로 여유가 없다.

현재 이 시나리오를 명백히 비판하는 견해도 있는데, 그중 퍼스의 미국적 관점을 비판하는 목소리가 가장 두드러진다. 국경은 그의 생각처럼 그렇게 통제불능은 아니다. 멕시코와의 국경 감시가 다분히 고의적으로 허술한 현실에서, 값싼 노동력이 끊임없이 밀려드는 상황을 미국이 막겠다고 마음만 먹으면 이라크 전쟁에 지출하는 비용 중 극히 일부만 들여도 국경을 얼마든지 봉쇄할 수 있다. 유럽이 아프리카와 마주보는 해안 국경을 통제하지 못한다는 말도 한마디로 어처구니가 없다. 그 말은 단지 국경 보호에 아직은 물리력을 동원하지 않겠다는 뜻일 뿐이다. 유럽 내 무슬림 소수자의 신뢰도 문제는 유럽 내에서도 논쟁이 없는 건 아니지만, 퍼스의 과장된 우려는 9·11 사태 이후 유럽의 현실을 고려하지 않은 미국의 강박관념을 그대로 반영한 것이다.

그러나 퍼스의 분석에 나타난 진정한 통찰력은 지역별 분석보다는 다음과 같은 관찰에서 나타난다. "지구 환경의 거대한 비선형 사건들은 거대한 사회적 비선형 사건을 일으킬 것이다. 사건의 형태는 다양하겠지만 강도만큼은 하나같이 대단히 높을 것이다."

레온 퍼스: 복잡성 이론은 (······) 종잡을 수 없는 극단적인 물리적 현상을 설명하려고 개발된 대단히 까다로운 수학에서 나왔지만, 그 이론은 인간 사회의 사건들로 통하는 길을, 특히 그 사건과 물리적 현상의 상호작용으로 통하는 길을 개발했는데, 그걸 이용해 기후변화 같은 문제를 다루면 아주 흥미롭죠.

복잡성 이론에 담긴 본질적 통찰력이라면 이런 걸 거예요. 문제를 선형적 과정으로 생각하지 말라. 작은 변화가 어느 순간 예상치 못한 막대한 결과를 초래할 수 있다. (······) 어떤 해결책을 쓰든 그것이 자연계에 혼란을 더해 어이없는 일들이 무한히 일어날 수 있다는 사실을 기억해야 합니다. 흔히 채택되는 공공 정책은 오직 '그것만' 하면 문제가 영원히 해결된다는 식이지만, 이건 그런 종류와는 차원이 달라요. (······) 일단 그 사실을 알면, 국내 정치든 국제 정치든 정치 체계가 어떤 식으로 변하는가를 살피면서, 세계의 서로 다른 지역 나아가 서로 다른 나라를 분석하기 시작하죠.

권 다이어: 그렇다면 환경만이 아니라 정치 체계도 붕괴할 수 있다는 뜻인가요?

레온 퍼스: 모든 것이 고도로 조직화된 산업 문명으로서의 인간, 그리고 세계의 물리, 화학 같은 것들 사이의 상호작용이고, 우리가 그것의 반복적 유형을 알아차리기도 전에 이미 우리 스스로 저지르고 시동을 건 일들의 결과예요. ─**레온 퍼스**, 조지워싱턴 대학 국제학 교수, 〈결과의 시대〉 공동 저자

퍼스는, 심각한 기후변화에 따른 비선형적 정치 사건을 이렇게 예상한다. "모든 사회에서 가장 부유한 사람들이 나머지 사람들에게서 이탈하는" 계급투쟁, 세계 시스템에 통합된 금융 체계와 생산 체계 붕괴에 따른 세계화 종말과 급속한 경기 쇠퇴 돌입, 국제연합UN을 비롯한 연합 체계와 다국적 조직 붕괴. 퍼스는 사회적 대격변에는 심각한 종교적·이념적 소요 사태가 수반되고, 여기서 주요 승자는 과학적 합리주의를 거부하는 종교와 권위적 이념이 될 것이다. 그의 예상 가운데 더욱 당혹스러운 (그리고 설득력 있는) 부분은 이렇다.

자원이 있는 정부라면 긴 악몽 같은 구제 대상 선별 작업에 들어간다. 무질서한 환경이 휩쓸고 간 뒤에 무엇을 그리고 누구를 구제할 수 있는지를 결정하는 작업이다. 우선 극빈자를 대상으로 선별하는데, 이는 해외만이 아니라 국내에서도 벌어질 일이다. 우리는 이미 이런 장면을 본 적이 있다. 허리케인 카트리나가 지나간 뒤에 일어난 조직적·정신적 문제 해결 과정이다. 상황이 차츰 극한에 이르면서, 이 결정은 점점 더 어려워진다. 결정을 내리고 집행해야 하는 사람은 도덕적 번민에 빠지다가 결국에는 도덕적으로 무감각해지고 만다.

그리고 빈곤 국가의 공중보건 체계가 무너져 전염병이 확산되고, (핵전쟁을 포함해) 전쟁이 일어나고, 퍼스가 건네받은 기후변화 시나리오에 그려진 이차적 결과들이 나타난다. 퍼스의 예상에 따르면, 심각한 기후 스트레스에 시달리던 고대인들 사이에서 소규모로 발생했던 종류의 죽음이 급작스런 형태로 나타나고, 일부 지역에서는 도시 문명이 일찌감치 황폐화하는 현상마저 나타날 수 있다. 퍼스가 불길한 예언을 즐기는 사람 같아 보이지는 않는다. 즐기기는커녕 자신이 내놓은 분석에 스스로 놀라고 충격까지 받는 눈치다. 어쨌거나 지구의 평균 기온은 제이 굴리지가 그에게 건네준 시나리오보다 고작 2.6도 높을 뿐이다(여기에는 육지 기온은 평균 4도 높고, 극지방은 그보다 훨씬 더 높다는 사실이 숨어 있지만).

결국 나는 그의 '심각한' 시나리오가 최신 IPCC 보고서에 기초한 '예상되는' 시나리오에 비해 어느 정도나 신빙성이 있다고 생각하느냐고 그에게 직접 물어보았다. 그의 대답이다.

비교적 최근에 나오는 정보를 보면, 실제로 이미 환경에 나타나기 시작한 미래의 모습은 그쪽에서 내게 연구하라고 넘겨준 '심각한' 30년 [시나리오]에 더 잘 나타나 있어요. 그 시나리오가 던지는 질문은 이렇습니다. 이 상황을 누그러뜨려 [후손에게] 심각한 100년 시나리오를 물려주지 않으려면 우리는 무엇을 해야 하며, 이미 이 기후계에 나타나기 시작한 결과에 적응하려면 무엇을 해야 하는가?

나는 2장부터, 심각한 30년 시나리오가 더 신빙성이 있다는 퍼스의 직감을 확인해주는 최근 증거를 다루려 한다. 그리고 상황을 누그러뜨리는 방법으로 무엇을 할 수 있는지도 논의하고자 한다. 하지만 일단 심각한 100년 시나리오부터 들여다보자. 〈결과의 시대〉에 실린, 중앙정보국 국장을 지낸 제임스 울시가 쓴 시나리오는 지구의 평균 기온이 지금보다 5.6도 높고, 해수면이 2미터 (그리고 이후로는 그보다 훨씬 더) 높아지리라고 예상한다. 여기에는 등골이 오싹한 온갖 예상이 등장하는데,

이를테면 중러 핵전쟁도 그중 하나다. 홍수로 물에 잠긴 해안 지대를 빠져나온 수천만 또는 수억 명의 자국민을 정착시켜야 하는 절박한 상황에 놓인 중국은 이 전쟁에서 온난화로 농업 생산력이 높아진 시베리아를 강탈하려 한다. 그러나 이 시나리오는 먼저 나온 시나리오보다 설득력은 떨어진다. 21세기 초 미국이 무슬림 전반과 테러리스트에 지나치게 집착하는 모습이 소위 22세기 시나리오라는 이 시나리오에도 고스란히 나타나기 때문이다. 따라서 다른 심각한 기후변화 시나리오가 필요한 지금, 오늘날 지구계 과학Earth system science이라 부르는 학문의 창시자라 해도 손색이 없는 영국의 지구물리학자 제임스 러브록이 (섬뜩하지만) 설득력 있는 시나리오를 제시한다.

러브록은 2006년에 출간한 두 번째 저서 《가이아의 복수The Revenge of Gaia》에서, 대기의 이산화탄소 농도는 마지막 빙하기가 절정에 이르렀을 때 180ppm까지 떨어졌다가 빙하기가 끝나자 280ppm까지 올라갔다고 했다. 그러다가 390ppm이 넘는 최근 수준까지 올라간 주된 이유는 산업혁명이 시작된 이래 인간의 활동 때문이다. 그렇다면 빙하가 마지막으로 북반구 상당 부분을 뒤덮었던 때부터 따뜻한 시절이 될 때까지 대기 구성 요소가 바뀐 수준이나, 그 뒤 인간이 바꿔놓은 수준이나 거의 같다는 이야기다.

마지막 대규모 빙하작용이 절정에 달했을 때와 지금 우리가 사는 기나긴 간빙기 사이에 지구의 평균 기온 변화가 5도 정도였으니, 우리가 이미 저지른 일로 세계 평균 기온도 앞으로 그 정도 올라갈지도 모른다. 그러나 아직 확실치 않다. 앞서 공기 중의 이산화탄소가 100ppm 상승하기까지 다양한 피드백이 어느 정도나 작용했고, 따라서 그 농도가 마지막 빙하 극성기에서 지금까지 기온이 5도 상승하는 데 얼마나 영향을 미쳤는지 알 수 없기 때문이다. 대기에 이산화탄소 농도가 이미 100ppm 더해졌으니 (비록 이에 따른 지구의 평균 기온 상승은 이제까지 0.8도에 불과하지만) 기회는 날아간 셈이다. 확실치 않은 만큼 온실가스를 억제하는 게 현명하다.

그러나 러브록의 지적대로, 우리가 세계 경제에서 제때 탄소를 제거해 이산화탄소 농도를 500ppm까지 올리지 않을 가능성은 대단히 낮다. 이는 지구 역사상 대단히 뜨거웠던 마지막 시기, 그러니까 에오세가 시작되던 5천5백만 년 전의 이른바 '팔레오세-에오세 최고 기온PETM' 기의 이산화탄소 농도와 맞먹는 수치다. 세계는 수백만 년 동안 서서히 따뜻해졌고, 따뜻해진 바닷물이 해저에, 특히 북대서양 해저에 묻힌 클라스레이트clathrate 화합물을 불안정하게 만드는 수준까지 도달했다(클라스레이트는 깊은 해저에서 세균이 지속적으로 생산하는 메탄 퇴적물로, 심해에서는 높은 압력으로 안정된 형태를 유지한 채 분자 상태로 얼음 '그물상자'에 갇혀 있다. 이 그물상자는 온도가 올라갈수록 점점 불안정해지고 일정한 수준이 되면 갇혀 있던 메탄이 갑자기 방출되는 거대한 메탄가스 '트림'이 발생한다, 이때 해수면이 상승하고 메탄가스가 대기에도 방출되어 강력한 기온 상승을 유발한다).

PETM은 3천억에서 3조 톤에 이르는 화석 탄소가 갑작스럽게 방출되면서 일어났는데, 이 화석 탄소는 대부분 북대서양 클라스레이트 퇴적물에서 나온 메탄가스에서 발생했으리라 예상된다(왜 하필 북대서양일까? 아마도 당시 북대서양 해류가 변화무쌍해서 다른 대양보다 더 따뜻했을 수 있지만 확실치는 않다). 어쨌거나 그 결과 남극과 북극에 얼음이 없을 정도로 지금보다 더 따뜻했던 에오세 초기에 불과 2만 년 동안 기온이 6도나 치솟았다. 이 기온 변화는 주로 에오세 초기와 말기 2천 년 동안 발생했고, 클라스레이트의 대규모 가스 방출이 주원인이었으리라 짐작된다. 여기서 놀라운 점은 대멸종 사태가 발생하지 않았다는 사실이다. 이 시기에 포유류 개체 수가 급감하고, 백악기 말기부터 발달해온 원시 포유동물 상당수가 오늘날의 포유동물군의 조상으로 대체되었으나(이 모든 상황은 에오세 더위에 적응하려는 소규모 변화였다) 종의 수가 줄지는 않았다. 줄기는커녕 이후 무더운 시기에 종의 다양성이 급증하고 극지방에 나무와 악어가 생존했으며, 오직 심해에서만(역시 주로 북대서양에서) 종이 사라졌다.

이 혼란스러운 상황은 2천 년간 지속되었고, 이때 지구의 중저위도 지역에서는 사막이 육지를 뒤덮고, 해수면 온도가 20도를 넘어 해양생물의 밀도가 급감하면서 해양 상층부도 사막처럼 생물이 살 수 없는 곳이 되었다. 단, 극지방 부근의 고위도 지역만큼은 기온 조건이 좋아서 육지생물과 해양생물이 번성했고, 이 생물은 2만 년이란 긴 세월 동안 이주도 하고 적응도 해갔다. 인간은 농사를 짓고 화석연료를 태우면서 탄소를 이미 5천억 톤이나 배출했고, 이로써 우리는 에오세와 비슷한 상황에 놓이게 되었다. 그러나 정말로 그때만큼의 탄소를 배출한다면, 인간은 물론이고 나머지 식물군과 동물군에 2만 년이라는 적응기가 주어지지는 않을 것이다. 제임스 러브록이 《가이아의 복수》에 썼듯이, 이제는 상황이 훨씬 빠르게 진행되기 때문이다.

지구는 〔과거에〕 이런 식으로 열을 식혔다. (……) 그러나 우리가 지금처럼 계속 살아간다면, 인간 종은 고작 100년 전의 무성함과 싱그러움조차도 다시 누리지 못할 것이다. 이때 가장 큰 위험에 빠지는 것은 문명이다. 인간은 강인해서 짝을 이뤄 자식을 낳아 살아남고 (……) 기온이 치솟아도 지구에는 아직 우리 기준으로 볼 때 쾌적한 곳이 남아 있을 것이다. 에오세에도 식물과 동물이 살아남았던 사실이 이를 뒷받침한다. (……) 그러나 이 거대한 변화가 실제로 일어난다면, 현재의 북적대는 수십억 인구 가운데 살아남을 사람은 소수에 불과할 것이다.

이처럼 러브록의 100년(또는 200년, 아니면 500ppm 이상의 탄소가 지구의 기온을 최대한 끌어올릴 때까지) 시나리오에서는 지표면의 상당 부분이 사막으로 변하거나 잡목으로 뒤덮이고, 단지 북극해와 그린란드만이 "적절히 줄어든 문명의 미래의 중심지"로 남을 것이다. 이 지역에 다행히 수억 명으로 구성된 문명이 살아남을 수도 있는데, "해수면보다 높은 시베리아와 캐나다 북부의 툰드라 황무지에 초목이 무성하고, 해조류가 가득한 넓어진 북극해가 미래의 어장이 될 수 있기 때문이다." 나는 기후과학자를 만나 대담을 할 때마다 이 극적인 시나리오가 과장이 아닌지 물어보았다. 그들은 거의 다 이 시나리오를 진지하게 받아들였다. 2008년 2월에 '세계 기후변화를 연구하는 퓨센터'에서 기후변화의 충격을 연구하는 수석 과학자이자 프로그램 관리자인 (그리고 〈결과의 시대〉의 주요 저자들에게 중요한 참고 자료가 된 물리적 기후변화 시나리오를 쓴) 제이 굴리지와 대담을 나누었는데, 그는 상황을 다음과 같이 훌륭히 묘사했다.

우리 행동이 지구계에 어떤 결과를 초래할지 과학적으로 정확히 파악할 수 없으니 그분 주장이 과장이라면 과장이겠죠. 하지만, [러브록이 말하는] 모든 것은 현실적 기초, 이론적 기초를 갖추었어요. 그분의 시나리오에서 가장 당혹스러운 부분은 그 일이 정말 일어날 수 있다는 것이에요.

사람들은 대개 가능성을 고려해 생각하는 것에 익숙하지 않지만, 알고 보면 보험 상품을 살 때도 늘 가능성을 고려하는 셈이죠. 살면서 집에 불이 났던 사람은 백 명에 한두 명인데도, 주택담보대출을 받는 사람이라면 누구나 화재보험에 가입합니다. 화재가 일어날 가능성을 생각하기 때문인데, 러브록이 개괄적으로 설명한 것 중에 타당하지 않은 건 하나도 없어요. (……) 그분이 제시한 유형의 시나리오들은 지나친 겁주기처럼 보여서 대개 무시되곤 하지만 (……) 앞으로 어떤 일이 일어날지 알 수 없다 해도, 그분이 말한 상황은 실제로 일어날 수 있어요. 얼마든지 가능한 일이에요.

. . . . .

SCENARIO TWO:
RUSSIA, 2019

러시아, 2019년

우리 연구에서 가장 중대한 발견은 얼음이 줄어든다는 다들 익히 잘 아는 사실이 아니라, 남은 얼음이 예전보다 생긴 지도 얼마 안 되고 훨씬 얇다는 사실이에요. (……) 얇은 얼음을 녹이는 데는 에너지가 덜 들기 때문에 똑같은 태양에너지, 똑같은 수온에서 3미터 두께 얼음보다 1미터 두께 얼음이 훨씬 빨리 녹습니다.

유빙 덩어리의 두께가 2, 3미터에서 1미터로 바뀌면서, 얼음이 덮인 지역도 더 빠르게 사라질 겁니다. 얇은 얼음은 대개 해빙기를 한 차례 넘기고, 두꺼운 얼음은 해빙기를 여러 차례 넘기죠. 대략 1980년대 후반부터 이 다년생 얼음에서 일부 조각이 잘려나가는 현상이 눈에 띄기 시작했고 (……) 이 현상이 축적되다 보니 오래된 얼음의 수명이 전반적으로 짧아지기 시작했어요.

지난여름에는 북극해를 덮은 얼음 중에 일년생 얼음이 다른 어느 때보다도 많았어요. 이 얼음은 다가올 여름에[2008년] 죄다 녹는다고 예상할 수 있지만, 얼음이 발견된 곳이 예전보다 더 북쪽이라는 점을 감안하면, 날씨가 더 춥다는 뜻이고, 그렇다면 다가올 여름에도 얼음은 녹지 않을 수 있어요. 그 여름에 어떤 일이 일어날지 모두 예의 주시하고 있죠. 만약 일년생 얼음이 모두 다시 녹는다면, 북극을 덮은 얼음의 감소량은 또다시 예전 기록을 경신하게 됩니다. (……)

이 기후모델이 시사하는 내용은 2007년에 겪은 것 같은 대변화를 21세기 중반에 가까운 약 2030년이나 2040년까지는 절대 다시 겪지 말아야 한다는 것이에요. 만약 앞으로 몇 해가 그렇게 지나가면, 그건 요행이 아니었다는 뜻이고, 이 기후모델이 예상한 상황이 닥치기까지 앞으로 약 20, 30년은 남았다는 뜻이 되죠.

—제임스 매슬래닉, 볼더 콜로라도 대학 환경과학 협동연구소 부연구원

모든 상황이 이토록 빨리 악화될 수 있다니, 정말 놀랍다. 2005년에 과학계는 북극해를 덮은 얼음이 서서히 녹아 21세기 중반에는 북서항로에서 선박 통행이 가능하리라는 공통된 견해를 내놓았다. 2006년에는 처음으로 소수의 과학자들이 그간의 연구자료를 토대로, 2013년 늦여름이 되면 북극해 전역에서 얼음이 사라지리라는 위태로운 주장을 외롭게 펼쳤고, 그러자 석유 지질학자와 군사 전략가들이 북극해 지도를 꺼내들기 시작했다. 그리고 2007년에는 세상을 깜짝 놀라게 한 21세기 최대의 쇼가 펼쳐졌다. 러시아에서 가장 유명한 탐험가이자 두마(국회) 의원이며 당시 대통령인 블라디미르 푸틴의 막역한 친구인 아르투르 칠

린가로프가 잠수함을 타고 북극에 가서 얼음보다 한참 밑에 있는 해저에 러시아 국기를 꽂은 일이다. 칠린가로프는 마치 신세계 해변에 도착한 16세기 정복자처럼 외쳤다. "북극은 러시아 땅이다. 우리는 북극이 거대한 러시아 대륙의 연장임을 증명해야 한다."

아르투르 칠린가로프: 이 〔러시아〕 국기가 우리가 북극해 해저에 꽂았던 국기와 똑같은 국기예요. 캐나다 사람들이 왜 그런 반응을 보였는지 모르겠어요.

권 다이어: 선생님 생각이었나요? 그 국기 말예요.

아르투르 칠린가로프: 맞아요, 내 생각이었어요. 나는 정치인입니다. 단순한 극지방 연구가가 아니에요. 내 본업은 정치이고, 가는 곳마다 러시아 국기를 게양할 겁니다. 남극이 됐든, 축구 경기장이 됐든.

—아르투르 니콜라예비치 칠린가로프,
극지방 탐험가, 두마 부대변인, 블라디미르 푸틴의 북극 특사

캐나다는 러시아가 던진 미끼를 물었다. 일주일 뒤에 스티븐 하퍼 캐나다 총리가 비행기를 타고 북극으로 날아가 캐나다 북쪽 군도의 통제권을 거듭 강조한 것이다. "캐나다는 북극의 주권을 지키는 문제에서 선택의 기로에 놓였다. 주권을 행사하든가, 주권을 잃든가. 분명히 말하지만, 우리 정부는 주권을 행사할 것이다." 그는 얼음에도 부서지지 않는 무장 경비함정을 6~8대 건조해 북서항로를 지키고 배핀 섬에 심해 기지를 건설하겠다고 약속했다. 당시 북서항로의 캐나다 통제권을 놓고 논쟁을 일으킨 곳은 러시아가 아니라 미국이었다는 점을 감안하면, 이 경비함정이 어떤 상대를 염두에 두고 무장하는 것인지 분명치 않지만,

어쨌거나 국가주의자들은 하퍼의 결단력 있는 행동에 하나같이 박수를 보냈다.

2008년 여름과 관련한 과학적 증거는 북극해를 덮은 얼음이 녹는 속도에 대해서는 명확한 답을 하지 않았다. 따라서 한동안 이렇다 할 조치가 취해지지 않았지만, 일종의 차가운 지중해라 할 수 있는 북극해를 둘러싼 모든 국가에서 중대한 관점의 변화가 생겼다. 북극해는 지중해보다 여섯 배 크지만, 그 역시 따지고 보면 육지에 둘러싸인 바다였다. 그 주변국에 사는 수억 명 가운데 과거에는 누구도 북극해를 그런 관점에서 바라보지 않았다. 북극해는 그들에게 가치가 없었기 때문이다. 그러다가 불과 몇 년 사이에 모든 게 달라졌다. 북극해에 물길이 열린다면, 주변국은 그곳에서 고기를 잡을 수도 있고, 그 밑에 있는 석유와 가스를 쓸 수도 있다. 금을 찾아 몰려들었던 골드러시 때의 사고방식이 되살아난 것이다.

보물이 모두에게 고루 돌아갈 정도로 충분치 않으리라는 점에서 전형적인 골드러시다. 미국지질조사국USGS은 2008년 7월 보고서에서, 북극해에 석유가 자그마치 900억 배럴이 묻혔으리라고 추정했다. 지구 전체 석유 매장량(지질조사국 추정)의 8분의 1에 해당하는 양이다. 가스 역시 전세계 매장량의 3분의 1이 북극해에 묻혔으리라고 추정했다. 그러나 이 보고서에는 골드러시를 꿈꾸며 이 지역을 장악하려는 사람들을 실망시키는 두 가지 사실이 담겼다. 하나는 지질조사국의 예상이 탄성파탐사(인위적으로 지진파를 내보내 지질 구조를 알아내는 법-옮긴이)에 기초하지 않고 "개연성 있는 지질 분석"에 기초했다는 점이다. 다시 말해, 긍정적 전망을 보여주는 지질학적 특성들을 더한 것에 불과하다. 더 중요한 또 한 가지 주의할 점은 석유와 가스가 매장되었다고 예상되는 지역 대부분이 대륙붕 밑인데 이곳은 북극해 주변국의 해안과 가깝고 따라서 이미 이들 국가의 배타적 경제수역EEZ에 포함된다는 점이다. 생각이 있는 사람이라면 북극해 중앙 해저를 두고 경쟁을 벌이는 건 의미가 없다는 걸 알 수 있다. 그곳은 석유나 가스가 나올 곳이 아니다. 그렇다면 각국의 국가주의자들은 이 문제를 놓고 더 이상 열을 올리지 않게 되었을까? 당연히 그렇지 않다.

캐나다 북서항로(다른 편을 지지하는 사람에게는 '비'캐나다 북서항로)는 대륙간 주요 선박 노선이 될 가능성이 희박했다. 유럽과 동아시아를 잇는 파나마운하보다 수천 킬로미터를 줄인다 해도 그러했다. 일반적으로 이곳에서는 바람과 해류가 캐나다 북극 섬들 사이의 수로로 얼음을 모조리 떠밀어 보내기 때문에 보험회사들은 선체가 두 겹으로 만들어진 선박만 이곳을 통과해야 한다고 주장할 게 분명했다. 동아시아와 유럽을 잇는 상업 노선의 지름길 역할을 한 항로는 러시아의 북극해 연안을 따라 이어지는 '북동항로', 즉 '북극해항로'였다. 이 길로 가면 캐나다 쪽 북극해를 지날 때보다 수일은 앞당길 수 있고, 수심이 깊을 뿐 아니라, 여러 섬 사이의 미로 같은 길을 지나는 위험을 무릅쓰지 않아도 된다. 게다가 러시아 북쪽 해안은 항구와 쇄빙선, 기타 기반시설이 잘 갖춰져 있었다. 북극해의 바다 얼음이 녹는 것은 생태 재앙이지만, 이후 20년 가까이 이곳에 쏟아진 군사적 관심은 그 10분의 1도 아까울 정도로 지나쳤다.

나는 어지간해서는 군사 충돌을 예고하는 사람이 아니지만, [북극에 나토] 군대가 출동하게 될 겁니다.

—야프 데 후프 스헤페르, 나토 사무총장, 2009년 1월

장기적으로 볼 때 국제 정치는 중동, 바렌츠 해를 비롯한 북극해 곳곳의 대륙붕, 카스피 해분海盆, 중앙아시아 등지에 있는 에너지원 통제에 집중 될 것이다. 자원 경쟁 싸움이 벌어질 경우, 사태 해결에 군사력이 동원될 가능성을 배제하기 어렵다. 현재 러시아연방과 그 동맹국들이 국경 지대 에서 유지하고 있는 힘의 균형에도 변화가 올 수 있다.

— '2020년까지의 러시아연방 국가 안보 전략'
2009년 3월 12일 러시아 대통령 직속 안보위원회의 승인을 받음

서방에서는 이후 일어난 일을 놓고 습관처럼 러시아를 비난하지만, 이는 그들만의 편협한 관점일 뿐이다. 1990년대에 러시아 '민주세력' 의 무능과 타락에 대한 거부 반응이 기폭제가 되어, 당시 스탈린과 차 르를 향한 향수에 젖어 간신히 명맥을 유지해오던 러시아 국가주의가 되살아났지만, 강력한 국가주의 세력은 북극해 주변국에도 엄연히 존 재했다. 예를 들어 2013년 협정을 보자. 이 협정에서 미국은 북서항로 를 캐나다 영해로 인정해주는 대신, 북극 해저 자원에서 상당 부분을 차지하는 캐나다 자원을 개발할 권리를 따냈다. 미국은 이 특권을 얻을 요량으로 북서항로에서 캐나다의 권리에 반대하는 유럽연합과의 협정 을 파기했고, 캐나다는 미국의 군사 지원을 얻어 엄청난 양의 해저 자 원을 지키는 대가로 그 자원의 상당 부분을 팔아넘겼다. 다른 나라도 모두 이와 똑같은 게임에 빠져들었고, 경쟁의 속성은 이들을 모두 한 방향으로 몰고 갔다.

근본적인 문제는 자원이 매장되었다고 추정되는 배타적 경제수역의 경계가 합의되지 않았다는 점이다. 2008년 5월에 북극해 연안 다섯 국가인 러시아·미국·캐나다·덴마크(그린란드)·노르웨이가 1982년 유엔이 정한 해양법 규정을 준수하겠다는 협정을 체결했지만 영토 분쟁은 이미 시작되었다. 한 예로, 그린란드 북부와 엘즈미어 섬 사이에 네어스 해협이 있는데, 그 꼭대기에 있는 자그마한 한스 섬의 소유권을 놓고 캐나다와 덴마크 사이에 공방이 벌어졌다. 배타적 경제수역 사이에 선을 그을 때, 두 나라의 국경 해안 방향에 수직으로 그을지, 아니면 북쪽으로 곧게 올라가면 북극에 닿는 경도를 따라 그을지를 결정할 때도 각국은 자기 잇속을 차리느라 의견 일치를 보지 못했다(이 게임의 규칙은 간단하다. 영토를 더 얻을 수 있는 원칙 택하기. 노르웨이와 러시아의 분쟁에서도 이 때문에 15만 5천 제곱킬로미터에 이르는 해저의 권리를 두고 문제가 생겼다). 여기에 협상을 막는 진짜 요인이 또 있다. 얼음이 빠르게 녹는다면, 유엔 당국이 엇갈린 주장을 해결할 방침을 내놓기로 한 2020년까지 가만히 앉아 기다릴 사람이 누가 있겠는가? 그리고 정말 귀중한 자원이 걸려 있고, 그 자원을 차지할 권리를 정당화할 다른 논리가 있다면, 과연 누가 유엔의 결정에 따르겠는가?

　　해양법 규정에 따르면, 각국은 자국 연안에서 200해리(약 370킬로미터) 범위 내의 배타적 경제수역에 권리를 갖지만, 비교적 얕은 대륙붕에서도 최대 350해리까지 그 밑에 매장된 해저 자원을 소유한다. 북극해 주변 국가는 2014년까지는 이 법에 따라 소유권을 주장해야 했다(단, 이 조약에 서명하지 않은 미국은 제외). 그런가 하면 대륙붕의 연장으로 해석할 수 있는 해저의 특징을 알아내려는 연구가 심지어 얼음 밑에서까지 활발히 진행되었다. 러시아는 북극해를 횡단하는 해저 산맥인 로모소노프 해령이 러시아 대륙붕에서 시작하기 때문에, 자기들의 해저권이 북극까지 이어진다고 주장했다(아르투르 칠린가로프도 바로 이 논리에 근거해 소유권을 주장했다). 그러나 반대 극인 남극에서는 영토 분할에 사뭇 다른 원리가 적용됐다.

경도를 나타내는 모든 선은 북극점과 남극점으로 수렴한다. 따라서 1908년과 1942년 사이에 남반구에 영토가 있는 일곱 국가가 남극 대륙을 파이 자르듯 남극점을 중심으로 '부채꼴' 모양으로 잘라 나눴다. 예를 들어 인도양 남쪽에 있는 무인도 몇 곳을 소유한 프랑스는 이 가운데 경도상으로 가장 서쪽에 있는 섬과 가장 동쪽에 있는 섬에서 경도를 남극점까지 연장해 그 사이에 들어오는 영토를 소유했다. 그 뒤로 남극 대륙의 상업적 개발을 금지하는 조약이 나오면서 (그리고 3킬로미터 두께의 빙모ice cap〔산 정상을 덮은 빙하-옮긴이〕 때문에) 실제로 남극에서 소유권을 행사한 나라는 없었다. 북극에도 이 '부채꼴 원리'를 적용하면 상당한 이익을 볼 나라들이 있었는데, 그중에서도 러시아는 북극해의 절반을 차지할 수 있었다. 실제로 소련이 바로 이 원리를 내세워 1924년에 북극의 소유권을 주장했었는데, 만약 러시아가 해양법 때문에 원하는 것을 손에 넣지 못한다면 유엔의 결정을 가볍게 무시하고 구소련의 부채꼴 소유권 주장을 되풀이할 수도 있다.

우리는 이 상황을 대단히 위험하고 심각하다고 보고, 또 나토〔북대서양조약기구〕가 방어 동맹에서 블록 동맹으로 변질되어 에너지원을 얻으려고 싸우고 군사적 수단을 동원해 이익을 챙길 거라고 생각합니다. (……)

2002~2003년 이후로 노르웨이 해군은 군함을 여러 대 동원해 스피츠베르겐을 빠져나오는 어선을 보호했고, 러시아도 그곳에 해군을 파견할 가능성을 배제할 수 없어요.

　　　　　　　—**아나톨리 치가노프**, 러시아 군 퇴역 대령, 군사 예측 센터, 러시아 국방부 전원회의

　모든 이들을 전투태세로 몰고 간 사건은 2014년 스피츠베르겐 사건이었다. 선박 조종 미숙과 러시아인 희생자를 감안해, 노르웨이가 자국의 배타적 경제수역이라고 주장하는 지역을 침범한 러시아 어선을 노르웨이 경비함정이 한 차례 더 나포하는 정도로 끝냈어야 했다. 공식 항의, 그리고 사과와 넉넉한 보상이면 충분했다. 그러나 고기가 몰려든 곳은 미국지질조사국이 석유와 가스가 매장되었을 가능성이 크다고 지목한 세 곳 중 하나인 이스트바렌츠 해분이었다(다른 두 곳은 알래스카 노스슬로프와 웨스트시베리아 해분이다). 2015년 초, '신냉전'은 현실이 되었다.

　미국은 만반의 태세를 갖추었다. 이때 직접적 자극제가 된 것은 러시아 국회가 베링 해협에서 미국과 러시아의 경계를 규정하는 조약을 20년 이상 거부했다는 사실이지만(다른 여러 조약과 달리 이때만큼은 조약 비준을 거부한 쪽이 미국 의회가 아니었다), 진짜 문제는 초강대국이라는 미국의 독점적 위치가 점차적으로 그러나 분명하게 흔들린다는 걷잡을 수 없는 우려였다. 국제 문제에서 유일한 중재국인 미국의 지위에 도전하는 나라는 중국이지만, 두 나라의 밀접한 무역 관계를 고려하면 군사 대결은 가장 불행한 결과를 초래할 것이다. 반면에 러시아는 미국의 주요 무역 상대국도 아니고, 과거에는 적이었으며, 무엇보다 성난 미국인들은 어

느 나라든 외국인과 한판 붙고 싶어 안달이었다.

한편 서유럽은 이 사태에서 빠지고 싶어 했다. 노르웨이도 나토의 일원이었지만 진정한 유럽 모임인 유럽연합에 가입하기를 꺼려왔다. 그러나 한편에서는 미국이 이들을 압박했고, 다른 한편에서는 과거 수십 년 동안 소련군의 점령 아래 살다가 새로 유럽연합에 가입한 동유럽 국가들이 러시아인의 말과 행동이라면 본능적으로 깊이 불신했다. 그러다 보니 결국 노르웨이뿐만 아니라 모든 나토 국가가 러시아와 대결 상태에 놓였다.

구냉전만큼 심각한 상황은 결코 아니었다. 러시아 국경 양쪽에 탱크가 늘어서지도 않았고, 뒤에는 늘 핵무기가 있었지만 그것이 실제로 사용되리라고 생각한 사람은 없었다. 러시아인과 미국인은 그들 식 문화대로 마치 이념 싸움인 양했지만, 사실 본격적인 이념 싸움도 없었다. 그보다는 제1차 세계대전이 일어나기 30년 전에 아프리카 분할을 놓고 세계 열강이 벌인 경쟁을 닮았다(많은 공을 들이고 위험을 감수했지만 그에 비해 보상은 대단치 않았다는 점까지도 닮았다).

핵무기 때문에 모두 제법 신중하게 행동했지만, 이 사건은 막대한 돈 낭비, 시간 낭비였다. 석유 굴착 장비가 물러나는 얼음을 따라 대륙붕 너머까지 전진하는 가운데 군함이 서로 대치하고, 어선이 나포되어 압류되고, 러시아가 가스를 유럽으로 실어 나르면서 싸움이 일어나고, 유럽은 다른 공급원을 찾느라 혈안이 되었다. 가장 큰 단기 손실이라면 이 대결이 '자유로운' 세계무역에 끼칠 피해였다. 대결 국가들은 약소국에게 '내 편 아니면 적'이라는 최후통첩을 전하면서 편들기를 강요했다. 장기 손실이라면 세계 기후변화 협상이었다. 2012년에 타협을 보기로 한 협상이 주요 관련국이 대치하는 바람에 다시 10년 뒤로 미뤄졌다.

이제 나토는 중국만큼 위험하지 않습니다. (우리에게) 가장 위험한 상대는 중국이고, 누구도 이 사실을 입에 담지 않아요. (……) 중국 중앙정부는 우리 국경을 인정한다고 말하지만, 중국 각 지방은 여전히 중국 영토가 우랄산맥에서 시작한다고 〔즉, 시베리아 전체와 러시아 극동 지역이 중국에 속한다고〕 주장합니다. (……) 앞으로 15년 안에 중국은 러시아 수준으로 발전할 수 있고, 그렇게 되면 영토 분쟁이 시작될 가능성을 배제할 수 없어요. ─**아나톨리 치가노프,** 러시아 군 퇴역 대령, 군사 예측 센터, 러시아 국방부 전원회의

신냉전이 마침내 종식된 까닭은 모두가 망각에서 깨어나고 더불어 러시아인들이 겁을 먹었기 때문이며, 북극해 석유 매장 지역에 차츰 회의가 생기기 시작했기 때문이고(비록 엄청난 양의 가스가 발견됐지만), 러시아가 중국의 장기적 의도에 큰 불안을 느꼈기 때문이다. 중국이 러시아 침공 계획을 세워서가 아니다. 2029년이 되자, 기후변화 문제를 오랫동안 세계적 차원에서 다루지 못한 후유증이 드디어 뚜렷이 나타나기 시작하고, 중국 내 상황이 절박해진 탓이다.

가뭄으로 중국 북부 평원에서 농작물 피해가 속출하고 강물이 마르면서 남부 지역에도 같은 피해가 발생했다. 기상 상황이 안 좋았던 2020년대, 특히 2028년에는 폭풍해일이 강 상류 지역인 상하이까지 올라왔다. 티베트와 신장에서는 소요 사태가 그칠 줄 몰랐고, 이제는 여기에 중국 본토를 겨냥한 테러까지 더해졌다. 형편이 넉넉한 일부 지방은 중앙정

부와 거리를 두고 있으며, 공산정권 이후의 불안한 정부는 국민을 한데 묶을 무언가가 절실히 필요했다. 그러던 차에 중국의 잃어버린 북방 영토를 되찾아야 한다는 실지회복주의자들의 주장이 유용해 보였다. 하지만 그 주장이 곧바로 실천으로 옮겨질 조짐은 보이지 않았다. 그럼에도 러시아인들은 긴장했고, 이제 북극해를 둘러싼 나토와의 어리석은 싸움은 그만두어야 할 때라고 결론 내렸다.

러시아 정부는 한 걸음 더 나아가, 비밀리에 나토 동맹에게 (어쩌면 창설 80주년 기념 선물로) 전략적 제휴를 제의했다. 이 제휴가 어떤 상대를 표적으로 삼았는지는 아무도 밝히지 않았지만, 그걸 모르는 사람은 없었다. 그러나 이 서방 동맹은 군사 기술이 미국보다 고작 5년 뒤질 뿐인 중국을 적으로 만들지 않기로 결심했다. 결국 러시아 홀로 이 문제를 처리해야 했다.

나중에 알고 보니, 중국은 러시아와 국경 문제가 생기기 전부터 국내 문제로 골치를 앓고 있었다. 2030년대에 일어난 시민 소요 사태('내전'이란 말은 지나친 감이 있다)로 중국은 외교 정책에서 사실상 손을 놓다시피 했고, 중국과의 긴 국경 지대에서 러시아군이 맞닥뜨린 유일한 문제는 밀려드는 난민 행렬을 되돌려 보내는 일이었다. 하지만 난민은 아사 직전이라 그 일은 결코 만만찮았다.

이 길고도 무의미한 대결에서 가장 큰 손실은 잃어버린 시간이었다. 21세기가 시작되는 시점에서 미국은 조지 W. 부시 행정부의 8년을 허송세월했고, 전세계가 기후변화에 대처하기 위해 진지하게 자세를 가다듬던 차에 이 어처구니없는 가짜 전쟁이 터져 국제 공조를 막고 이후 20년을 또다시 낭비하게 되었다. 우리는 이제까지 문제를 용케 피해왔다.

그러나 그때만 해도 나타나지 않았던 피드백이 지금은 불가피해졌다. 앞으로 10, 20년 뒤에 지구온난화가 걷잡을 수 없이 진행된다면, 우리는 그것이 누구 탓인지 알게 될 것이다. 이미 버스는 지나갔지만.

2장

피할 수 없는 위기

An Inevitable Crisis

우주에 도착한 첫날 깜짝 놀란 사실 하나는 파란 하늘이 없다는 것이다. 지구에서는 모든 사람이 늘 보는 것이지만, 우주에서는 보이지 않는다. 마치 나와 지구 사이에 아무것도 존재하지 않는 것처럼. 그리고 그 외에는 오직 암흑과 별들만 존재하는 한밤중 같다.

그러나 지구의 지평선이나 수평선을 가만히 바라보면, 눈이 의심스러울 정도로 아름다운 아주, 아주 얇은 선을 보게 된다. 무지개 색이다. 이 얇은 선이 바로 우리 대기다. 그리고 우리 대기의 가장 취약한 점은 그것이 얼마 안 된다는 사실이다.

—**리처드 트룰리**, 미 해군 퇴역 중장, 전직 우주비행사이자 미 해군우주사령부 사령관
〈국가 안보와 기후변화〉 2007년 4월 보고서

그러나 하늘은 아래에서 보면 꽤 거대해 보이고, 그 아래에 있는 우리는 무척 왜소하게 느껴진다. 그러다 보니 앞선 세대가 우리 행동이 기후에 심각한 영향을 미칠 수 있다고 상상하기는 매우 힘들었다. 인구가 늘고 힘이 커져도, 현재 지구의 기후 안정을 유지하는 자연 순환을 우리 인간이 무너뜨리기 시작했다고 말하는 사람은 거의 없었다. 사실 과거에는 지구의 기후가 지금과 달랐고, 그중에 어떤 기후는 인간의 거대 문명이 번성하기에는 대단히 부적절했다는 사실을 아는 사람은 거의 없었으며, 대기를 구성하는 요소가 극히 일부만 바뀌어도 현재 균형을 이루고 있는 기후가 비교적 짧은 시간에 아주 다른 상태가 될 수 있다는 사실을 이해한 사람도 없었다.

따라서 우리를 덮쳐오는 위기를 일으킨 주범이라고 지목할 대상도 없다. 다섯 아이를 낳은 우리 어머니더러, 제2차 세계대전이 끝날 무렵 23억 명이었던 인구가 현재 67억 명으로 세 배 가까이 불어난 인구 폭발에 한몫했다고 비난할 수도 없는 일이다. 1940년대 후반에 현대적 교외modern suburb를 고안한 윌리엄 레빗이나 1913년에 자동차 생산에 대량생산 기술을 적용한 헨리 포드 또는 1710년에 최초로 실용적인 증기기관을 설계한 토머스 뉴커먼을 비난할 수도 없다. 1만 년 또는 1만 2천 년 전에 처음으로 꼬챙이를 이용해 파종을 함으로써 농업혁명을 일으켜 오늘날 거대 문명의 길을 닦아놓은 여성을 탓할 수도 없는 노릇이다(신석기 시대 노동에서 여성은 식물을 다루는 채집을, 남성은 수렵을 담당했다). 이들 중 누구도 우리가 세상 돌아가는 방식을 우리에게 불리하게 바꿔놓으리라고는 상상하지 못했다.

그러나 우리 조상이 최초로 작은 도시를 건설한 지 고작 6천~7천 년

이 지난 지금, 세계는 우리가 보는 앞에서 변하고 있다. 빠른 기후변화는 안정되고 친숙한 세상을 쓸어버리고 그 자리에 21세기 말까지 인구 급감을 초래할 기근 · 대이주 · 전쟁 같은 끔찍한 무질서를 심어놓으려고 위협한다. 그리고 우리는 일부 사람들이 수렵과 채집 생활을 버리고 농부가 된 순간부터 이 위기는 불가피해졌다는 사실을 뒤늦게 깨닫는다.

농부가 늘어나면 규칙적인 식량 공급이 확대된다는 단순한 사실 덕에 농업 인구는 빠르게 늘었고, 농사만 지을 수 있다면 아무리 보잘것없는 땅이라도 수렵 채집인보다 다섯 배에서 백 배나 많은 농부를 먹여 살릴 수 있었다. 그리고 숫자는 중요했다. 수렵 채집인이 더 건강하고 더 다양한 식생활을 하며 더 즐겁게 산다 해도, 땅을 두고 농부와 싸움이 붙으면 대개는 지고 만다. 아마도 1천 년이 안 되어 농부는 인류의 다수를 차지했을 것이다. 지금은 농부와 도시에 사는 그 후손들이 인류의 99.9퍼센트에 이르고, 모두가 수렵 채집을 하며 살았던 시대에 비해 인구는 무려 1천 배나 늘었다.

농부의 또 다른 장점은 고정된 주소가 있다는 점이다. 짐을 싸들고 다니던 시절보다 당연히 더 많은 것을 소유하게 되었다. 그리고 농부는 단지 자연이 주는 것만으로 살아가지 않고 물리적 환경을 이용하는 까닭에, 기술이 축적되기 시작했다. 그리고 글을 발명하면서 지식은 더욱 빠르게 축적되었다. 약 1만 년이 걸리기는 했으나 18세기가 시작될 무렵, 과학 지식과 전문 기술의 결합은 임계질량을 달성했다. 토머스 뉴커먼이 1709년에 운석에 맞아 죽었더라도 다른 누군가가 그 뒤 20, 30년 안에 (산업혁명의 도화선이 된) 증기기관을 발명했을 것이다. 그리고 그 역시 영국 사람이었으리라. 당시 기술과 과학적 관점의 임계질량을 달성한 곳이 바로 영국이기 때문이다.

대량생산도 마찬가지다. 대량생산이 헨리 포드의 발명품은 아니지만, 자동차를 대량으로 생산하기 시작한 사람은 바로 그였고, 이는 현재 상황과 무관하지 않다. 지금처럼 넓게 뻗은 대도시가 생길 수 있었던 것은 교외를 멀리 떨어진 곳에 형성한 덕분이고, 또 그것은 자동차를 대량으로 소유하지 않았던들 불가능한 일이었다. 한 가지 현상이 다른 현상을 불러올 때는 뭔가 불가피한 상황이 개입했다. 최초의 고안자가 누구이며 언제, 어디서 그 일이 일어났는가 하는 구체적인 사항들은 단지 우연일 때가 많다. 이런 식으로 현재 전세계 67억 인구 중 4분의 1이 '탈공업화' 사회이자 대량 소비 사회에 살고, 세계 인구의 다른 절반은 산업혁명과 소비혁명을 '동시에' 빠르게 진행하는 사회에 살게 되었는데, 그러다 보니 당연히 문제가 생겼다. 우리는 무척 빠르게 성장했고, 지구 자원을 엄청나게 축냈으며, 아마도 그 대가를 톡톡히 치를 것이다.

하지만 비난받을 사람이 없다. 우리는 우리 행동이 전체 생물권에 영향을 미치리라고는 미처 생각하지 못했다. 아니, 그때의 지식으로는 알 수 없었다. 겨우 40년 전에야 비로소 소수 과학자들이 인간의 행동으로 기후가 변할 수도 있지 않을까, 생각하기 시작했다. 겨우 30년 전에야 비로소 몇몇 사람이 기후가 정말로 변하고 있다고 경고하기 시작했고, 겨우 20년 전에야 비로소 기후변화가 인간 탓이라고 과학으로 증명하게 되었다. 우리 앞에 놓인 위기는 한 여성이 처음으로 씨를 뿌리기 시작한 순간부터 이미 예고되었지만, 우리는 알지 못했다. 결국 물질적으로나 정신적으로나 준비가 안 된 상태에서 위기를 맞이했고, 그 결과는 불투명하다.

기후 영역에서 눈에 띄는 점은 지구 표면의 평균 온도가 상승했다는 것만이 아닙니다. 그 평균 온도는 단지 기후 상태를 보여주는 표시일 뿐이라는 점을 명심해야 합니다. 일종의 체온 같은 거라 "친구들보다 고작 몇 도 높은걸" 하다가 열이 40.5도로 올라가면 평균보다 겨우 3.5도 높은데도 치명적일 수 있다는 사실을 깨닫죠. 세계도 마찬가지예요. 세계 평균 기온보다 고작 몇 도만 차이가 나도 기후 유형에 거대한 변화가 일어나 인류에 결정적 영향을 미칠 수 있어요. 농업·임업·어업 생산성은 기후에 좌우되고, 물 사용도 기후에 좌우되죠. (……) 우리는 폭염·홍수·가뭄·대규모 산불·해수면 상승 같은 기후변화 위기에 처했어요. 그리고 우리가 관찰한 바로는 이 모든 일들이 더욱 빠르게 진행된다는 겁니다.

지구 표면 온도만 상승하는 게 아니에요. 대기 순환 유형이 바뀌고, 폭풍의 진로가 바뀌고, 홍수의 강도와 빈도가 커지고, 폭염이 더 잦고 심해지고, 열대폭풍이 더 강력해집니다. 온실가스가 유발한 세계 기후변화의 여러 현상들이 단순히 일어나는 데 그치지 않고 예상보다 빠르게 진행되고 있어요.

—존 홀드런, 오바마 대통령의 과학기술 자문위원,
백악관 과학기술 정책 실장, 하버드 대학 환경정책 교수, 우즈 홀 연구소 소장

문제는 결국 숫자다. 인구가 로마 제국 시대 수준인 2억 5천만이었다면 우리는 아무런 제재도 받지 않고 원하는 것을 거의 다 할 수 있었을 것이다. 산업화도 하고, 고기도 많이 먹고, 대형차도 몰고, 휴일에는 비행기를 타고 지구 반대편으로 날아가고. 그래도 머지않아 우리가 배출한 온실가스 문제를 다뤄야 했을 것이다. 이산화탄소는 약 200년간 대기에 머물기 때문이다. 그리고 인구가 2억 5천만 명이라 해도 온실가스

를 계속 배출하며 살다 보면, 탄소 기반 연료를 에너지원으로 사용하는 방식에서 벗어나야 할 순간이 오게 마련이다. 그러나 그때 과학이 발달해 자연을 이해할 수 있었다고 가정한다면, 2억 5천만 명에 불과한 우리는 변화를 이끌어낼 시간이 충분했을 테고, 따라서 인간 존재를 위협하는 위기에 맞닥뜨리지도 않았을 것이다.

산업혁명이 막 시작되던 1800년의 인구는 10억 명이었고, 당시 인구 증가를 억제했다 해도 위기는 닥쳤겠지만, 사실 인구를 억제하지도 않았다. 인구는 자원이 한계에 다다를 때까지 늘게 마련이다. 실제로는 그 수준을 넘어 늘어나는 일도 허다하다.

우선, 유럽인들은 자국에서나 해외 식민지에서나 역사상 유례없는 인구 증가 붐을 맞이했는데, 1600년에는 유럽인이 세계 인구의 20퍼센트를 차지하다가 1900년에는 35퍼센트로 늘었다. 이들의 후손은 대부분 선진 사회에 살고 있다. 따라서 1800년의 세계 인구에 해당하는 약 10억 인구가 현재 완전한 산업화 상태에서 식량을 소비하고, 화석연료를 태우고, 온실가스를 배출한다. 둘째, 더 중요하게는 이들 국가에서 가파른 인구 증가를 가능케 한 공중보건 시설과 기술이 곧 다른 나라로 전파되어 비슷한 인구 증가를 가져왔고, 그 결과 비유럽인의 숫자가 현재 50억 명이 넘는다. 이들 중 절반 이상은, 고도의 경제 성장(연간 6~10퍼센트)으로 소비와 온실가스 배출이 후기 산업화 시대 수준으로 빠르게 옮겨가는 국가에 산다.

모두가 이런 식으로 살 수는 없다. 주요 자원(석유와 가스 포함)은 30, 40억 인구가 현재의 '선진 세계' 생활방식을 유지할 수 있을 정도로 충분치 않다. 이처럼 많은 사람이 살아가려면, 장기간에 걸쳐 점진적이고 신중하게 생활규모를 줄이고 생활방식을 획기적으로 바꿔야 한다. 그렇지 않고 지금처럼 성장을 향해 무모하게 돌진한다면 공존이라는 목표를 달성하기 한참 전에 심각한 기후 위기를 맞이할 것이다. 그리고 그러한 위기가 모습을 드러내는 최초의 그리고 최악의 신호는 세계 식량 공급난이 될 것이다.

[상승 폭이] 1, 2도 정도면 세계 식량 공급은 아마 그런대로 무난할 겁니다. (식량 생산은) 이미 기온이 임계 수준에 이른 적도 부근 국가에서 그보다 고위도 국가로 옮겨 가겠죠. 그러다가 2도, 3도, 4도 또는 그 이상으로 올라가면 상황은 아주 심각해집니다. 21세기 말에 그런 상황에 도달할 수 있는데, 그렇게 되면 생산량 감소가 아프리카와 라틴아메리카에서는 20~25퍼센트, 인도에서는 30퍼센트 또는 그 이상이 될 거예요.

어쩌면 북부 산업국가에서 식량 생산이 늘어 공급 부족이 일부 완화될 수도 있겠지만, 문제는 여전합니다. 이른바 '탄소 비옥화'에서 기대할 게 없다면 문제는 더 심각해요. 탄소 비옥화는 대기에 이산화탄소가 늘고 그 이산화탄소가 광합성에 투입되면 원칙적으로 상쇄 효과를 얻는다는 겁니다. (……) 실험실에서는 분명 수확량이 높게 나오지만, 현실에서도 그럴지는 미지수예요. 실험실 연구가 야외라는 조건을 반영할까요? 이산화탄소 외에 다른 영양소도 필요하다는 걸 반영할까요? 무엇보다도 최근 야외 실험에서, 앞서 실험실 추정치가 과장일 가능성이 제기됐어요.

—윌리엄 클라인, 피터슨 국제경제연구소 선임연구원

기후변화의 다른 결과들, 이를테면 해수면 상승, 세력이 커진 허리케인과 폭풍해일, 현재 열대지방에 국한된 질병의 극지방 이동은 예상대로 또는 예상보다 일찍 나타날 수 있지만, 식량 공급만큼 인간에게 중요한 문제는 없다. 먹지 않으면 수개월 안에 탄소발자국(인간의 탄소 발생으로 유발되는 생태계 파괴-옮긴이)이 아예 사라질 것인가. 대기에 이산화탄소 농도가 높아 곡물 수확이 늘어나는 효과는 온대지방에서도 최소한에 머물기 쉽고, 그 외 지구온난화의 다른 영향들이 식량 생산에 미치는 영향은 하나같이 부정적이다.

곡물 성장철의 평균 기온이 이미 발아 가능한 최고치에 가까워진 지역에서는 기온이 더 올라가면 식량 생산에 치명적이다. 우리는 지난 1만 년 동안 식물을 선택하고 교배해 현재의 기후 조건에 가장 적합한 종을 얻었고, 그 종이 적응할 수 있는 기후는 상당히 제한적이다. 예를 들어 레딩 대학이 최근에 내놓은 연구 결과를 보자. 가장 흔히 재배되는 벼 품종인 저지대용 인디카indica와 고지대용 자포니카japonica는 개화와 수정 시기에 높은 온도를 견디지 못해서, 이 시기에 기온이 한 시간 이상 35도가 넘어가면 열매를 거의 맺지 못한다. 열대지방의 여러 나라에서는 벼 성장철의 기온이 이보다 고작 1, 2도 낮은 기간이 이미 더 길어진 상태다. 필리핀에서 실시한 좀 더 일반적인 실험에서는 성장철 평균 기온이 1도 높아질 때마다 벼 수확량이 15퍼센트 감소했다. 따라서 주요 작물에서 이상고온에 견디는 신품종을 개발하는 비상 대책을 마련해야 하고 실제로 그리 하겠지만, 성공을 장담할 수는 없다. 확실한 것은 성공한다 해도 수확량은 감소하리라는 점이다.

두 번째 문제는 토양의 수분이다. 보통 지구가 더워지면 해양의 수분 증발이 늘어 강우량이 많아지지만, 늘어난 강우량으로 이익을 보는 지역에서도 토양의 수분 증발 속도가 더 빨라 어려움을 겪게 된다. 윌리엄 클라인은 앞서 대담에서 이렇게 지적한다. "토양의 수분을 이용하는 건 속도 경쟁의 결과예요. 기온 상승에 따른 빠른 수분 증발과, 강우량 사이의 속도 경쟁이죠. 그런데 기온이 올라가면 증발 속도가 대단히 빨라지기 때문에, 적도 가까이 있는 많은 나라들은 그 경쟁에서 지고 맙니다. 그곳에서는 기후가 건조해 벌써부터 어려움을 겪고 있어요." 거의 모든 아프리카 국가와 상당수의 중남미 국가 그리고 중동 전체와 아시아 국가 상당수가 그러하다.

이처럼 열대지방과 아열대지방은 가장 먼저 가장 극심한 타격을 받지만, 온대지방은 온난화가 약간만 진행된다면 농업에서 이익을 보리라고 흔히들 추측한다. 어쩌면 중저위도 지역의 식량 생산 증가가 적도 부근의 생산 감소를 보충해줄지도 모른다는데, 그러면 얼마나 좋겠는가. 그러나 여기에는 세 가지 해결되지 않은 물음이 있다. 하나는 온대지방에서 예상되는 식량 생산 증가량이 열대지방의 감소량을 충당하고 여기에 '더해' 늘어나는 인구(2050년까지 25억?)를 감당하고 '더불어' 아시아의 경제가 급속히 성장하면서 빠르게 늘어나는 1인당 육류와 유제품 소비량까지 감당할 수 있느냐는 것이다(유제품 생산에는 곡물이 대량 소비된다). 두 번째 물음은 선진국의 부유한 고비용 경제에서 생산된 초과 식량이 과연 열대지방의 가난한 사람들의 입으로 들어갈 수 있겠느냐는 것이다. 그 비용을 누가 대겠는가? 그리고 가장 중대한 세 번째 물음은 지구온난화가 적어도 완만히 진행되면서 온대지방에 식량 생산이 늘어나리라는 예상이 과연 옳은가 하는 것이다.

따뜻한 지역에서는 해양에서 수분 증발이 많아져 전반적으로 강우량이 더 많아지리라는 사실에는 누구나 동의한다. 문제는 이 비가 대부분 엉뚱한 곳에 내린다는 점이다. 주로 고위도 지대에 많이 내리고, 세계 곡물의 대부분이 재배되는 중위도 지역에는 훨씬 적게 내릴 것이다. 세계적 곡창지대인 미국 중서부 지방, 인도 북부 평원, 오스트레일리아의 밀 재배지, 지중해 연안 등은 강우량과 수확량 감소로 큰 타격을 입으리라 예상된다.

이 현상을 일으키는 원인은 '해들리 셀Hadley cell'이라 부르는 대기 순환 유형이다. 이 순환은 적도 부근에서 고온 다습한 공기가 끊임없이 상승하면서 일어난다. 해수면이 따뜻해 수분이 많이 증발하니 다습하고, 더운 공기의 속성상 이 다습한 공기는 위로 올라간다. 그런데 1천 미터 올라갈 때마다 온도가 3도씩 떨어지고, 이렇게 차가워진 공기는 따뜻한 공기만큼 수분을 많이 붙들고 있지 못해 열대지방에서 폭우가 되어 쏟아진다. 이처럼 적도 지역 상공은 차갑고 이제 막 건조해진 공기층으로 계속 채워지고, 아래에서 올라오는 고온 다습한 공기가 이를 다시 북쪽과 남쪽으로 밀어낸다. 이렇게 밀려난 저온 건조한 공기는 적도에서 2천5백~3천5백 킬로미터 떨어진 지표면으로 다시 내려오는데, 내려오는 사이에 점점 압력이 높아져 온도가 올라간다('단열 가열'이라 불리는 과정이다). 그리고 지표면에 닿는 순간에는 뜨거우면서 건조하다. 전세계 사막이 이런 식으로 형성된다.

사막은 지구 여기저기 아무 곳에나 생기지 않는다. 대개 적도 북쪽과 남쪽으로 두 줄의 사막 띠가 형성되는데, 정확히 말하면 해들리 셀이 지표면에 고온 건조한 공기를 형성하는 위도 지역이다(그리고 이 순환은 적도 지표면으로 되돌아오는 순간 멈춘다. 이때 '무역풍'이 발생한다).

축에 낀 구식 지구본을 돌려보라. 세계 사막 지대가 북위 25도 부근과 남위 25도 부근에 흐리게 노란 띠로 분포해 있을 것이다. 해들리 셀이 만들어놓은 북반구 사막을 서쪽에서 동쪽으로 살펴보면, 아프리카의 사하라 사막, 중동의 아라비아 사막, 인도 서쪽과 파키스탄 남쪽의 타르 사막, 미국과 멕시코의 그레이트사우스웨스턴 사막이 있다. (북반구보다 육지는 훨씬 적고 바다는 훨씬 많은) 남반구에도 비슷한 띠가 보이는데, 아프리카 남부의 칼라하리 사막에서 시작해 드넓은 오스트레일리아 사막을 거쳐 페루와 칠레 북부에 있는 여러 사막으로 끝난다.

일조량이 많고, 곡물 성장철이 길며, 비가 많이 와 축복 받은 세계 최대의 곡창지대는 이들 사막보다 적도에서 약간 더 떨어져 있다. 가령 오스트레일리아의 밀 재배지는 사막 바로 아래, 퍼스에서 머리달링 분지에 이르기까지 동서를 가로질러 자리한다. 지중해 국가의 전통적인 곡물 창고와 '비옥한 초승달 지대'는 사하라 사막과 아라비아 사막 바로 위쪽에 있다. 미국 중서부는 미국 남서부와 멕시코 북부에 있는 거대 사막들 바로 위쪽(그리고 약간 동쪽)에 있다. 만약 이들 사막이 더 넓어져 곡창지대를 침범한다면 그야말로 대재앙인데, 이는 지구온난화 시나리오에 빠지지 않고 등장하는 현상이다. 기온이 높다는 것은 그 안에 에너지가 많다는 뜻이고, 따라서 해들리 셀이 확장해 현재의 농경지까지 침투하게 된다. 물론 전부 사막이 되지는 않지만, 곡창지대 강우량은 지역에 따라 그리고 그곳에서 받는 열의 양에 따라 25퍼센트, 50퍼센트, 심지어 75퍼센트까지 줄어들 수도 있다. 식량 공급에서 실수가 허용되는 범위가 그리 크지 않다는 점을 생각하면, 결코 유쾌한 상상이 아니다.

우리는 지난 60년 동안 빵과 물고기의 기적을 재연한 덕에, 똑같은 크기의 토지에서 예전보다 세 배나 많은 사람을 먹여 살린다. 1945년에는 세계 인구가 20억 명이 조금 넘었는데, 1800년보다 두 배 늘어난 수치다. 그러다가 이후 60년 남짓 세계 인구는 다시 세 배 넘게 증가해 67억 명이 되었고, 이 중 대다수는 식량 부족을 겪지 않는다. 그러나 현재 식량을 생산하는 토지 가운데 1945년에는 경작지가 아니었던 땅은 고작 10퍼센트에 불과하다. 인간은 아주 오래전부터 농사를 지었고, 아주 비옥한 농경지는 오래전부터 경작지로 이용되었다. 결국 기존 농경지에서 수확량이 세 배나 늘었다는 이야기다.

이 기적은 그 유명한 '녹색혁명' 덕이다. 농작물의 유전자를 변형해, 가뭄에 잘 견디고 수확량이 높고 염분과 병충해를 이기는 새 품종을 만든 혁명이다. 그러나 기적을 일으킨 더 큰 공신은 바로 무자비한 힘, 즉 화석연료다. 우리는 전후 수십 년 동안 화석연료를 대대적으로 쏟아 부어 문제를 키웠다. 어느 면에서 우리는 지금 화석연료를 먹는 꼴이다. 1945년 이후로 땅에 뿌리는 비료가 열 배 넘게 늘었고, 질소비료는 암모니아를 원료로, 천연가스를 이용해 만든다. 엄청난 비료 사용으로 지난 반세기 동안 수확량이 획기적으로 늘었지만, 지금은 어느덧 수확체감(생산 요소 투입이 일정 수준에 이르면 추가 투입에 따른 증가량이 오히려 줄어드는 현상-옮긴이)에 이른 탓에, 비료를 더 뿌려도 수확량이 예전만큼 늘지 않을뿐더러 현재의 사용량만으로도 토지와 수계에 다양한 피해를 주고 있다.

여기에 더해, 관개용지는 1945년에 비해 세 배나 늘었다. 관개용지가 세계 경작지에서 차지하는 비율은 아직 15퍼센트에 불과하지만, 전체 식량 생산량으로 따지면 40퍼센트에 이른다. 1945년 이후에 강을 새로 발견했단 말인가? 물론 아니다. 새 관개용지는 대부분 깊은 땅속(더러는 1천 미터 깊이) 대수층에서 끌어올린 물을 이용한다. 이때 다시 화석연료가 동원되어 펌프로 물을 길어 올리고, 그 뒤 다시 수확체감에 이른다. 대수층 상당수는 수백만 년 전에 물이 채워진 뒤로 더 이상 지표면과 자연적으로 연결되지 않기 때문에, 물이 다시 채워지지 않는다. 일단 물을 다 끌어 올리면 그걸로 끝이다. 그렇지 않은 대수층은 오랜 세월에 걸쳐 물이 서서히 다시 채워지지만, 이 역시 대부분 지속 가능하지 않는 속도로 물이 퍼 올려졌다.

세계 여러 곳에서 농업도 이미 기계화되었지만(화석연료 사용 증가), 일반적으로 기계화된 농업은 농부 가족이 날마다 관리하는 집약경작보다 단위 면적당 생산량이 오히려 적다는 의견도 있다. 어쨌거나 67억 인구가 먹고살고는 있다. 지속 가능한 방식은 아닐지언정. 그러나 비료를 만드는 천연가스, 그리고 농기계와 관개 펌프를 돌리는 석유는 대수층만큼이나 빠르게 고갈되고 있다. 1950년 이후 반세기를 거치면서 해마다 평균 2.5퍼센트씩 늘어나던 세계 곡물 생산량은 최근 몇 년 동안 제자리걸음이다. 인구는 계속 늘고, 상자 안에는 더 이상 녹색혁명 카드가 남아 있지 않다. 최근에는 유전자 변형 농작물이 '세계 기아 퇴치'에 기여하리라는 주장이 되살아났는데, 여전히 웃기는 거짓이다. 가뭄과 염분을 견딘다거나 수확량이 높다거나 기타 여러 특성을 가진 유전자 변형 작물은 한마디로 존재하지 않는다. 언젠가는 그런 슈퍼작물이 개발되겠지만, 현재 상업화된 유전자 변형 작물은 단지 특허가 있는 특정 제초제와 살충제에 견디도록 만들어진, 농민을 대상으로 한 상품일 뿐이다. 결국 기후가 안정된다 해도 심각한 식량 공급 문제에 부닥치기는 마찬가지다.

　대부분의 국가에서 출산율이 떨어지고, 이 가운데 많은 국가는 현재 인구를 유지하는 수준 아래로까지 떨어진 게 사실이지만, 인구 성장은 앞으로도 오래 지속될 것이다. 인간은 알을 낳고 죽는 연어가 아니다. 우리는 아이를 낳고도 수십 년을 더 산다. 따라서 출산율이 현재 인구를 유지하는 수준 아래로 떨어져도 적어도 한 세대 반 동안은 순인구가 계속 증가한다. 예를 들어, 나를 포함한 우리 다섯 남매는 모두 결혼했고, 그 아이들을 모두 합치면 열 명이니까 우리 출산율은 현재 인구를 유지하는 수준(부부 한 쌍당 자녀 2.2명)을 조금 밑돈다. 하지만 우리는 앞으로 여러 해를 더 살 테니까, 그동안은 애초 열 명이 스무 명으로 늘어난 것이다. 사실은 손자, 손녀도 여섯 더 있고, 우리 세대는 모두 살아 있다. 전세계가 이런 상황이니, 세계 인구는 계속 증가하되 증가폭은 줄다가 21세기 후반에 85억 또는 90억 명 수준에서 안정되리라 예상된다.

　하지만 지구상에 인간이 90억 명이나 된다니, 이게 대체 가능한가. 늘어난 25억 명을 먹여 살릴 뾰족한 방법이 없어서만은 아니다. 현재 67억 명을 먹여 살리는 식량이 지구온난화로 가까운 장래에 큰 폭으로 꾸준히 줄기 시작할 것이다. 기근이 일어나고, 수많은 사람이 죽는다. 그렇다면 무슨 수를 써서라도 온실가스를 완전히 없애면서 동시에 전쟁을 막을 방법을 찾아야 한다. 전쟁은 수많은 죽음을 초래해 세계 인구의 자릿수를 바꿔놓을 뿐 아니라, 훗날 수백만 명의 인명 손실을 불러올 걷잡을 수 없는 기후변화를 되돌리려는 우리의 노력을 꺾을 것이다.

　역사나 고고학을 보면, 인간은 환경이 최대 수용력에 이를 때까지 인구를 늘려갑니다. (……) 언제나 그랬어요. 수렵 채집인도 그랬고, 초기 농부들도 그랬고, 세상 누구나 다 그랬어요. 그러다가 최대 수용력에 이르면, 상황은 수시로 변하기 때문이기도 하지만, (……) 얼마 안 가 기후가 반격을 가합니다. 기후는 아주 약간만 나빠졌을 뿐인데, 갑자기 자원이 바닥나고 굶어 죽지 않으려고 그 자원을 두고 이웃과 경쟁을 벌이죠. (……)

인간은 최대 수용력 범위에서 만족하며 살았던 적이 한 번도 없었어요. 인구 증가를 막아 그 범위 한참 밑에서, 기후가 약간 안 좋아져도 큰 문제가 없도록 그 범위 밑에서 살았던 적이 단 한 번도 없었어요. 단 한 번도. (……) 오랜 옛날을 돌아볼 때 눈에 띄는 또 한 가지 사실은 이 과정이 더러는 200~300년에 걸쳐 일어나기도 한다는 거예요. 인구 증가는 더디고, 기후는 한동안 점점 더 좋아지는 상황이 200년, 어쩌면 300년 지속되기도 하죠. 하지만 세계 어디서도 그보다 더 오랜 세월을 전쟁·인구 급감·기아 같은 위기 없이 지나간 적이 없어요. (……)

무서운 이야기를 좋아하실지 모르겠지만, 우리는 지금 1800년대 초 산업혁명에서 시작되었다고 볼 수 있는 주기에 살고 있어요. 200년이 넘었죠. (……) 우리도 〔단지〕 똑같은 현상의 한 예라고 볼 수도 있지만, 이번에는 뭔가 다르다는 느낌이 들어요. (……) 1800년대 이후로 인구는 네다섯 배 늘었고, 어느 순간 꽝, 하고 맨 처음으로 곧장 돌아가는 일도 얼마든지 가능해요. 상황이 좋을 때, 인구는 늘고 우리는 위기의 씨를 뿌리죠.

—스티븐 르블랑, 하버드 대학 피바디 고고학 민속학 박물관 유물 감독

현재의 식량 생산 기술로 볼 때, 우리는 지구의 최대 수용력에 꽤 근접하고 있지만, 지난 200년간의 빠른 인구 성장이 인구 위기로 끝날 운

명을 피할 수 없는 건 아니다. 세계적으로 1인당 칼로리 섭취량이 터무니 없이 적은 사람들과 우리 사이에는 문제를 피해갈 여지가 아직 남았다(우리가 재배한 곡물을 동물에게 먹여 고기를 얻기보다 우리 인간이 소비하는 것도 좋은 방법이다). 기근 사태를 맞이하지 '않고도' 현재의 인구 상승을 막을 수 있다. 단지 장담할 수 없을 뿐이다.

통계적 추세를 긍정적으로 해석한다면, 세계 인구는 21세기 중후반까지 산업화 이전 수준의 여덟 배 또는 아홉 배에서 안정될 것이다. 엄청난 숫자다. 이 경우 육지에 사는 포유동물의 총 무게에서 인간과 가축이 차지하는 비율이 절반을 넘는다. 그래도 현재의 식량 생산 기술로는 적어도 수세기 동안은 그 많은 인구도 먹여 살릴 수 있을 것이다. 단, 그러려면 기후 변동이 일어나도 완만하게 그리고 일정 지역에서 주기적으로 일어나야 한다. 예를 들면 현재의 미국 중서부 땅에 존재했던 아나사지Anasazi 사회(100년경부터 근대까지 미국 애리조나·뉴멕시코·콜로라도·유타 접경 기역에서 발달한 북아메리카 문명-옮긴이)를 파괴한 13세기 기후변동이 그러했다. 역사적으로 잘 알려진 대규모 기후변화가 전세계적으로 일어나서도 안 되고, 영속적이어서도 안 되며, 위기가 지나갈 때까지 그 재난 지역을 외부에서 꾸준히 도와야 한다.

문제는 이 거대한 인구 붐은 오직 화석연료를 무분별하게 사용했기에 가능했고, 그 부산물로 나온 온실가스가 이제 세계 기후를 바꾸고 있으며, 그 규모는 과거의 기후 변동을 뛰어넘는 방대한 수준이라는 점이다. 사실 지금 우리가 처한 상황은 단순한 변동이 아니다. 전세계 기후 유형이 돌이킬 수 없는 지경으로 빠르게 변하고 있다. 그리고 이러한 변화는 대개 식량 생산에 대단히 부정적인 영향을 미칠 것이다. 결국 우리는 이 300년 주기를 피할 수 없게 되고, 더불어 분명한 사실은 사람들은 (적어도 인류학자의 연구 대상인 소규모 사회 사람들은) 언제나 굶어 죽기 전에 이웃을 공격한다는 것이다. 그렇다면 발전한 대규모 사회에서도 이런 일이 벌어질까? 왜 이런 상황이 발생할까? 비교적 잘사는 일부 국가조차도 지구온난화로 자국민을 먹여 살리기가 어려운 상황에서 그 이웃 국가는 아직 식량 사정이 괜찮을 수도 있다. 적어도 위기 초기 단계에서는 이 고통이 공평하게 분담되지 못할 것이고, 이렇게 승자와 패자가 생기다 보면 세계 질서는 중대한 위협을 맞게 된다.

적도 부근에서는 거의 모든 나라가 심각한 문제에 부딪힌다. 인도 두뇌 집단인 '발전을 위한 통합연구실천Integrated Research and Action for Development'은 최근 연구에서, 지구의 평균 기온이 2도만 올라도 인도의 식량 생산은 25퍼센트 감소하리라는 결론을 내놓았다. 현재 인도의 10억 인구가 생산하는 식량은 겨우 자급자족이 가능한 수준이니, 그 경우 2억 5천만 명이 먹을 게 없다는 뜻이 된다. 게다가 외부에서 식량을 사올 수도 없다. 지구온난화 시나리오에 따르면, 현재 식량이 남아도는 국가도 거의 다 심각한 타격을 받을 전망이기 때문이다.

기온이 2도 오르면 인도의 식량 사정이 절박해진다지만, 그래도 방글라데시에 비하면 양반이다. 6천만 명이 사는, 전 국토의 3분의 1에 해당하는 남부 지역은 해수면 상승으로 아예 물밑으로 사라져버릴 판이다. 현재는 방글라데시 사람 중에 내 나라가 왜 발밑으로 사라지는지 이해하는 사람이 거의 없지만, 그들도 곧 알게 된다. 그리고 방글라데시 기후과학자 아티크 라만이 '기후 집단학살'이라 부른 현상의 주범이 누구인지도 알게 된다. 그리고 그때의 참담함은 이루 말할 수 없을 것이다.

이곳이 지구온난화의 포화가 집중되는 곳입니다. 인간의 행동이 그 주범이라는 건 의심의 여지가 없어요. 자연의 변화를 한참 벗어난 것이죠. 서양 사람들의 행동이 이곳에 어떤 영향을 미치는지 알고 싶다면, 아주 간단합니다. 앞으로 당신네가 탄소를 1만 톤 방출할 때마다 방글라데시의 한 가족을 데리고 살게 하는 제도를 만들어야 해요. 그건 당신네 책임이에요.

—아티크 라만, 방글라데시 고등학술연구소 연구실장, 〈인디펜던트〉 2008년 6월 20일자 대담

지금은 상황이 안 좋은 정도지만, 조금 더 지나면 아시아의 여러 지역이 대단히 위험해진다. 예를 들어 파키스탄은 대규모 관개지가 인도에서 발원하는 강에 의존하는 탓에 인도가 자기네 이익부터 챙기기로 마음먹으면 곧바로 속수무책으로 당할 수밖에 없다. 결국 이곳에서도 물을 놓고 전쟁이 일어날 수 있는데, 인도와 파키스탄은 이미 핵무기를 보유한 국가다. 방글라데시도 원하면 수년 안에 핵무기를 보유할 수 있을 것이다.

아프리카는 기후변화에 가장 큰 타격을 받는 대륙이 될 테고, 이미 전 세계 전쟁의 절반 이상이 이곳에서 일어난다. 기후변화는 더 많은 전쟁을 불러오겠지만, 아프리카에서 일어나는 충돌은 대부분 다른 대륙에 영향을 미치지 않는다는 현실은 꽤나 잔혹하다. 중동은 매우 다른 경우지만, 이 지역에서는 기후가 일으키는 변화들이 새로운 대결을 불러오기보다는 기존 대결을 더욱 악화시킬 것으로 보인다. 전에 없던 새로운 균열이 예상되는 지역은 주요 열강이 모인 최북단 지역과 그 바로 아래 지역이다. 이곳 국가들은 산업화되고, 과학이 발달하고, 조직화된 자원

을 마음껏 쓸 수 있는 선진국이며, 당장은 핵무기가 없어도 단시간에 손에 넣을 능력이 있다 보니, 이들 사이에서 일어날 충돌이야말로 가장 큰 위협이 된다.

적도에서 제법 떨어진 선진국은 대부분의 농경지에 여전히 강우량이 넉넉하고, 기온 상승으로 이익을 볼 수도 있다. 특히 농사를 지을 수 있는 북방 한계에 속한 나라에서는 그 한계선이 북쪽으로 수백 킬로미터 더 올라갈 수도 있다. 연중 연속적으로 서리가 내리지 않는 날이 농작물 재배에 필요한 한계 수준에 도달한 덕분이다. 고위도 지역에서는 90일만 연속적으로 서리가 내리지 않아도 농사가 가능하며, 이곳에서는 여름에 하루 중 해가 떠 있는 시간이 족히 16시간은 된다. 이 지리적 행운에 당첨될 확률이 높은 나라는 스칸디나비아와 러시아다. 캐나다도 온난화 초기에는 이익을 보겠지만, 그때뿐이다(남반구에는 같은 위도에 그만큼 거대한 땅이 없다).

북반구 중위도에 위치한 다른 나라에서는 상황이 더 복잡하게 전개되겠지만, 대개는 남북 축을 따라 해결된다. 이 부류 국가 중에 좀 더 북쪽에 있는 지역, 그러니까 영국제도·프랑스 대부분·저지대국가(베네룩스 3국-옮긴이)·독일·스칸디나비아·폴란드·러시아·한국·일본, 그리고 캐나다 중에 인구 밀집 지역은 앞으로도 강우량이 넉넉하고, 전반적으로 자국민을 먹여 살릴 수 있을 것이다. 그러나 이보다 남쪽에 있는 국가에서는 해들리 셀이 팽창해 연간 강우량이 심각하게 줄어들고, 이 중 많은 국가에서 가뭄이 되풀이되거나 영속화되기 쉽다. 여기에는 멕시코·중앙아메리카·카리브 해 연안 국가·지중해 양옆 국가·중동 전체, 그리고 파키스탄과 인도의 주요 곡물 재배 지역이 속한다. 앞으로 한 세대가 지나면 이들 국가의 주요 수출 품목은 난민이 될지도 모른다.

세계 열강 두 나라도 중위도 북부에 위치하는데, 두 나라의 땅덩어리가 워낙 커서 문제가 더욱 복잡하다. 이들 국가는 앞서 언급한 여러 지역을 한데 아우르기 때문이다. 중국은 다양한 이유로, 손해가 가장 큰 국가다. 중국에서 가장 북쪽에 위치하고 미국 뉴잉글랜드 여러 주와 같은 위도에 있는 만주는 기온이 2도 올라가도 강우량은 여전히 넉넉하겠지만, 중국 밀의 대부분을 생산하는 북부 평원은 그렇지 못하다. 여름에 이 지역 전체에 비를 뿌리는 계절풍은 이미 사라지기 시작했고, 나중에는 황해로 흘러드는 물도 영향을 받을 것이다. 엎친 데 덮친 격으로, 이 지역 밑에 있는 얕은 대수층은 펌프질로 이미 물이 말라버렸고, 깊은 대수층도 빠르게 마르고 있다. 이보다 더 남쪽으로 내려가면 벼를 주요 작물로 재배하는 지역이 나오는데, 이곳에서는 양쯔 강을 비롯해 주요 강의 수원이 되는 높은 티베트 평원을 뒤덮은 빙하와 눈이 녹고 있다. 이것이 다 녹으면, 강은 계절에 따라 수량이 더욱 들쭉날쭉해지고, 물이 가장 많이 필요한 여름에는 오히려 수량이 줄어든다.

유라시아 북부의 안정은 (……) 중국이 남부 해안 홍수 피해 지역의 수천만 또는 수억 인구를 어떻게 다시 정착시키는가에 크게 좌우됩니다. 중국은 러시아 차르 체제가 중국 영토를 여러 차례 유용할 때도 결코 인정하지 않았습니다. 시베리아는 기온이 5, 6도 올라가면 농사짓기에 좋은 땅이 되겠죠. 안 그래도 석유·가스·광물이 풍부한 땅인데 말이죠. 일부 러시아인들은 중국이 시베리아와 러시아 극동 지역에서 지배권을 주장하지 못하게 하느라 진땀을 빼겠죠. 결국 핵을 보유한 불안정한 두 강대국이 충돌

할 가능성은 커집니다.

—제임스 울시 주니어, 〈결과의 시대〉(2007년 11월)에 실린
그의 심각한 100년 시나리오에 등장한 안보 문제를 설명하며

미국은 예상 상황이 더 안 좋다. 미시시피 강 서쪽 고원지대는 식량 생산이 대폭 감소한다. 강우량이 감소하고, 전 지역에 관개용수를 공급하는 거대한 오갈랄라 대수층이 마침내 말라버린 탓이다. 미국에서 사람이 먹는 식량의 4분의 1을 생산하는 캘리포니아 센트럴밸리는 산을 뒤덮은 눈을 수원으로 하는 강이 특정 계절에만(오직 겨울만) 물이 찰 경우 심각한 어려움에 부딪힌다. 이를테면 기온이 2도 올라가면 현재 겨울철 산에 내리는 눈의 상당 부분이 비로 바뀌어 곧장 아래로 흘러내려 여름이면 강물이 말라버린다. 이런 상황에서도 미국은 '구 북서부' 지역, 동쪽 해안을 따라 바다에서 수백 킬로미터 반경에 드는 지역, 멕시코 만 연안과 태평양 연안 북서부 지역에는 여전히 좋은 농경지가 많아서, 2050년에는 4억 명을 돌파하리라 예상되는 자국민을 모두 먹여 살릴 수 있다.

그러나 지구의 기온이 2도 올라가면 미국은 식량 수출을 기대하기 어렵다. 러시아, 스칸디나비아, (그리고 어쩌면) 캐나다에서만 극히 제한적으로 식량이 남을 뿐 다른 어느 나라도 식량을 수출하지 못한다. 자급자족이 안 되는 나라는 국민이 굶주린다는 이야기다.

이는 단지 기근에만 해당하는 공식이 아니다. 전쟁도 마찬가지다. 전 세계적으로, 대량 기아 사태에 직면한 나라들은 아직 먹고살 수 있는 나라보다 적도에 더 가까운 곳에 위치하는데, 이 중 일부 국가는 이 같은 결과에 불만을 표출할 충분한 능력을 갖고 있다(사람은 늘 굶어 죽기 전에

습격을 하기 마련이다). 설상가상으로, 이들은 서슴없이 말한다. 기후변화 여파를 덜 받는 나라는 대개 먼저 산업화를 이룬 나라이며, 이 치명적 상황을 유발한 온실가스 배출을 책임져야 한다고.

전망은 밝지 않다. 미국항공우주국NASA 소속 과학자 제임스 핸슨이 1988년 미국 의회에 기후변화를 경고한 것이 유명한 일화가 된 뒤로도 아무런 조치도 취해지지 않은 채 20년이 흘렀고, 이제 그 20년은 다시 오지 않을 것이며, 현실적인 사람이라면 우리가 잃어버린 시간을 보상하려고 아무리 노력한들 반갑지 않은 결과를 피하기에는 너무 늦었다는 걸 알게 될 것이다. 앞으로 전세계가 공조해 20년 동안 온실가스 배출을 가령 80퍼센트 줄인다면 우리 앞에 놓인 최악의 상황은 피할 수 있을지 모르지만, 그러려면 '구태 정치'를 버려야 한다. 게다가 지구온난화에 따른 식량 부족이 심각해질수록 우리가 살아남을 유일한 수단인 국제 협상은 종류를 불문하고 더욱 어려워진다. 일단 대량 기근, 대량 이주, 전면적 전쟁이 일어나면 상황은 끝이다. 남은 규칙이라고는 나부터 살고 보자는 대혼란뿐이다.

중국이 특히 우려스럽다. 경제 성장률이 무섭게 질주하는 가운데 (2007년에는 12퍼센트) 에너지 수입이 수그러들 줄 모른다. 파멸을 향한 질주일지도 모른다. 사회 봉기는 국내 안정을 위협하고 온실가스 감축안을 마련해 실천할 정부 능력을 마비시킬 수도 있다. 중국 공산정권도 사회 봉기가 국가의 단합을 무너뜨린다고 곧잘 경고한다. 중국 내의 이런 다툼은 후유증을 남겨, 전세계가 온실가스를 억제할 현실적 타협안을 만들기는 더욱 불가능해진다.

그러나 아직 절망하기는 이르다. 사람들은 과거에도 서로 협력할 방안을 찾아냈다. 완벽하지는 않더라도 궁극적인 재앙은 막을 수 있는 방안이었다. 가장 최근의 예로는 (부끄럽게도 우리가 감사할 줄 모르지만) 40년간의 냉전 중에도 지구 절반을 날려버릴 핵전쟁을 피했던 사례를 꼽을 수 있다. 물론 여기에는 운도 따랐지만, 핵무기에 전적으로 반대했던 사람들과 핵무기를 저지 수단으로 활용하자는 사람들이 팽팽하게 맞섰던 당시 상황에서, 여러 세대에 걸친 헌신적인 노력이 있었다. 다수의 사람들은 어리석지 않다. 극소수만이 자멸을 초래한다. 그렇다면 이런 전례를 기억하고 우리가 다시 그런 사례를 만들 가능성은 얼마나 될까? 다시 말해, 무모하게 지구온난화로 치달아 세계 인구가 대량 감소하는 일 없이 21세기를 무사히 넘길 가능성은 얼마나 될까?

이 질문을 가장 진지하게 고민하는 나라는 독일이다. 독일 정부는 2020년까지 온실가스 배출을 40퍼센트 줄이기로 약속했다. 다른 나라를 주눅 들게 하는 수치다(독일은 구름이 많고 바람이라 부를 만한 것도 비교적 적은 북부 국가다). 한스 요아힘 셸른후버 박사는 포츠담 기후영향 연구소Potsdam Institute for Climate Impact Research 소장이자 앙겔라 메르켈 독일 총리의 기후변화 자문위원이다.

이곳 독일에서는 우리가 지구온난화를 산업혁명 이전 수준보다 2도 높은 정도로만 유지할 수 있다면, 그건 현재 유럽연합 공식 목표치이고 메르켈 총리도 전폭적으로 지지한 수치인데요, 그렇게만 된다면 우리가 '위험하다'고 말하는 기후변화는 피할 수 있으리라고 생각합니다. 전적으로 확신할 수는 없지만요. 임계점은 존재합니다만(그건 제 전공 분야이기도 하고요) 우리는 적어도 상황이 손쓸 수 없을 지경에 이르는 건 피할 가능성이

큽니다. 2도 상승으로도 기후는 변하겠지만, 적어도 기후 대혼란을 막을 수는 있을 거예요.

그러니 우선 2도에 초점을 맞춰봅시다. 그걸 달성하려면, 2100년까지 온실가스를 거의 없애다시피 해야 할 겁니다. 2050년까지는 전세계가 1990년의 최소 50퍼센트 수준으로 줄여야 하고요. 그 얘기는 가령 미국은 2050년까지 90퍼센트, 독일과 영국은 80퍼센트를 줄여야 한다는 뜻입니다. 그걸 지키려면, 독일은 2020년까지 당연히 40퍼센트를 줄여야 하고, 나아가 2050년까지 80퍼센트를 줄여야 마땅하죠.

요즘에는 나사의 제임스 핸슨 같은 사람들이 더러 있어서, 온실가스 농도를 400ppm으로 안정시켜야 한다고 말합니다. (……) 제 생각에 450ppm은 안전한 수준은 아니고 견딜 만한 수준이에요. 저는 행여 영국 사람들이 550ppm이면 족하다고 말하지 않을까 걱정스럽습니다. 그렇게 되면 적어도, 아주 긍정적으로 생각해도, 3도가 올라갈 겁니다. 빙하기와 간빙기의 기온 차는 5도에 불과하고, 3도는 5도의 60퍼센트 지점에 해당하는데, 우리는 이미 간빙기에 있으니 앞으로 더 뜨거운 시대로 들어간다는 뜻이죠. 안 될 말이에요.

제 생각에 450ppm, 또는 최고 2도라는 목표는 적어도 괜찮은 작업가설 (연구나 실험을 손쉽게 하기 위해, 유효하리라는 가정에 따라 세운 가설-옮긴이)입니다. 2020년까지 40퍼센트, 2050년까지 80퍼센트를 줄여가다 보면, 화석연료를 피하는 성향이 생길 거예요. 가난해지지 않고도 에너지 체계를 바꿀 방법을 일단 터득하면, 우리는 거기서 더 나아갈 겁니다. 앞으로 나아갈수록 점점 더 의욕이 생기겠죠. 그게 제 전략이 될 겁니다.

온실가스 농도 450ppm 또는 최대 2도 상승이라는 제한은, 비록 그보다 낮은 수치를 유지할 확률이 50퍼센트에 불과하지만, 여러 해 동안 유럽연합이 정한 '절대 넘지 말아야 할' 공식 목표였다. 그 뒤 2009년 7월에 열린 G8 정상회의에서, 주요 선진국(미국·러시아·일본·독일·영국·프랑스·이탈리아·캐나다)이 일제히 이 목표치를 채택했고, 이밖에 다섯 개 주요 개발도상국(중국·인도·브라질·멕시코·남아프리카공화국)과 네 개 주요 온실가스 배출국(오스트레일리아·인도네시아·한국·유럽연합)도 같은 목표치를 채택했다. 다 합치면, 인류의 절반 이상이 이들 나라에 산다. 세상에나, 450ppm을 적절한 목표로 보는 사람은 비단 앞서가는 과학자들만이 아니라니! 하지만 문화지체를 보건대, 정책 입안자 대부분은 아직도 이를 깨닫지 못했다.

몇 년 전부터 기후과학자들이 온실가스 농도 450ppm 제한을 주장했을 때, 여기에는 당시 과학적 현실도 반영됐지만, 다른 한편으로는 정치 계산도 깔려 있었다. 즉, 이 수치는 정치계와 산업계를 움직이는 '현실적인' 사람들에게 미친 사람 취급받지 않으면서 가장 대담하게 주장할 수 있는 수치였다. 어쨌거나 우리는 이미 380ppm에 들어섰고, 빠른 경제 성장으로 해마다 여기에 2ppm 이상 '더해졌다.' 어떻게 하면 거대한 트럭을 450ppm에 도달하기 전에 멈출 것인가? 아니, 어떻게 하면 그곳에서 딱 멈추게 할 것인가? 여기서 현실주의자가 되어야 한다. 그러나 제임스 핸슨은 거기서 멈춘다 해도, 400ppm을 넘어가는 것부터가 대단히 어리석은 일이라고 했다. 그러던 그가 이제는 350ppm은 되어야 안전하다고 말한다(이제는 백미러로나 볼 수 있는 수치다).

미래의 기후변화를 예상하는 온갖 수치에서 가장 불확실한 부분은 현재 대기에 있는 이산화탄소가 기온 변화에 미치는 영향이 어느 정도인가 하는 것이다. 이 문제가 복잡한 이유는 기후변화가 선형적 과정이 아니기 때문이다(마지막 빙하 극성기Last Glacial Maximum가 절정이던 2만 년 전부터 기온이 안정적으로 따뜻해지기 시작한 약 1만 2천 년 전까지 세계는 약 5도 정도 따뜻해졌고, 또 그사이 대기의 이산화탄소 농도는 180ppm에서 280ppm으로 늘었다. 하지만 지난 200년간 이산화탄소 농도가 280ppm에서 390ppm으로 늘었으니 기온도 반드시 5도 올라간다는 뜻은 아니다).

게다가 어떤 온난화든 빠른 피드백의 결과와 느린 피드백의 결과로 나눠진다. 빠른 피드백은 수년 또는 수십 년에 걸쳐 일어나는 기후변화 결과로 수분 증발 증가, 구름양 변화, 극지방 바다 얼음 해빙, 영구동토층의 메탄 유출 등이다. 느린 피드백은 수십 년에서 수백 년 또는 그 이상에 걸쳐 일어나는 결과로, 그린란드와 남극 대륙의 빙하가 녹으면서 빛 반사율이 높은 빙하로 뒤덮였던 광활한 땅이 빛을 흡수하는 짙은 녹색식물로 뒤덮이는 현상 등이다. 이런 다양한 이유로, 대기의 이산화탄소 농도가 어느 정도일 때 돌이킬 수 없는 심각한 온난화를 초래해 급기야 충적세가 끝나버리는 상황이 올지를 결론 내리기는 여전히 어렵다(충적세는 안정된 기후 덕에 인류 문명이 성장하고 인구가 천 배 가까이 증가한 현재의 간빙기를 일컫는다). 수십 년을 내다보는 기후모델이 갈수록 정교해져 이제까지는 무척 유용했지만 불확실성은 여전하다보니, 제임스 핸슨과 일부 학자들은 최근의 과학 논문에서 이 문제를 매우 다른 각도로 접근했다.

고古 기후 자료를 보면, 빠른 피드백만 존재한다고 할 때 기후 민감도는 이산화탄소가 두 배 증가할 때마다 대략 3도로 나타난다. (……) 느린 피드백까지 포함한다면, 이산화탄소가 두 배 증가할 때마다 대략 6도가 되는데, 이는 빙하작용이 일어날 때와 남극 대륙에 얼음이 없을 때의 온도 차에 해당한다. 이산화탄소 감소는 5천만 년 전부터 기후가 서늘해지기 시작한 주된 원인이었는데, 이때 이산화탄소 농도가 [425ppm으로] 떨어지면서 대규모 빙하작용이 일어났다. 정책을 한시 바삐 바꾸지 않는다면, 앞으로 몇 십 년 안에 이 수준을 넘어설 것이다. 만약 인류가 지구를 문명이 발생하던 때와 비슷한 수준으로 유지하려면 (……) 이산화탄소 농도를 현재 385ppm에서 350ppm으로 낮춰야 한다. (……) 지금처럼 이 목표치를 넘어서는 수준이 지속된다면, 돌이킬 수 없는 대재앙의 씨앗을 뿌리는 꼴이다.

— '대기의 이산화탄소 목표치: 인간은 어디로 가야 하는가?' 요약.
저자: 제임스 핸슨, 푸시커 카레차, 마키코 사토, 데이비드 빌링, 발레리 마송 델모트,
마크 파가니, 모린 레모, 데이나 로이어, 제임스 자코스.

핸슨과 그의 동료들은 오늘과 내일의 기후모델을 만들기보다 여러 원시 기후와 그 사이의 과도기를 살펴봄으로써 이산화탄소 농도 변화와 지구의 평균 기온 변화 사이의 관계를 파악하고자 했다. 꽤 믿을 만한 홍적세 후기 자료를 바탕으로 한 이들의 첫 번째 결론은 이산화탄소와 기온 사이의 관계가 전적으로 비선형적인 관계는 아니라는 것이다. 적어도 (빙하가 남극 대륙뿐 아니라 북반부 상당 부분을 뒤덮은) 빙하 절정기에서 얼음이 거의 다 녹아 해수면이 150미터가량 높아진 훨씬 따뜻한 시기까지의 기후는 그랬다. 이때의 기후는 어느 때든 대기의 이산화탄소가 두 배 늘면 빠른 피드백에 따른 기온 상승은 3도가 되고, 여기에

느린 피드백이 더해지면 3도가 더 올라간다. 반가운 소식은 아니다. 비선형적 탈출구 같은 요행은 없다는 뜻이니까.

핸슨이든 누구든 아득히 오랜 과거를 보여주는 자료를 이용해, 우리 시대에 빠른 피드백이 온난화를 일으키기까지 얼마나 걸릴지, 또 느린 피드백이 다른 온난화를 일으키기까지 얼마나 걸릴지를 예상하기란 불가능하다. 과거에는 대기 중 이산화탄소 농도 변화의 원인이 대개 화산 활동이나 풍화작용 같은 지질 사건이었고, 오늘날 인류가 유발하는 농도 변화보다 수백 또는 수천 배 느리게 일어났기 때문에, 그 옛날 자료를 이 문제의 지침으로 삼기에는 무리가 있다. 특히, 다량으로 급속히 발생한 메탄가스가 일으키는 피드백이 온난화 속도에 영향을 주는지, 준다면 어떤 식으로 영향을 주는지를 판단하는 데 아무런 도움이 되지 못한다.

메탄가스 관련 정보는 비교적 가까운 장래에 중요한 역할을 할 수 있다는 점을 생각하면 안타까운 일이다. 다량의 메탄가스 방출은 이산화탄소 축적만으로 유발된 온난화를 훨씬 앞당길 수 있다. 그러나 메탄가스 방출은 일반적으로 지구온난화의 근본 요인이 아니라 온난화를 가속화하는 요소다. 대기에 머무는 시간이 비교적 짧기 때문이다. 따라서 궁극적 결과를 유발하는 것은 이산화탄소 농도이고, 핸슨과 동료들이 내린 핵심 결론은 우리가 대기의 이산화탄소 농도를 두 배 높이면, 기온은 결국 6도 올라간다는 사실이다.

핸슨 팀이 내린 또 다른 결론은 남극 대륙의 빙모를 돌이킬 수 없는 수준으로 녹이기 시작하는 이산화탄소 농도에 관한 것이다. 예전에는 남극에 두꺼운 빙모가 있었지만 워낙 오래전이라 그 빙모가 녹을 때 대기에 어떤 일이 일어났는지를 알려줄 자료는 거의 없다. 그러나 약 3천 5백만 년 전, 얼음이 없던 남극 대륙에 지금의 빙모가 형성되기 시작할 때 대기에 어떤 일이 일어났는지를 보여주는 꽤 믿을 만한 자료가 있다. 당시 대기의 이산화탄소 농도는 ±75ppm 오차 범위 내에서 425ppm이었다. 이산화탄소 농도가 내려가던 중에 그 수치에서 남극 대륙이 얼기 시작했다면, 농도가 올라가던 중에 그 수치에서 남극 대륙의 마지막 얼음이 녹는다고 예상해도 무리가 없다. 물론 당장은 아니지만 결국 느린 피드백 온난화는 그렇게 진행될 것이다. 그리고 그것은 세상에 존재하는 마지막 얼음이 된다. 그린란드 빙모와 북쪽 고위도 지역 빙하는 기온과 이산화탄소 농도가 내려가던 중 뒤늦게 생겼으니, 다시 올라갈 때는 일찍 없어질 것이다.

우리가 대단히 심각하게 받아들여야 할 수치가 바로 그것이다. 오차 범위(±75ppm)는 크지만, 어쨌거나 대기 중에 이산화탄소 농도가 장기간 350ppm에서 500ppm 사이에 머문다면 지구상의 얼음은 결국 죄다 녹아버릴 게 거의 확실하다. 350ppm은 이미 넘었으니, 지구가 온실이 되지 않으려면 지금 당장 여기서 멈춰야 하는데, 물론 불가능한 일이다. 최근 세계 주요 선진국이 '절대 넘지 말아야 할' 최고 한계로 채택한 450ppm을 넘지 않으면 그나마 무척 다행이지만, 그 수치에 이르면 얼음은 모조리 녹을 가능성이 매우 크다. 그러다 보니 제임스 핸슨과 동료들은 목표치가 450ppm이 아니라 350ppm이어야 한다고 주장한다. 그쯤 되면 아마 안심해도 좋을 듯하다.

당연하지 않겠어요? 충적세와 비슷한 기후를 유지하려면, 이산화탄소를 어느 정도는 충적세 수준으로, 그러니까 300ppm 수준으로 맞춰야죠. (……) 최상의 수치를 알아내려면 시간이 좀 더 걸리겠지만, 350〔ppm이라는 목표치〕에서 중요한 사실은, 그리고 그 수치가 상황을 완전히 역전시키는 이유는, 현재보다 낮은 수치라는 거예요. 최상의 수치가 325라든가 300, 이런 식으로 나온다면, 거기에 도달하기 위해서는 350을 지나서 더 가야 해요. 그러니까 가야 할 방향은 빤한데, 상황은 전혀 그렇지 못해요. 이제는 지체할 시간이 없어요.

석탄에서 나오는 온실가스를 줄인다 해도 (……) 이산화탄소는 적어도 400까지, 어쩌면 425까지 올라갈 겁니다. 그러면 그걸 끌어내려야 하는데, 그것도 몇 십 년 안에 해야 해요. (……) 그렇다면 이산화탄소를 어떻게, 얼마나 끌어내릴 수 있을까요?

여기 아주 좋은 수가 있어요. 탄소를 숲과 토양에 가두는 거예요. 우리는 〔지금은〕 둘 다 빵점이에요. 탄소를 토양에서, 그리고 벌목으로 숲에서, 대기로 날려버리는걸요. 이걸 개선해야 해요. 농업으로 치면, 토양에 바이오숯을 사용하고 가능한 곳에서는 무경간 농법(땅을 갈지 않고 씨를 뿌리는 원시적 농법-옮긴이)을 차츰 늘려가는 겁니다. 그렇게 하면 탄소가 대기로 달아나지 않고 토양에 저장되죠. 그리고 농경지로도 이용되지 않는 버려진 땅에는 다시 숲을 조성해서 나무에 탄소를 저장하면 됩니다. 이걸 계산해보면, 이산화탄소를 50ppm은 저장할 수 있을 거예요. 그렇지 않고 탄소를 계속 태우기만 하면 450, 500, 600 그 이상 올라가고, 그때는 다시 숲을 조성하고 토양 생산성을 높이는 자연 친화적인 방법으로는 해결이 불가능해지죠. —**제임스 핸슨**, 나사 고더드 우주연구소 소장

절망할 필요는 없다. 느린 피드백 효과가 기후계에 나타나기까지는 시간이 걸리니, 그 전에 이산화탄소 농도를 안전한 수준으로 끌어내릴 수만 있다면 상황은 더 이상 심각해지지 않을 수도 있다. 핸슨과 동료들은 논문에서 이렇게 말한다.

〔얼음 없는 세상으로 진입하는〕한계 수준을 일시적으로 넘어섰더라도 회복불능점은 피할 수 있다. 〔이산화탄소 농도가〕돌이킬 수 없는 엄청난 변화를 촉발하기 전에 한계 수준 아래로 돌아가기만 한다면, 대양과 빙상은 그 과도한 수치를 지나칠 수도 있다. (……) 하지만 과도한 수치가 수세기 동안 지속된다면, 그 열 변화가 대양을 뚫고 들어가고 결국 빙상 붕괴 같은 극적인 사건 없이 회복하기는 불가능해진다.

앞으로 계속 충적세를 유지하려면 현실적이고 장기적인 목표치는 350ppm 이하지만, 이 책에서는 기후변화 문제와 관련한 사람들 사이에 흔히 통용되는 최고치인 450ppm으로 돌아가고자 한다. 우리가 이 수치를 유지하거나 여기서 한참 넘어가지 않으려면, 지금 당장 이산화탄소 농도를 급격히 낮추어 장기적으로 안전한 수준을 유지해야 하지만, 일단은 한 번에 한 걸음씩으로도 충분할 것이다. 지금 살아 있는 사람 중에 이산화탄소 농도를 350으로 낮추는 작업에 진지하게 돌입하는 날을 목격할 사람이 과연 몇이나 될지 의심스러우니, 일단 450을 넘지 않을 방법에 초점을 맞춰보자.

최근에 나타난 한 가지 희망이라면, 미국 외교 정책 당국과 군이 기후변화가 유발할 위협에 신경을 곤두세운다는 점이다. 2009년 1월에 버락 오바마 상원의원이 아닌 존 매케인 상원의원이 대통령이 되었다 해도, 기후변화를 인정하지 않던 백악관의 오랜 정책은 끝났을 것이다. 대선 운동이 끝날 무렵에 두 사람 모두 2050년까지 미국의 온실가스 배출을 80퍼센트 줄이겠다고 약속했으니까. 오바마 대통령이 에너지 장관(스티븐 추)이나 과학 수석 자문위원(존 홀드런) 같은 요직에 기용한 인물을 보면, 그가 이 문제의 본질과 규모를 정확히 파악하고 있음을 알 수 있다. 그래도 문제는 남는다. 이 정도 수준으로, 세계 정치의 역학 구조를 바꾸고 온실가스를 억제할 포괄적 협정을 체결할 수 있을까?

만약 온실가스를 억제해 대책 없는 기후변화를 막아야 하는 나라가 단지 오래전에 산업화한 나라들뿐이라면 가능할 수도 있다. 그러나 그 책임은 그들에게만 있지 않을뿐더러, 이제는 그들만이 유일한 산업국가로 남지도 않을 것이다.

이미 산업화한 나라는 대부분 1990년 이후로는 온실가스 배출이 심각하게 늘지 않았다. 현재 이들은 에너지를 워낙 흥청망청 소비하는 탓에, 에너지 소비를 20퍼센트까지 획기적으로 줄여도 생활방식에 큰 지장은 없다. 많은 노력과 약간의 희생으로 에너지를 절약하면 에너지 수요를 30퍼센트까지, 그리고 온실가스 배출도 거의 그 정도로 줄일 수 있다. 그러나 이산화탄소가 450ppm 넘게 치솟는 상황을 피하려면 2050년까지 온실가스 배출을 그보다 세 배 가까이 줄여야 한다. 이 말은 등식에서 수요 쪽만이 아니라 공급 쪽도 달라져야 한다는 뜻이다. 이 부분이 무척 어려운 대목이다.

지금의 문명은 값싸고 풍부한 화석연료 소비를 바탕으로 이루어진 에너지 집약적 문명이며, 방대한 양의 에너지를 계속 소비하지 않고서는 가령 현재의 인구나 다른 어떤 것도 지탱할 수 없는 문명이다. 에너지 대부분을 화석연료에서 탄소가 없는 자원으로 바꾸는 것은 이론적으로 가능하지만, 에너지 공급에 지장을 주지 않고 단시간에 바꾸기란 달리는 차를 멈추지 않은 채 차의 엔진, 구동축, 네 바퀴를 바꾸는 꼴이다.

　여기에는 다시 대규모 원자력발전으로 돌아가 그것을 대체 에너지로 삼아야 한다는 정치적 문제도 깔려 있다. 수력발전도 좋지만, 대부분의 국가에서 수력발전에 적합한 장소는 이미 개발된 상태다. 일부 국가에서는 조력발전도 전망이 좋지만, 아직은 개발 단계다. 바람·파도·햇빛은 모두 탄소가 없는 훌륭한 에너지원이지만, 바람이 불지 않거나 햇빛이 없을 때가 있어서 탈이다. 전기에는 '기저부하'라는 게 있어서, 해당 시스템이 안정되게 작동하려면 에너지원이 어느 정도는 대량으로, 큰 변동 없이 공급되어야 한다. 그리고 화석을 태우는 발전 시설을 대신할 수 있고, 또 현재 기술을 보유하고 있어서 즉시 이용 가능한 유일한 대안은 원자력발전이다. 그러나 원자력이란 말을 입에 올리기만 해도 환경단체의 광범위한 반발을 사게 될 것이다. 원자력을 둘러싼 정치 논란이 일어나 서구의 거의 모든 국가에서 녹색운동은 물론이고, 어쩌면 일반 대중까지도 분열될 수 있다. 이 싸움을 멈출 가장 간단한 방법은 보조금을 요구하지 않을 경우만 원자력발전소 건설을 허용하는 것인데(이제까지 보조금 없이 지어진 원자력발전소는 없었으니까), 어쩌면 지나치게 단순한 방법이다.

　선진국이 부지런히 합의해 대안을 내놓는다면, 빠르면 20년 안에 대부분의 발전 시설을 비화석 에너지원을 이용하는 시설로 바꿀 수 있다. 여기에 에너지 절약을 더하면, 21세기 후반에 대재앙을 피하기 위해 대부분의 기후변화 전문가가 권장하는 온실가스 배출 감소치를 달성할 수 있을 것이다. 게다가 발전소 대부분의 설계 수명이 40~50년이니, 어느 발전소든 어쨌거나 반세기마다 새로 교체해야 한다. 그 작업을 20년 안에 하기란 분명 일반적인 차원을 한참 넘어서는 일이지만, 상상할 수 없을 정도의 대대적인 변화는 결코 아니다. 수요가 있다면 공급은 따르게 마련이다.

불행하게도 온실가스를 억제해야 하는 나라는 오래전에 산업화한 국가만이 아니다. 현재 온실가스 배출 증가는 대부분 아시아와 라틴아메리카의 신흥 공업국에서 발생하는 실정이다. 중국은 특히 심해서, 일부 전문가는 2007년에 중국이 미국을 추월해 세계 최대의 온실가스 배출국이 되었다고 말한다. 인도·브라질·멕시코 같은 나라들도 비록 정도는 달라도 같은 길을 걷고 있다.

이들 국가는 상대적으로 가난한 나라여서, 전기 수요가 가파르게 치솟는 상황에서 집집마다 불이 들어오게 하는 최상의 방법은 유럽 국가가 부유해지기 전에 선택했던 값싸고 지저분한 방법, 즉 석탄 화력발전소 건설이다(중국은 현재 석탄을 때는 대형 화력발전소가 '매주' 새롭게 문을 연다). 또 이들은 10, 20년만 더 급속한 산업화를 이루면 번영을 맛볼 나라이며, 수세기 동안 가난과 멸시를 겪은 터라 산업화를 멈출 의향이 전혀 없다. 그러나 신흥 공업국이 계속 온실가스를 다량 배출한다면, 기존 산업국가에서 온실가스를 억제해도 별 소용이 없다. 신흥 공업국이 계속 경제 성장을 하되 전세계를 기후변화의 대재앙에 빠뜨리지 않을 협상안이 마련되어야 한다.

이 협상안의 개요는 지난 10년에서 15년 사이에 명확해졌지만, 정치적 걸림돌이 대단했다(많은 수난을 당한 1997년 교토의정서에서 온실가스 제한과 감축 의무에 신흥 경제국을 포함하려는 시도는 모두 허사로 돌아갔다). 생활수준의 엄청난 차이를 무시하고 거대 개도국도 선진국과 똑같이 억제 의무를 받아들이라고 했다가는 한 방 얻어맞기 십상이다. 따라서 이 협상에는 두 가지 핵심 요소가 들어가야 한다. 첫째, 부유한 나라가 감축 수준을 더 높여 신흥국에게 여유를 주어야 한다. 둘째, 선진국이 개도국에 기술 이전뿐 아니라 직접적으로 대규모 자금을 지원해, 화석연료를 이용한 발전 시설을 (그보다 훨씬 비싼) 비화석연료를 이용한 시설로 바꾸도록 해야 한다. 양쪽 정부 모두 바람직한 협상안을 알지만, 빠르게 성장하는 아시아의 여러 국가에서는 전기 시설 관리자들이 집집마다 불이 들어오게 하기에도 바쁘다는 걸 생각하면, 개도국에서 온실가스 감축 정책을 펴기란 쉽지 않다. 이들 국가가 옳은 선택을 하려면 많은 도움이 필요하다.

모든 국가가 참여하는 전세계적 협상안을 만드는 일은 정치 역사상 두 번째로 어려운 작업이 될 것이다. 가장 어려운 작업은 완성된 협상 내용을 자국의 정치권에 설득하는 일이다. (만약 협상이 진행된다면) 협상안을 만들고 막대한 자원 이전을 정당화할 때의 기본 원칙은 지구상의 모든 사람이 기본적으로 온실가스 배출권을 똑같이 할당받을 자격이 있으며, 그 할당량을 초과한 사람은 허용치를 밑돈 사람에게 보상을 해야 한다는 것이다. 협상을 성사시키지 못한다면, 우리는 그 결과와 더불어 살아야 한다. 아니면 그 결과로 죽든지.

CLIMATE WARS

.....

SCENARIO THREE: UNITED STATES, 2029

시나리오 3

미국, 2029년

2도 정도로는 [식량 생산에서] 세계적으로 큰 변화가 없을 수도 있지만, 분배에서는 큰 변화가 올 겁니다. 다시 말하면, 북반구 중위도와 고위도에서는 농업 생산량이 증가할 수 있어요. 성장철이 길어져 생산성이 높아지는 거죠. 그러다가 2.5도, 3도쯤 되면 부정적인 효과가 나타나기 시작할 겁니다. 그런데 1도든 2도든 조금만 더워져도 열대지방과 대부분의 아열대지방에서는 아주 심각한 부정적 결과가 초래될 거예요.

—로버트 왓슨, 영국 환경식품농무부 과학 수석 자문위원, 전 IPCC 의장

20년 전, 흔히 보는 철조망 울타리가 애리조나 사막을 가로질러 지평선 끝에서 끝까지 일직선으로 뻗어 있었다. 울타리의 목적은 한동안 분명치 않았다. 소를 키울 목적으로 보기에는 설치가 너무 번거로웠고(소

는 그런 환경에서 살지도 못하지만), 또 울타리 이쪽에게나 저쪽에게나 별다른 쓸모도 없었다. 하지만 한쪽은 멕시코였고 한쪽은 미국이었으니, 한쪽에서 다른 한쪽으로 넘어가려는 사람이 무척 많았다. 울타리의 목적은 미국으로 넘어가려는 불법 이민자들에게 이민을 (불가능은 아닐지라도) 어렵게 만들려는 것이었다. 그렇다면 그 울타리는 본질적으로 전시용인 셈이다. 거기서 더러 사람이 죽긴 하지만.

그 철조망 울타리는 여전히 그곳에 존재하고, 그것을 넘거나 자르고 통과하기는 어느 때보다 쉬워졌다. 그런데 여기에 스페인어와 영어로 쓰인, 더 이상 죽음을 감수하고 울타리를 넘지 말라는 경고문이 걸렸고, 이 경고문은 밤에도 밝게 빛난다. 여기서 미국 쪽으로 약 200미터쯤 올라가면, 제대로 된 장벽이 나타난다. 높이 3미터의 철조망을 나란히 두 줄로 세우고, 그 꼭대기에 날카로운 쇠붙이를 붙였으며, 철조망 사이에는 폭 50미터의 모래 경사를 만들고, 그 밑으로는 깊이 3미터의 마른 해자를 만들었다.

울타리 위에는 (밤에도 유용한 자외선 카메라를 비롯해) 폐쇄회로 텔레비전을 설치하고, 모래 경사 밑에는 움직임 감지장치를, 해자에는 대인지뢰를 묻었다. 가장 북쪽에 있는 울타리에는 꼭대기에 400미터 간격으로 자동 조작되는 기관총을 설치했는데, 이 울타리는 멕시코 만에서 태평양에 인접한 샌디에이고까지 이어졌다. 멕시코 국경을 봉쇄하지 못하는 이유를 두고 숱한 이야기가 난무하지만, 이는 국경을 허술하게 유지하려는 사람들이 고의로 흘려보낸 선전일 뿐이다. 러시아인들이 20세기에 유럽의 심장을 관통하는 철의 장막을 설치했다면, 미국은 21세기에 멕시코 국경을 따라 똑같은 장막을 설치한 셈이다. 단, 사람들을 쫓아내는 장막이라는 점만 빼면.

다시 21세기 초로 돌아가, 당시에는 철조망이면 그만이었다. 국경을 넘어 미국으로 들어가려는 멕시코인과 중앙아메리카인은 해마다 고작 200만 명 정도였고, 미국 기업농은 이들 중 적어도 절반이 필요했다. 값싼 불법 노동자를 이용해 수익을 높이기 위해서였다. 의회도 이를 묵인했다. 의회는 국경을 지킨다는 명목으로 해마다 상당한 예산 책정에 찬성했지만, 불법 이민자를 고용한 미국인 고용주를 엄중히 처벌하는 그 어떤 법도 통과시키지 않았다. 미국의 일반 여론을 만족시키려면 국경을 철통같이 지켜야 했지만, 값싼 노동력 공급이 끊길 것을 우려해 지나치게 삼엄한 경비는 하지 않았다.

따라서 도시 내부나 도시 주변 국경 중에, 넘어가기 쉬운 지점들(빤히 보이는 곳들)은 차츰 폐쇄되었지만, 넓은 사막 지역에는 여전히 철조망뿐이었다. 물론 이곳도 순찰하는 사람이 있고, 많은 사람이 국경을 넘으려다 붙잡혀 멕시코로 다시 추방되었다(사막을 건널 형편이 안 되는 사람들은 소위 '코요테'〔밀입국 브로커-옮긴이〕를 매수해 이들을 앞세워 며칠 뒤에 다시 국경을 넘으려 한다). 그러나 국경을 넘는 사람은 여전히 많았고, 해마다 수백 명이 타는 듯한 사막에서 길을 잃고 갈증과 더위에 죽어갔다. 하지만 이건 그나마 나은 편이었다.

시간이 흐르고 상황이 변했다. 2020년대 중반이 되자, 지구의 평균 기온이 1도 넘게 오르면 아열대지방은 영구적인 가뭄에 시달린다는 오래된 예상이 실현되면서 멕시코에서 코스타리카에 이르기까지 많은 농가가 사라졌다. 해안에서 멀리 떨어진 지역은 더 이상 농사를 지을 수 없게 되면서 마을은 텅 비어갔다. 수천만 명이 살던 곳을 떠났고, 이 중 상당수는 (이미 마비된) 멕시코 대도시로 몰렸지만, 이보다 더 많은 사람들이 미국 국경으로 몰려들었다. 국경을 넘으려는 사람들이 한 달에 100만 명이 넘자 '더러는 붙잡고 더러는 놓아주는' 구식 관리 방식으로는 도저히 감당할 수 없었다. 국경을 따라 세워진 기존 울타리는 웃음거리에 불과했다. 코요테는 구멍을 찾아내거나, 구멍을 뚫거나, 아예 울타리를 허물어 통로를 만들었다. 그러다가 미국 국경 수비요원과 마주치면 그들에게도 구멍을 내버렸다. 2026년에는 미국으로 몰려드는 불법 이민자 수가 한 달에 50만 명 정도였다. 국경 지대 주에서는 새로 몰려오는 사람들에게 기본적인 응급조치를 해주느라 사회복지가 마비되었고, 미국 여론은 마침내 국경 지대에 엄중한 조치를 취하라고 요구했다.

그리고 조치가 취해졌다. 2029년, 텍사스 리오그란데 어귀에서 캘리포니아 샌디에이고 교외 지역까지 3천 킬로미터에 걸쳐 국경 요새화 작업이 진행되면서 국경은 철저히 봉쇄되었다. 이보다 앞서 사람들이 집단으로 '대울타리'를 넘다가 자동 조작되는 무기와 지뢰에 전멸하는 대참사가 벌어진 뒤로 몰래 국경을 넘으려는 구식 방식은 사실상 중단되었다. 멕시코에서 미국으로의 불법 이민은 (그리고 다른 어떤 종류의 이민도) 더 이상 발생하지 않았다. 울타리보다 눈에 덜 띄지만 치명적이기는 마찬가지인 경비함정과 초계기 장벽이 멕시코 만과 플로리다 해안을 감시하면서, 심각한 가뭄과 치명적인 허리케인으로 극심한 피해를 입은 쿠바·아이티·도미니카공화국, 기타 작은 카리브 제도에서 흘러드는 기후 난민을 막았다. 육지 국경을 요새화하고 바다를 지키느라 총 1조 8천억 달러('대인플레이션'이 일어나기 전인 2016년의 달러로 환산하면 2650억 달러)가 들었다. 인명 피해와 정치적 대가는 이보다 훨씬 컸다.

우리 정부가 1980년대에 미국에서 옥수수와 다른 기본 작물을 수입하려고 국경을 개방한 게 큰 실수였어요. 나는 멕시코인으로, 사회과학자로, 그 얘기를 수없이 반복했고, 그때 내 말이 옳았다는 게 이제 와서 확인되고 있어 유감입니다. 식량 부문은 정부 지원을 받지 못한 채, 지원을 받는 다른 나라와 시장에서 경쟁을 해야 했어요. 솔직히 말해봅시다. 유럽·미국·일본은 농업을 지원하지만, 우리는 지원하지 않았어요. 그 상태로 그들과 경쟁을 했으니, 농촌 사람들은 도시로, 미국으로 떠날 수밖에 없었죠.

이런 상황은 기후변화로 더 심각해질 겁니다. (……) 멕시코는 그렇지 않아도 사회 문제·경제 문제·시장 개방 등으로 많은 어려움을 겪고 있어요. 그래요, 사람들은 이런 이유로 이미 이민을 떠나기 시작했어요. 여기에 기후변화까지 더해져 보세요. 그야말로 폭탄을 떠안는 격이죠. 맞아요, 미국도 우려할 일입니다. 하지만 국경〔을 폐쇄하는 식으로 대응하는 것〕만으로는 안 됩니다. ──패티 로메로 랑카오, 국립대기연구소 사회환경연구실 부실장

대울타리는 앞서 120년간 존속하면서 멕시코에는 그야말로 치명타가 되었다. 멕시코는 2020년에 와서야 세계 12번째 경제 대국이 되었고, 북미자유무역협정NAFTA의 정식 회원국이 되었지만, 남부 지역의 전례 없는 가뭄으로 다양한 농민 봉기가 일어나 국가는 넓은 지역에서 통제력을 상실했다. 이후 몇 년 동안 중앙아메리카와 멕시코 남부에서 북쪽으로의 대이동은 더욱 가속화했다. 기후 난민 무단 거주지가 멕시코 중부와 북부 대도시 곳곳에 대규모로 형성되었는데, 그중에서도 특히 과테말라, 엘살바도르, 그리고 (농민 봉기가 가장 거세게 일어났던) 멕시코의 오악사카 주와 치아파스 주 사람들 다수가 몰려 형성한 일부 거주지에

서는 무장한 민병대가 그 지역을 통제했다.

　2026년에는 멕시코의 모든 도시 주변에는 경찰도, 심지어는 군대도 출입할 수 없는 대규모 지역이 형성되었고, 영양실조가 그 빈곤 지역의 주요 문제로 다시 떠올랐다. 이런 상황에서도 선거에 당선된 정권은, 절박한 사람들에게 안전밸브 역할을 해온 경계가 비교적 허술한 미국 국경 지대 덕분에 전반적인 통제권을 유지해왔다. 그러던 중 대울타리가 안전밸브를 잠가버렸다.

　돌이켜 보면, 히메네스 정부가 2028년에 국경 폐쇄에 항의해 북미자유무역협정에서 탈퇴하기로 결정한 것은 치명적 실수였다. 멕시코는 탈퇴와 더불어, 국제 곡물 시장이 처음으로 정지됨에 따라 2016년에 체결한 식량의정서마저 취소한 꼴이 되었고, 그 바람에 미국과 캐나다 곡물을 국내 시장가격에 들여올 권리도 잃게 되었다. 멕시코는 곡물을 세계 시장가격으로 사들일 형편이 못 됐다. 여전히 곡물을 대량 수출하는 몇 안 되는 나라에 속하는 미국과 캐나다는 높은 경매 가격을 부르는 나라에 팔면 그만이었고, 그 나라는 대개 중국이었다. 그렇다고 멕시코 정권을 비난할 수만도 없다. 국경에서 미국 로봇이 쏜 기관총에 멕시코 가족이 맞는 장면을 보고 대중이 분노하는 상황에서 히메네스는 북미자유무혁협정 조약을 취소하는 수밖에 달리 방도가 없었다.

　하지만 그 결정은 어쨌거나 멕시코에는 치명적이었다. 북미자유무역협정국의 곡물을 비교적 싼값에 살 권리가 없어지자, 무단 거주지와 극도로 궁핍한 멕시코의 자생적 군대에 비상식량을 지원하는 정부의 능력이 빠르게 쇠퇴했고, 더불어 권위도 사라졌다. 2029년 초, 세력이 막강한 일부 주지사들이 지역군 통제권을 비롯한 연방 권력을 찬탈하고, 자체 생산한 식량은 자체 소비를 위해 비축했다.

인구가 2천7백만 명(난민 포함)까지 불어난 멕시코시티에서는 영양실조에 걸린 수많은 사람이 유행성 전염병에 희생되면서 식량 위기는 이제 전반적인 보건 위기로 번졌다. 무단 거주자와 난민이 질병이 만연한 빈민가를 탈출해 남쪽 해안 지대까지 내려와 시골 마을을 어슬렁거리며 농민을 공격하고 식량을 훔치기 시작했다. 2029년 말, 멕시코에는 제구실을 하는 중앙정부도 없고, 나라 곳곳이 무법천지로 변했다. 2030년대 후반에 제로니모 모렐로스 파라스 장군은 멕시코 중부와 남부의 통제권을 회복했지만(북부와 북서부 대부분은 주지사에서 군 지도자로 변신한 사람들이 장악했다) 2040년이 되자 왕년의 멕시코 영토에 거주하는 인구는, 난민으로 불어난 2029년의 1억 5천5백만에서 1억 1천5백만 명으로 줄었다. 그리고 이들 대부분은 여전히 배가 고팠다.

카리브 제도 국가 중에는 아이티를 빼면 21세기 전반에 인구가 그 정도까지 감소한 곳은 없었다. 해양으로 둘러싸인 아열대 섬에서는 지구온난화에 따른 가뭄이 심하지 않은 편이었고, 또 해양에는 아직 어족 자원이 있었다. 하지만 뭐니 뭐니 해도 쿠바의 상황이 가장 놀라웠다. 카스트로 이후 들어선 '민주' 정권이 빈곤층의 생활수준과 삶의 전망을 악화시켰지만, 공산주의자들이 다시 돌아오리라고는 누구도 예상하지 못했다.

쿠바와 미국 사이에 물샐틈없는 사실상의 국경이 생기자 마이애미에 사는 쿠바 엘리트들이 쿠바에 행사하던 영향력이 약화되는 뜻밖의 결과가 나타났다. 미국 시민인 이들은 여전히 출입이 자유롭지만, 플로리다에 사는 쿠바인이나 진짜 쿠바인에게 중무장된 국경이 주는 정신적 충격은 대단했다. 2016년에 라울 카스트로가 사망하자 곧바로 수년간 대대적인 토지 사기가 일어났다. 국가가 소유한 거대한 토지가 부유한 쿠바계 미국인들에게 매각된 것인데, 이 일로 가뜩이나 살기 어려운 농민들이 토지를 잃고 더 가난해지면서 깊은 분노가 일었다.

미국이 국경을 폐쇄하면서 쿠바에 새로 들어온 사람들은 전보다 무력해지고, 공산주의자들은 여전히 주변에 산재했다. 게다가 이들 중 일부는 예전 민병대 무기를 지금도 갖고 있었고, 아주 오랜만에 대중의 지지도 확보했다. 2028년 8월 16일, 공산주의자들이 쿠데타를 일으키자 쿠바 전역의 도시와 마을에서는 빈곤층이 이들을 열렬히 환영했고, 라틴 사람들과 적잖은 사업을 하는 미국은 이를 군말 없이 인정했다. 미군은 관타나모 만을 제외하고 쿠바 전역에서 한 달 안에 철수했다.

미국 정부의 주의를 흐트러뜨린 문제는 이랬다. 2010년으로 돌아가 보면, 당시 멕시코계 미국인은 3천만 명에 육박했고, 이들 중 다수가 미국 시민이었다. 여기에 스페인어권의 카리브 해 또는 중앙아메리카 국가에서 온 500만 명을 더하면, 전체 미국인에서 히스패닉계가 차지하는 비율은 12퍼센트, 즉 8명에 1명꼴이었다. 게다가 이들 대부분이 다른 이주민과 달리 자신의 문화 기반과 언어를 2, 3세대까지 이어갔다.

이들은 이미 정계에, 특히 이들이 밀집한 국경 지대 주에, 막강한 로비를 하고 있었다. 이들의 영향력은 미국과 멕시코 국경을 일부러 허술하게 유지했던 기업농만큼이나 중요했다. 21세기 초에 벌어진 놀라운 현상은, 미국이 밀입국자를 공식적으로 단속할 경우 멕시코계 미국인이 아닌 멕시코 정부가 거세게 항의하리라는 점이었다. 마치 허가 받지 않은 멕시코인도 아무런 제재를 받지 않고 미국에 들어갈 당연한 권리가 있는 것처럼. 그러나 이후 20년간 멕시코 남부와 중앙아메리카가 더워지고 건조해지면서 밀입국자 수가 치솟았다. 미국 정부가 국민의 불안감을 해소하려고 2027년에 대울타리를 건설하기 시작할 즈음, 미국의 3억 6천만 인구 가운데 최근에 들어온 불법 이민자를 포함한 멕시코계 미국인 수는 모두 6천만 명에 이르렀다. 6명 중 1명꼴이다. 국경을 폐쇄하면 충돌이 일어날 게 뻔했지만, 충돌이 얼마나 커질지는 누구도 짐작하지 못했다.

세계의 정치, 안보 시스템에는 그 나름대로 환경이 차지하는 부분이 있습니다. 환경은 워낙 느리게 변해서 우리가 거의 인식하지 못하지만, 오늘날의 여러 시스템은 서로 아무리 다르더라도, 똑같은 기후 시대에서 발달해왔어요. 시스템이 적응한 상황은 궁극적으로 인간의 문화가 존재할 수 있는 기후에 지배됩니다. 그러다 보니 아주 격렬한 기후변화가 일어나면 정치 시스템에도 변화가 일어납니다.

여러 장소에서 여러 형태로 나타나는 이런 압력은 대의민주제에는 반가운 소식이 아니죠.　　　　—레온 퍼스, 조지워싱턴 대학 국제학 교수

처음에는 멕시코계 미국인 사회가 (그리고 그보다 훨씬 작은 다른 히스패닉 공동체가) 둘로 나뉘었다. 오래전에 정착한 사람들은 국경 지대에 특단의 조치를 취해야 한다는 비히스패닉 다수의 의견에 동조하는 편이었다. 그러나 그 조치가 얼마나 심각한 방향으로 흐르는지, 그리고 그것이 효과가 있으려면 얼마나 심각해야 하는지를 목격하자 소름이 끼쳤다. 죄 없는 사람들이 자동 조작되는 기관총과 지뢰에 희생되는 장면은

국경 남쪽에 있는 멕시코인뿐만 아니라 멕시코계 미국인에게도 똑같이 충격적이었다. 더없이 잔인한 정책에 충격과 경악과 분노가 치솟았다. 밀입국자들이 자초한 일이라거나 미국이 그들을 받아들일 의무는 없다는 사실 따위는 문제가 되지 않았다. 그것은 차마 눈 뜨고 볼 수 없는 장면이었고, 멕시코계 미국인들은 하나로 뭉쳐 관련 정책 전반에 격렬히 반대했다.

안타깝게도 다수의 미국인은 이 일로 외교 정책에서 멕시코계 미국인을 제5열(적국에 잠입해 그곳 사회를 분열시키는 비밀공작원-옮긴이)로 규정하게 되었다. 미국인이 미래에 더 안심하고 자신감을 가질 수 있었다면, 이 사건에 과민반응을 보이지 않을 수도 있었지만, 미국에서는 최근 많은 일이 일어났다. 허리케인 타이론이 플로리다 남동 해안을 휩쓸면서 회복불능의 피해를 남겼고, 만성적 물난리가 남서부 대도시와 남동부 일부 도시를 곤경에 빠뜨렸으며, 폭풍해일이 체서피크 만 주변 저지대 농가 대부분을 침수시키고 워싱턴 도심 일부에 일시적 홍수를 일으키는가 하면, 샌디에이고에는 기후변화와는 상관없는 대지진이 발생했다.

침착한 대응과 화해를 촉구하는 이성적 목소리도 많았다. 그중 올해 여든넷의 노쇠한 조지 W. 부시 전 대통령의 목소리가 가장 인상적이었다. 그는 오랜 은둔 생활을 깨고 수개월간 비디오 블로그를 개설해 사람들에게 멕시코계 미국인의 감정 동요를 이해하자고 호소했다. 25년 전 그의 외교 정책 대실패를 기억하는 사람도, 그리고 그것 때문에 아직도 그를 욕하는 사람도 이 노인의 끈기에 감동했지만, 그것이 사태 해결에는 아무런 도움이 되지 않았다. 미국인은 이해할 기분이 아니었고, 멕시코계 미국인을 상대로는 더욱 그러했다.

소규모 집단과 개인 사이에 충돌과 폭동이 일어나 많은 사람이 죽고, 또 많은 사람이 더 안전한 장소를 찾아 '뒤섞인' 이웃을 떠났지만, 소위 내전으로는 발전하지 않았다. 국경 지대에는 어느 곳이든 멕시코계 미국인이 다수를 이루었고, 성질 급한 젊은이들은 대울타리를 세우는 인부들을 향해 이따금씩 마구 총질을 해대곤 했다. 인부들은 멕시코 쪽에서도 총격을 받았다. 울타리 자체에 반대하는 개인들의 의사 표시였다. 상황이 이렇게 되자 인부들도 단호해졌고, 아이들까지 희생되었다. 2, 3년이 지나 국경이 폐쇄되고 멕시코가 붕괴되면서 미국 내의 성난 목소리가 가라앉고 일상적인 업무가 침울하게 재개되었지만, 뭔가 중요한 것이 사라졌다. 흑인을 뺀 미국 내 소수 민족은 남북전쟁 이후 처음으로 미국의 주류 문화에서, 그리고 그 문화의 장악력과 믿음에서 영원히 소외되었다는 느낌을 받았다.

멕시코계 미국인과 다른 히스패닉 미국인들은 여전히 다른 어떤 민족보다 출산율이 높았고, 21세기 말에는 전체 인구의 4분의 1을 차지하리라 예상되지만, 이들은 갈수록 소외되었고, 이런 상황은 앞으로도 나아질 것 같지 않았다. 미국인이 새 시대에 맞닥뜨린 첫 번째 큰 위기에 대처하는 방식이 이런 식이라면, 앞으로 기후변화가 미국을 강타했을 때는 과연 어떻게 대처하겠는가?

3장

피드백:
얼마나 격렬하게, 얼마나 빠르게?

Feedbacks: How Much, How Fast?

누군가에게 "탄소 흡수원이 망가지고 있다!"는 말을 처음 들었을 때, 1973년에 나온 생태 재앙 영화 〈소일렌트 그린Soylent Green〉의 한 장면이 떠올랐다. 인구 과잉의 2022년을 기괴한 분위기로 묘사한 영화로, 그 많은 사람을 먹이느라 자연은 거의 다 파괴되었고, 최후의 붕괴는 "플랑크톤 층이 망가지고 있다"는 (철저히 비밀에 부쳐진) 사실에서 시작했다. 삶은 예술을 모방하는 나쁜 습관이 있다. 그러나 2022년의 실제 세계는 〈소일렌트 그린〉처럼 뜨겁지도, 식량이 부족하지도 않겠지만, 앞으로 10, 20년 뒤의 전망은 대다수 사람들의 예상보다 훨씬 안 좋다. 2장에서 언급한 제임스 핸슨과 그의 동료들이 내린 결론은 대기의 이산화탄소 농도가 장기적으로 두 배 늘어날 수 있다고 시사하지만, 지구의 평균 기온이 얼마나 빠르게 상승하면 최후의 대재앙이 일어나는지는 말해주지 않는다. 안타깝게도 이 영역이 바로 그 골치 아픈 '비선형 과정'이 지배하는 영역이다. 그러니까 과학자들이 늘 말하듯이, 반갑지 않은 '깜짝 사태'가 닥칠 수 있다는 이야기다. 과학자들은 그게 언제일지 꼬집어 말하지 못한다. 깜짝 사태라는 게 원래 그렇듯이. 하지만 이때 가장 두려운 부분이 무엇인지, 그리고 온난화 과정 중 대략 어느 단계에서 그 일이 일어날 가능성이 큰지는 예상할 수 있고, 실제로 그런 예상을 내놓기도 한다. 가장 반갑지 않은 깜짝 사태는 지구의 평균 기온이 산업화 이전 수준보다 2, 3도 높아졌을 때 시작될 수 있는 피드백이다.

2007년의 〈기후변화에 관한 정부간 토론회 4차 평가보고서〉가 인정하고 받아들이는 기온 상승에 따른 피드백은 두 가지다. 하나는 해양이 따뜻해지면서 수분 증발이 점점 많아지고, 수증기는 열을 가두는 속성이 있어 수분 증발은 기온 상승으로 이어진다는 것이다. 양성 피드백이다(여기서 '양성'은 '좋다'는 의미가 아니라 '더 많다', 즉 이 상황에서는 '열이 더 높아진다'는 뜻이다). 반면에, 증발량이 많아지면 해양 위로 구름 덮개가 더 많이 형성되고, 그러면 지구 표면에서 햇빛을 더 많이 반사하게 된다. 음성 피드백(어떤 현상에서 나온 반응이 다시 원래의 현상을 억제하는 피드백-옮긴이)이고, 이는 이론상으로 지구의 평균 기온을 다시 끌어내리기 쉽다(둘 중 어느 현상이 다른 현상을 능가할지는 아직 의견이 분분하지만, 최근의 현장조사를 보면 증발이 만드는 구름 덮개는 IPCC의 희망사항치보다 적었다).

또 다른 피드백은 순전히 양성 피드백으로(즉, 온난화를 가속화하는 피드백으로), 극지방 중에서도 특히 북극해와 남극 해안을 덮은 얼음이 녹는 현상이다. 두 극지방 부근에서 얼음이 녹으면, 반사율이 대단히 높아

햇빛의 70퍼센트를 곧장 대기권 밖으로 되돌려 보내는 새하얀 빙상이 사라지고, 햇빛의 94퍼센트를 흡수해 열로 바꾸는 드넓은 해양이 그 자리를 채우게 된다.

이런 현상들은 이미 어느 정도 예상할 수 있는 모델이고, 따라서 IPCC 보고서에도 당연히 포함된다. 그러나 안타깝게도 IPCC 보고서는 진짜 크고 위험한 피드백은 완전히 빼놓은 채, 아직은 그 과정을 모델로 만들 수 없어 계산에 넣지 않았다는 짤막한 말로 대신했다. 이 피드백을 무시하다 보니, 현재 보고서가 내놓을 수 있는 최상의 예상은 2100년까지 기온이 2도 상승하리라는 정도다. 유감스럽게도 문제의 핵심은 보고서에 빠진, 소규모이지만 이미 일어나기 시작한 바로 그 피드백이다. 이 피드백은 지구의 평균 기온이 2, 3도 올라가면 이미 걷잡을 수 없는 수준으로 진행된다.

〔이〕 피드백에는 온난화로 북극에서 화석 메탄 하이드레이트methane hydrate가 대량 방출되고, 해양에서도 메탄 하이드레이트가 방출되는 현상이 포함될 게 틀림없어요. 캐나다 북부와 시베리아에 있는 거대한 해빙호수에서는 메탄이 워낙 빠른 속도로 방출되기 때문에 호수가 메탄을 다시 얼릴 틈이 없어요. 이 메탄은 이산화탄소보다 〔온난화 효과가〕 22배 강해서, 이 피드백이 일어날 경우 온난화는 더욱 빨라집니다. 이것 말고 피드백이 또 있어요. 이 툰드라 지역에는 화석 이산화탄소가 대량 존재해서, 이곳이 따뜻해지면 메탄뿐 아니라 이산화탄소도 배출된다는 겁니다.

피드백과 관련한 또 다른 문제는 이산화탄소 방출이 아니라 흡수예요. 이산화탄소는 약 절반이 해양에 흡수됩니다. 물이 이산화탄소를 흡수하고 물속 조류가 그걸 이용하죠. 여기서 어떤 일이 일어나는가 하면, 우리가 땅에 겨울 밀을 심어 지표면을 바꿔놓는 바람에, 철분이 풍부한 흙이 대량으로 해양에 흘러드는 일이 없어지다 보니 조류는 철분이 아쉬워져요. 나사가 찍은 항공사진을 보면, 지난 70년간 조류의 30, 40퍼센트가 그렇게 사라졌어요. 게다가 이산화탄소가 물에 흡수되니까 물이 탄산으로 변하고, 이 때문에 다시 조류가 죽어갑니다. 최근에 측정한 결과를 보면, 해양에 흡수된 이산화탄소의 약 절반이 사라졌어요.

그러니까 온난화를 더 빠르고 더 격렬하게 일으킬 피드백 순환이 여럿 있는데, 이것들이 IPCC 측정에는 포함되지 않았어요. 이런 피드백 때문에 증발이 더 활발히 일어나고(수증기는 곧 온실가스죠) 얼음에도 더 큰 변화가 생깁니다. 이 피드백을 모두 합치면, 2100년에는 기온이 보통 2도, 최고 6도까지 올라가는 게 아니라, 6도에서 12도까지도 올라갈 수 있다는 계산이 나와요. 기온이 4~6도 올라가면 얼음은 죄다 녹고, 얼음이 녹으면 해수면이 1, 2미터가 아니라 약 70, 80미터 올라가죠. 여기에다 〔이런 종류의〕 일시적 기온 변화는 해양 순환 유형을 바꿔 해양의 상당 부분이 산소 결핍 상태가 되고 황산수소염을 만드는 세균이 증식합니다. 황산수소염은 위로 올라와 오존층까지 파괴하고, 숨쉬기 어려운 환경을 만들죠. 이게 모두 2100년까지 일어날 상황입니다.

—데니스 부시넬, 미국 나사 랭글리연구소 수석 과학자

소속 없이 독자적으로 연구하는 과학자 제임스 러브록은 《가이아의 복수》에서 1987년의 기후과학자 모임을 회상한다. 이들은 당시 기후계 지식이 제한적인 상황에서, 세 가지 가능한 지구온난화 시나리오를 짰다. 세계 기온이 10년마다 0.06도 상승했을 때를 가정한 저상승 시나리오, 0.3도 상승했을 때의 중간상승 시나리오, 0.6도 상승했을 때의 고상승 시나리오다. 이 중에서 오늘날의 현실은 중간상승보다는 고상승 시나리오에 가깝다. 그리고 미래까지 연장하면, 2020년에는 2도 더 더워진다. 21세기 말에 6도에서 12도 더워진다는 예상과 동떨어진 시나리오가 결코 아니다.

세계 어느 정치 지도자도 이 수치를 인정하지 않는다. 세계 주요 정부는 최근에 와서야 2050년까지 온실가스 배출을 80퍼센트 감축하는 게 적절한 목표라고, 드러내놓고 또는 내심 인정했을 뿐이다. 세계가 2020년 또는 2025년쯤 회복불능점을 '아무렇지 않게' 통과해 돌이킬 수 없는 거대한 기온 변화로 치닫게 된다면, 이들은 훨씬 더 다급한 용어를 꺼내야 할 것이다. 하지만 지금은 그리하지 않는다. 더러는 상황이 현재 얼마나 빠르게 진행되는지 모르기 때문이고, 더러는 기후변화에서 현재 유일하게 널리 인정받는 IPCC 수치의 정확성에 의문을 제기하고 싶지 않기 때문이다.

지난 두어 해 동안, 서구에서 지구온난화 문제를 둘러싼 여론은 크게 바뀌었다. 현재는 미국을 제외한 모든 나라에서 대다수가 이를 심각한 문제로 받아들인다(미국인 중에 지구온난화의 과학적 증거를 받아들이는 사람은 2007년에 77퍼센트로 정점을 이루다가 2009년 말에 다시 57퍼센트로 떨어졌는데, 이 가운데 인간이 온난화를 유발했다고 믿는 사람은 고작 36퍼센트였다). 미국에서든 다른 곳에서든 이 논쟁의 주요 쟁점은 IPCC가 5, 6년마다 발간하는 보고서에서, 특히 2007년 4차 보고서에서 나온다. 인류가 일으킨 기후변화를 두고 이런저런 잡음이 이는 가운데, 지난 몇 해

동안 IPCC 보고서의 위상이 이렇게 높아진 까닭은 다름 아닌 보고서의 신중함과 보수성 때문이다.

　IPCC 보고서와 현실 사이의 엄청난 괴리는 새삼 놀랄 일이 아니다. IPCC가 추정한 지구온난화의 규모와 속도는 처음부터 현실과 거리가 멀었다. IPCC는 '기후변화에 관한 정부간 토론회'라는 이름이 말해주듯, 세계 주요 나라를 모두 포함하는 '정부간' 조직체다. (보고서에서 대부분의 언론인을 비롯해 비전문인이 읽는 유일한 부분인) '개요'는 이곳에 참여하는 여러 정부가 보고서의 각 부분을 작성한 대표 과학자들과 협의한 뒤에 편집하는데, 사실 정부 개입은 이보다 훨씬 전부터 시작된다.

　　결국 과학자들이 생각하는 확실한 증거가 실리는데, 여기에는 기본적으로 권위 있는 과학 잡지에 실린, 관련 학자들의 심사를 거친 논문이 바탕이 됩니다. 정부가 개입하는 부분은 (……) 첫째는, 대표 저자를 선별하고, 둘째는, 보고서 범위를 정하는 일을 거들고, 셋째는, 각 진행 단계마다 간단히 평가하고, 마지막으로는, 정책 입안자들이 참고하게 될 개요를 승인하는데, 이 단계가 아주 고역이죠. 대표 저자에게 어느 정도 융통성과 타협이 필요한 부분이기도 하고요. 하지만 결국 과학은 과학자들이 승인합니다. 정부 입맛에 맞는 말로요.

―케빈 헤네시, CSIRO 해양대기연구 수석연구원,
IPCC 보고서 실무 2조 오스트레일리아―뉴질랜드 부분 대표 저자

　기후변화와 관련한 다양한 분야에서 활동하는 전세계 대표 과학자 수천 명이 정기적으로 한자리에 모여 지구온난화의 속도와 규모를 예측할 증거를 조직적으로 평가하는 IPCC 같은 기관이 있다는 건 바람직한 일이다. 여기에 세계 각국 정부가 참여해, 그 결과에 깊은 관심을 보이고 나아가 어느 정도 의무감마저 느낀다면, 그것도 나쁜 일은 아니다(비록 IPCC의 소관 업무가, 케빈 헤네시의 말을 빌리면, "정책과 연관되지만 정책을 규정하지는 않는" 것이지만).

그러나 정부 참여는 IPCC가 "정책과 연관"된 결론을 내릴 때 태생적 보수주의를 드러낸다는 뜻이기도 하다. 정부는 예상치 않은 막대한 지출을 강요하는 보고서를 원치 않기 때문이다. 보수주의가 나타나는 또 다른 이유는 합의에 기반을 둔 과정에서 나타나는 자연적 역학관계 때문인데, 각 위원회에 소속된 과학자들은 문제의 심각성을 규정할 때 높은 수준보다는 가장 낮은 수준의 공통분모를 찾아내 합의하게 마련이다. 세 번째 이유는 (독창적인 연구는 하지 않는) IPCC에는 자료 마감 시한이 있어서, 그 뒤에 발표된 과학 논문은 다양한 실무팀이 검토하는 자료에 포함되지 않는다. 그렇게 하지 않으면 보고서를 완성할 수 없으니 지극히 당연한 일이지만, 어쨌거나 최근 자료는 보고서에 결코 포함되지 않는다는 뜻이기도 하다.

2007년 보고서의 경우, 보고서 작성에 사용된 최신 과학 논문이 발표된 때는 2005년 말이었다. 그런데 그 논문에서 분석한 자료는 대개 두 가지 이유로 그보다 훨씬 오래전 것이다. 하나는 논문 발표 과정의 문제 때문이다. 과학 논문을 발표하려면 우선 논문을 과학 잡지에 제출하는데, 잡지 편집자는 이를 다시 논문 심사로 유명한 다른 과학자에게 넘긴다. 논문을 심사하는 과학자는 대개 몇 가지 질문을 뽑아 저자에게 답을 요구한다. 편집자가 (논문이 마음에 들 경우) 해당 논문을 싣기로 결정하기까지 이 과정이 몇 차례 반복되는데, 여기서 대개 일 년 이상 소모된다. 현실적으로 2005년 말 이전에 발표된 과학 논문의 상당수는 2003년 말 이전에 제출되었을 가능성이 크다.

자료는 당연히 논문보다 오래되었다는 점도 또 하나의 문제다. 논문에 기초가 된 자료는 대개 논문이 쓰여 제출되기 몇 달 전, 심지어 몇 년 전에 나온 것들이다. 그 자료를 분석하고 결론을 내리기까지 시간이 필요하고, 또 최고의 과학자들은 시간 여유가 없는 사람들이다. 그러다 보니 2007년 IPCC 보고서의 기초가 된 과학 논문에 사용된 자료는 거의 다 2002년 또는 그 이전 것들이다. 2010년 현재, 우리는 지난 8년 동안 나온 증거들은 무시한 채 미래를 예측하는 꼴이다.

여기에 과학적으로 문제가 되는 부분은 없다. 과학의 진실성을 훼손하지 않은 채 논문 심사 속도를 극적으로 높일 방법은 찾기 어렵고, IPCC 위원들이 지난 회의 이후 쌓인 산더미 같은 정보와 씨름하면서 동시에 날마다 쏟아지는 새로운 자료의 홍수에 반응할 수 없는 노릇이니 자료를 마감할 시한도 필요하다. IPCC가 내놓는 기후변화 시나리오에 가장 거대한 피드백(고위도 지역의 영구동토층이 녹아내리면서 메탄과 이산화탄소가 배출되고 해양이 따뜻해지면서 이산화탄소가 배출되는 피드백)이 누락된 상황은 과학적으로 변호할 여지가 있다. 그 모델을 정확히 만들 능력이 부족하다는 설명이다. 그러나 비과학자를 대상으로 한 보고서에서, 이 누락은 각주에 슬쩍 묻어버릴 게 아니라 노란색 경고 표시로 한껏 강조했어야 한다. 기후 분석에 이처럼 엄청난 허점이 두드러지게 표시되지 않은 것은 IPCC에 각국 정부의 입김이 작용한 탓이거나 아니면 단순히 비과학자들이 증거를 어떻게 받아들이는지 모르는 과학자들의 순진함 탓일지도 모른다.

어쨌거나 그 거대한 피드백은 진짜 위험 요소이며, IPCC 2007년 보고서를 쓴 과학자들이 전혀 고려하지 않은 최근의 많은 증거를 보면, 이 피드백은 이미 활성화되기 시작했음을 알 수 있다.

기후변화에서 이 피드백은 양성으로도, 음성으로도 작용할 수 있지만, 우리가 목격하는 상황은 음성보다 양성에 가깝습니다. (……) 이 양성 피드백의 좋은 예는 지구가 더워지면서 해양이 붙잡아둘 수 있는 이산화탄소 양이 점점 줄어들어 결국 해양이 대기의 이산화탄소를 예전만큼 빨아들이지 못한다는 겁니다. (……) 맥주가 따뜻해지면 김이 빠지는 것과 같은 원리예요. 이게 탄소 해양이라는 건데, 해양이 따뜻해질수록 탄소를 많이 붙잡아두지 못해요.

육지 생태계, 숲, 토양이 대기에서 탄소를 흡수하는 비율 역시 줄고 있어요. (……) 이산화탄소 배출은 늘어나는데 해양과 숲과 토양이 대기에서 흡수하는 이산화탄소 양은 줄어들어요. 배출량과 흡수량 사이의 차이가 대기에 남다 보니, 그 추가적으로 증가한 양이 아주 빠르게 늘었죠. 배출은 늘고, 대기에서 이산화탄소를 빨아들이는 소위 흡수원의 기능은 떨어지고 있어요.

특히 메탄이 문제예요. 온실가스로서의 메탄은 이산화탄소보다 분자당 스무 배는 강하고, 또 메탄은 메탄 클라스레이트라 불리는 화합물에 갇힌 경우가 많은데, 이 화합물은 기본적으로 중앙에 메탄을 가둔 얼음 결정체 형태로 영구동토층 밑에, 그리고 얕은 바다 밑에 있죠. 지구가 더워지면서, 특히 영구동토층과 북극 지방에서 메탄이 대량으로 대기에 방출되면서 나타나는 거대한 양성 피드백의 위력은 대단히 크고 대단히 심각합니다. 북극 지방에서 메탄 배출량이 점점 늘어난다는 증거도 있어요. 초기 단계이고 드문드문 나타나는 증거이지만, 그것들이 나타내는 방향은 한결 같아요. 심각한 문제로 발전할 수 있다는 이론이 점점 경험적 현실이 되어 간다는 겁니다. —존 홀드런, 오바마 대통령 과학 수석 자문위원

종합해보면, 실제 상황이 IPCC 시나리오보다 얼마나 더 심각할지 자신 있게 말할 수 있는 사람은 없지만, 과학적으로 진지하게 고민해보면 훨씬 더 심각하다는 것은 분명하다. 예를 들어 시베리아 서부 습지에 동결된 메탄가스만 해도 무려 700억 톤에 이르리라 추정되고, 그 남쪽 가장자리는 2005년에 이미 녹기 시작했다. 우리에게는 이에 대응할 시간이 생각보다 많지 않으며, 통상적으로 권고되는 온실가스 감축량보다 훨씬 더 많은 양을 줄여야 걷잡을 수 없는 기후변화를 막을 수 있다. 그것은 최악의 위험 상황이다. 지구의 평균 기온이 산업화 이전보다 2도를 조금 웃도는 어느 수준에서, 피드백은 자체적으로 계속 기온을 끌어올리는 구조를 만들어내고, 이렇게 시작된 피드백은 나중에 우리가 온실가스 배출을 아무리 급격히 줄여도 막지 못하는 수준이 된다.

절대 넘지 말아야 할 지구온난화 상한선으로 정한 2도 목표는 신성한 위치로까지 빠르게 격상하는 가운데, 2009년 7월 이탈리아에서 열린 G8 정상회담에서는 세계 주요 온실가스 배출국들이 모두 이 목표를 채택했으며, 그해 12월 코펜하겐 정상회담에 참가한 192개국 정부도 모두 이를 암묵적으로 받아들였다. 실제 과학은 물론 훨씬 더 미묘하다. 이 수치는 아무렇게나 선택된 게 아니다. 여기에는 어느 정도 추측도 들어 있지만, 2도보다 온도를 더 낮춰 온난화를 멈출 가능성은 극히 희박하

다는 현실적 인식도 반영되었다. (우리가 실제로 달성해야 하는 측정 가능한 목표인) 대기의 온실가스 농도와 관련해 보면, 지구의 평균 기온이 산업화 이전보다 최고 2도 높다는 것은 대기의 이산화탄소로 환산하면 450ppm에 해당한다는 게 일반적 계산이다. 2장에서 살펴보았듯이, 이는 최고치다. 다시 말해, 우리가 정말로 충적세에 머물고 싶다면, 가능한 빨리 이 수치에서 내려와 350ppm 또는 그 이하로 되돌아가야 한다. 그러나 어쨌든 그 수치를 지금 세대의 목표로 인정하자.

여기서 우리는 두 가지를 분명히 해야 하고, 또 중요한 사실 하나를 고려해야 한다. '이산화탄소 환산치'란 대기에 존재하는 여러 온실가스의 농도를 일컫는데, 이산화탄소 이외의 가스(메탄, 아산화질소 등)가 유발하는 온실효과를, 그와 똑같은 효과를 일으키는 이산화탄소의 양으로 환산한 수치다. 대기의 이산화탄소 농도 450ppm이라는 '측정 가능한 목표'는 21세기 말에 그 수준 이하를 유지한다면 우리는 무사할 것이라고 장담하는 수치가 결코 아니다. 과학은 그렇게까지 정확하진 않다. 그 목표는 지구온난화를 2도 수준에서 멈출 수 있는 가능성이 50퍼센트인 수치일 뿐이다. 그러나 현재(2010년) '이산화탄소 환산치' 총계에 기여하는 다른 온실가스는 말할 것도 없고, 대기의 이산화탄소 농도도 이미 390ppm에 이르렀다. 그리고 대기의 이산화탄소 농도가 (개도국의 배출량이 빠르게 늘어난 탓에) 해마다 3ppm 가까이 증가하다가 최근 다시 감소하면서 곳곳에서 경제 성장이 둔화되었다. 분명 조만간 다시 증가할 것이다.

우리가 손쓸 여유는 그리 많지 않다. 세계적으로 온실가스 배출이 앞으로 20년 안에 급격히 줄지 않는다면 이산화탄소 환산치가 550ppm

이하에 머물 가망도 거의 없다. 2050년까지 온실가스를 60퍼센트, 나아가 80퍼센트까지 줄이는 목표는 기후변화를 심각하게 받아들이는 오늘날의 정치인 대부분이 깊이 공감한 목표이지만, 이 정도로도 550ppm에 머물 뿐이다. 만약 피드백이 천천히 시작된다면, 2030년까지 지구의 평균 기온이 2도를 밑도는 수준으로 상승하는 데 그칠 것이다. 대기의 이산화탄소가 일정 수준에 이르는 것과 그에 따른 지구 표면의 평균 온도 변화 사이에는 꽤 큰 시간차가 있기 때문이다. 그러나 대기에 이산화탄소가 한번 발생하면 평균 200년은 사라지지 않는 탓에, 최종 결과는 거의 불가피하다. 대기의 이산화탄소 환산치가 550ppm에 이를 경우 21세기 말에는 기온이 3, 4도 올라가는데, 이는 그 어떤 피드백도 계산하지 '않은' 수치다. 그러나 3도 상승은 상당한 피드백을 야기하고, 상황은 이미 돌이킬 수 없는 수준에 이른다.

이 모든 상황을 좀 더 역사적으로 바라보기도 하는데, 그래도 결론은 같다. 산업화 이전인 약 1800년에는 대기의 이산화탄소 농도가 280ppm 정도였다. 19세기 유럽의 산업국가는 석탄을 무한정 태웠고, 이산화탄소 농도도 점점 올라가기 시작했지만 그 속도는 매우 더뎠다. 당시 인구가 3억 명을 밑돌 정도로 적었던 덕분이다. 19세기 말, 북아메리카와 일본도 산업화했고, 20세기가 밝아오면서 석유와 천연가스도 화석연료 목록에 더해졌지만, 1960년까지는 해마다 늘어나는 대기의 이산화탄소 환산치가 1ppm도 안 되었다. 그때만 해도 다수가 자동차를 소유하는 현상은 오직 북아메리카에서만 나타났고, 세계 인구의 4분의 1만이 소위 '발전한' 나라에서 살고 있었다.

1960년과 현재 사이에, 세계 인구는 두 배 이상 늘었고, 그 많은 인구

중에서 또 점점 많은 사람들이 빠르게 산업화 단계로 접어들었다. 현재 67억 인구 가운데 약 40억 인구가 이미 완벽하게 산업화를 이룬 나라에 살거나, 경제가 연간 5퍼센트 이상 지속적으로 성장해 (다른 상황 변화만 없다면) 앞으로 적어도 한두 세대 안에 산업화를 이룰 약속의 땅에 살고 있다. 1960년에 1인당 다량의 이산화탄소를 배출하던 나라의 총인구는 10억 명을 한참 밑돌았다. 그러던 것이 이제 40억 명이 되었고, 전세계 온실가스 배출도 늘어났다. 이산화탄소 배출이 빠르게 증가한 것은 기껏해야 1960년 이후의 일이지만, 그 빠른 정도는 엄청났다.

그 결과 산업혁명이 시작된 이후, 그러니까 1800년 안팎으로, 지구의 평균 기온은 대략 0.8도 상승했다. 불과 30년 동안 일어난 변화다. 게다가 최근 몇 십 년간 대기에 배출된 온실가스 탓에 앞으로 약 20년 뒤면 여기서 다시 0.4~0.5도 올라간다. 결국 이미 총 1.2~1.3도 상승한 셈이다. 우리가 마침내 온실가스 배출을 억제하고 그 시점에서 기온 상승을 2도 이내로 유지하려 한다면, 기껏해야 0.5도가 조금 넘는 정도의 여유가 있을 뿐이다. 남은 21세기에, 그리고 물론 앞으로의 인류 역사에서, 우리가 대기에 배출하는 이산화탄소 농도는 이 수준을 넘지 말아야 한다.

제이 굴리지: 문제는 엄청난 양의 강력한 온실가스가, 말 그대로 수백만 톤의 온실가스가 지구 표면 가까이 있다는 겁니다. 지금은 언 상태로 있지만 온난화가 진행 중이니, 이런저런 상황을 종합해보면 메탄이 방출될 위험이 있고, 또 아주 빠르게 방출된다면, 지금 일어나는 온난화를 크게 자극할 거예요.

그럴 경우, 우리는 대기의 온실가스 양을 통제할 수 없어요. 바로 지금, 그 방향으로 가는 중이에요. 우리 행동이 그렇게 지시하고 있어요. 양성 피드백이 지배하는 순간이 오면, 우리는 더 이상 거기에 끼어들어 우리 행동을 바꾸고 대기의 온실가스 양을 끌어내릴 방도가 없어요.

권 다이어: 여기서 회복불능점은 어디일까요?

제이 굴리지: 솔직히 아무도 몰라요. 하지만 회복불능점에 도달할 위험이 있는 수준은 말할 수 있을 겁니다. 그 수준으로 깊이 들어갈수록 위험은 커지겠죠. (……) 지금보다 1~4도 높은 지점 어딘가에서 우리는 아마도 한계점을 넘을 테고, 그러면 그린란드와 서남극〔빙상〕붕괴도 막지 못해요. (……) 1~4도라면 앞으로 40, 50년 안에 한계점에 도달한다는 뜻이에요. 그 뒤로는 우리가 기온을 끌어내릴 가능성이 있네, 없네 하는 이야기는 완전히 끝이죠.

—제이 굴리지, 세계 기후변화를 연구하는 퓨센터에서
기후변화 충격을 연구하는 수석 과학자이자 프로그램 관리자

이번 3장은 그 위기의 시간표에 관한 이야기다. 그 피드백은 언제 닥칠까? 식량 생산이 급감하는 시기는 언제일까? 정치 반발이 극심해서 국제적인 문제 해결이 불가능해지는 때는 언제일까? 물론 확실한 시간표를 짜기란 불가능하다. 물리적으로나 인간적으로나 변수가 너무 많아서 정확한 예측은 힘들다. 그럼에도 피드백이 일어날 속도를 보여주는 최근 증거를 보면 조심스레 비관적인 예측을 하게 되는데, 이 예측에 따르면 국제 공조를 불가능하게 할 정도로 거대한 기후 재앙은 앞으로 15년에서 20년 사이에는 일어나지 않을 것으로 보인다(만약 온실가스 억제 조치가 미흡하다면 이 기간에 회복불능점을 쉽게 넘어 걷잡을 수 없는

기후변화로 치달을 수도 있지만, 그 뒤로도 한참 동안은 그에 따른 재앙을 겪지 않을 것이다). 그러나 그보다 한참 전에 '1차 상품'과 관련한 두 가지 위기가 닥칠 것이고, 이때 국제 공조의 범위는 급격히 줄어든다. 그 하나가 석유이고, 다른 하나는 식량이다.

2008년 3월, 유가는 처음으로 배럴당 100달러를 넘어섰다. 그리고 그해 여름 배럴당 147달러로 최고가를 경신했다가 2008년 말에 다시 50달러 아래로 떨어졌다. 이 글을 쓰는 현재는(2010년 초) 75달러를 약간 웃돌지만, 상승 추세다. '석유 생산 정점'에 도달할 경우 예상되는 급격한 가격 요동이 바로 이런 식이다. 어떤 가격으로도 공급이 수요를 따라가지 못할 정도의 절대적 석유 부족 사태는 아직 일어나지 않았고, 그런 상황이 아직은 먼 훗날의 이야기다. 과거 이와 같은 석유파동 때는 가격이 높으면 수요가 감소하면서 결국 수요와 공급이 다시 균형을 잡았다(비록 당시 가장 궁핍한 소비층은 아예 시장에서 퇴출되었지만). 그러나 현재 상황은 두 가지 면에서 다르다.

하나는 예전에는 유가가 급등하면 새로 석유 탐사를 시작해 5~10년 뒤에는 석유 공급이 상당히 늘었는데, 지금은 아무리 유가가 올라도 개발도 어렵고 비용도 많이 드는 지역을 새로 탐사하려 들지 않는다는 사실이다. 석유 업계 전문가들의 한결같은 의견에 따르면, 마지막 주요 재래식 유전은 1970년대와 80년대에 이미 개발이 끝났고, 유일하게 남은 곳이라면 북극해인데, 이곳은 얼음이 더 많이 녹기 전까지는 접근이 불가능하다(얼마 전 브라질 앞바다에서 유전이 발견되었지만, 브라질에는 중요한 사건일지언정 세계적 판세를 바꿀 정도는 아니다). 심해나 멀리 떨어진 지역에서 발굴이 어려운 작은 유전이 계속 발견되고, 회수 기술 발달로 기존 유전에서 석유가 계속 퍼 올려지고, 역청사암, 함유셰일oil shale 같은 곳에서 '비재래식 석유'가 계속 개발될 것이다. 석유의 종말은 아니다. 캘거리 석유 업계 내부자의 말에 따르면, '값싼 저유황 원유'의 종말일 뿐이다. 그러나 이 중 어느 것도 20세기의 폭발적 소비를 지탱했던 대규모 유전의 점진적 감소를 백 퍼센트 보충하지는 못한다. 유가는 앞으로도 계속 요동치겠지만, 값싼 석유의 종말은 이미 시작됐다.

현 상황이 과거와 다른 또 한 가지는 앞의 차이점과 밀접하게 연관된 것으로, 그다지 멀지 않은 장래에 '석유 생산 정점'에 도달하리라는 일반적 확신이다. 이를 뒷받침하는 이론은 미국의 석유지질학자 킹 휴버트의 이름을 따서 명명한 그 유명한 '휴버트 곡선'이다. 휴버트는 기존 유전은 대개 발굴된 지 약 35년이 지나면 생산량이 정점에 이른다는 사실을 발견했다. 미국에서는 1930년대에 새로운 매장지 발견이 정점에 이르렀는데, 휴버트는 이를 미국 전역에 대입한 결과, 미국의 석유 생산은 1965년과 1970년 사이에 정점에 이르다가(실제로 1970년이었다) 이후 줄곧 감소하리라는 예상을 내놓았다. 1950년대의 예상이다. 휴버트 곡선을 전세계 석유 생산에 대입하면, 새로운 매장지 발견이 정점에 이른 때가 1970년대 또는 1980년대 초였으니(정확한 시기는 논란의 여지가 있다. 1973~74년과 1979~80년에 유가가 폭등해 유전 탐사와 발굴이 마지막으로 크게 유행했기 때문이다) 생산량이 실질적으로 정점에 이르는 시기는 약 35년 뒤, 그러니까 바로 지금 또는 그다지 멀지 않은 시기가 된다.

지금 당장 재앙이 닥친다는 뜻은 아니다. 대규모 유전의 수명과 생산량을 나타내는 전형적인 그래프는 분명하게 나와 있고, 그 그래프는 거의 정확하게 대칭을 이룬다. 즉, 처음에는 생산량이 급격히 늘다가 이후로는 서서히 증가하는데, 정점에 이르기 전 몇 년 동안은 그 증가율이 좀처럼 연간 2퍼센트를 넘지 않는다. 그러다가 정점이 지나면 대개 생산량이 서서히 감소하는데, 이 또한 연간 2퍼센트를 넘지 않는다. 현대의 석유 회수 기술 덕에 더러는 처음에 생산량 감소 시기가 획기적으로 늦춰지다가 그 뒤로 훨씬 더 빠르게 감소하는 수도 있지만, 세계적으로 볼 때 석유 생산이 정점에 이른 뒤에는 생산량이 급격히 감소하기보다 장기적으로 서서히 줄어든다고 보는 게 타당하다. 문제는 동남아시아 경제가 급격히 성장해 세계 석유 수요가 해마다 약 2퍼센트씩 꾸준히 늘어난다는 점이다. 해마다 생산량이 2퍼센트 줄고 수요가 2퍼센트 늘면, 연간 총 공급량이 4퍼센트 부족하다는 이야기인데, 이 경우 상황은 심각하다. 아니, 치명적일 수 있다.

문제는 누구도 시장을 믿지 못한다는 것이다. 다양한 원유 등급에 따라 뉴욕과 런던에서 그때그때 가격이 결정되는 국제 석유 시장은 이론적으로 높은 가격을 지불할 능력이 되는 고객에게 효율적으로 할당되게 마련이다. 이 과정에서 주요 수혜국은 강대국이 된다. 엄청난 자금원이 없다면 강대국이라고 할 수도 없으니까. 그런데 강대국은 여기에다 시장을 뒤엎을 협상력(그리고 군사력)까지 지녔으며, 이 모든 것을 한꺼번에 발휘하고픈 유혹에 곧잘 굴복한다. 이들 국가는 공급자와 고정된 가격으로 장기 계약을 맺어 시장의 돌발 상황에 대비하고 가격 변동과 상관없이 꾸준한 석유 공급을 확보할 구매력을 지닌 고객이다. 그리고 군사력으로 경쟁자를 겁주어 쫓아낸 뒤 석유 공급원을 안정되게 확보할 수 있는(더러는 실제로 그러한) 고객이다.

서구의 주요 강대국은 (대개 서로 간에) 4세기 가까이 이 게임을 해왔고, 이제 여기에 석유 수입량이 많고 점점 증가 추세인 중국과 인도가 새로운 주자로 뛰어들었다. 예를 들어 중국 정권은 2003년에 미국이 이라크를 침공한 이유가 페르시아 만에 영구적인 군사 요새를 건설하기 위해서라고 판단했다. 중국은 석유를 거의 전적으로 페르시아 만에서 수입하는데, 미국이 요새를 건설하는 속셈은 두 나라 사이에 심각한 대치 상황이 발생할 경우 중국의 석유 보급선을 끊어버리려는 수작이라는 게 중국의 판단이다. 따라서 중국은 아프리카 석유 생산국과 새로운 동맹을 맺고 고객의 지위를 유지해 석유 수입선을 다변화하려고 힘써왔다 (이 노력이 불러온 비극적 결과의 하나로, 중국은 수단 정권을 지원해, 다르푸르 지역의 학살 사태를 종식하려는 서구와 다른 아프리카 국가의 압력에 저항토록 했던 사례를 꼽을 수 있다).

석유 생산이 정점을 지나고 공급 부족분이 해마다 4퍼센트씩 늘어나는 상황에 올바르게 대처하려면 가격 결정을 시장에 맡기고, 빈곤국에 긴급 재정 지원을 해주어 생필품을 수입하도록 하고, 선진국은 자국의 석유 수요를 해마다 4퍼센트 이상 줄이기 위해 발 벗고 나서야 한다. 후자의 목표를 달성하려면 많은 돈을 쏟아 부어야 할 수도 있다. 그리고 일단 공급에 비해 수요가 빠르게 줄기 시작하면 유가는 제자리로 돌아오게 마련이다. 그러나 과거 역사를 보건대, 강대국들은 석유 생산이 정점에 이를 때를 대비해 국경 너머에 있는 남은 석유 수입원을 확보하려는 경쟁에 앞 다투어 뛰어들기 쉽다. 이때 주요 석유 생산국에 상당한 군사력을 행사하고 구냉전을 방불케 하는 심각한 전략 대결을 펼칠 수도 있다. 이 같은 국제 환경에서는 지구온난화의 위협에 대처하는 강제 조치는 말할 것도 없고 그 어떤 거래나 조약도 성사되기 힘들다. 실제로 국제 사회는 이미 이와 비슷한 반응을 보이기 시작했다. 그 대상은 서서히 모습을 드러내는 또 하나의 위기, 즉 식량 부족이다.

2008년에 곡물 가격이 잠깐이나마 두세 배로 뛰자, 토지를 대량으로 구매하는 일이 유행처럼 번졌는데, 특히 자국의 자원만으로는 국민이 먹고살기 힘든 비교적 부유한 국가가 아프리카에서 토지를 사들였다. 주요 구매국은 사우디아라비아를 비롯한 페르시아 만 주변 국가와 중국·한국·이집트이고, 주요 판매국은 수단·에티오피아·알제리·모잠비크·우간다·콩고·콩고민주공화국이다. 지난 2년 동안 주인이 바뀐 아프리카 땅은 총 2천만 헥타르로 추정된다. 아프리카 경작지의 약 10분의 1, 독일 총 경작지의 두 배에 해당하는 면적이다.

이 현상에, 기후변화에서 오는 두려움이 어느 정도나 영향을 미쳤을까? 이 땅을 사들인 정부는 앞으로 국제 곡물 시장이 무너지고 충분한 식량을 확보한 국가만이 자국민을 먹여 살릴 수 있다고 예상한 걸까? 아니면 그저 이후의 가격폭등에 대비한 걸까?

어쩌면 둘 다 해당될지도 모르지만, 어쨌거나 식량은 분명 점점 줄고 있다. 세계 식량 생산은 1940년대 후반부터 1990년대 후반까지 인구 성장을 앞지르며 빠르게 늘다가(연간 약 3퍼센트) 지난 10년 동안 제자리에 머물렀고 그사이에도 인구는 계속 늘었다. 인류는 이제 재배하는 양보다 더 많이 소비한다. 2007년 세계 곡물 비축량은 세계 인구가 57일 동안 먹을 양에 불과했다. 10년 전에는 180일 치였다. 2008년에는 풍작으로 비축량이 약간 늘었지만, 2009년에 다시 줄었다.

기후변화가 이 현상의 원인이라는 증거는 없다. 우리가 자원을 앞질러 갈 뿐이다. 그러나 공급은 이제 늘 빠듯하고, 인구는 여전히 늘고, 게

다가 앞으로 기온이 올라가 식량 생산은 조금 더 줄어들 전망이다. (아프리카의 넓은 땅을 경작하는) 아부다비개발기금Abu Dhabi Fund for Development 총재인 모하멧 알수와이디는 2008년에 이렇게 말했다. "지구온난화는 1차 상품에 영향을 미칩니다. 앞으로 일부 상품은 돈이 있어도 사기가 쉽지 않을 겁니다."

중국은 알제리에 토지 20만 헥타르를 소유하고 있으며, 아프리카에서 일하는 중국 농민은 100만 명이 넘는다고 추정된다. 이집트는 우간다 전제 토지의 약 2퍼센트를 빌려 밀을 재배한다. 밀 재배는 가뜩이나 부족한 물을 너무 많이 소비하는 탓에 자국에서 밀 재배를 포기한 사우디아라비아는 에티오피아·수단·파키스탄·인도네시아·태국에서 수백만 헥타르의 농경지를 사들이거나 빌린다. 한국은 마다가스카르에서 농사가 가능한 토지의 절반을 99년 동안 빌리는 계약을 체결했지만, 계약을 성사시킨 마다가스카르 대통령을 겨냥한 민중 봉기가 쿠데타로 발전하면서 계약이 취소되었다. 그러나 상황이 무척 어려워진다면 이 가운데 온전히 유지될 계약은 없을 것이다.

이제까지의 증거를 보면, 아프리카는 더운 시기가 길어지고 극도로 추운 날은 줄어들면서 지구 평균보다 빠르게 더워지고 있어요. 북아프리카와 남아프리카는 앞으로 100년 동안 기온이 무려 4도까지 올라가고 훨씬 더 건조해질 겁니다. 예상되는 수확량 감소는 2020년까지 50퍼센트, 2100년까지 무려 90퍼센트에 달해요.

—고든 콘웨이 경, 임페리얼 칼리지 런던 국제개발학 교수

아프리카는 온난화를 겪는 다른 어느 지역보다도 식량 생산이 크게 감소할 것이고, 아프리카 여러 정부가 자국에 식량이 부족해질 경우 앞서의 계약들을 지키리라 기대하기도 힘들다. 이런 상상을 해보면 간단하다. 외국 트럭이 기근에 시달리는 에티오피아에 들어와 자기네 먹으려고 마을을 다 털어 식량을 가득 싣고 떠난다면 마을 사람들이 어떤 반응을 보이겠는가? 아프리카 토지 확보는 흥미로운 계략이지만, 누구도 그런 식으로 자국의 문제를 해결할 수는 없다.

설상가상으로 식량 수요는 인구보다 더 빠르게 늘고 있다. 빠르게 성장하는 중국, 인도, 기타 여러 국가에서 소득이 늘자 소비자들은 식탁에 고기를 더 많이 올린다. 중국 시민은 요즘 일 년에 고기를 평균 50킬로그램 소비한다. 1980년대 중반에는 20킬로그램이었다. 그리고 육류 생산에는 엄청난 양의 곡물이 소비된다. 쇠고기 1킬로그램을 생산하려면 곡물 7, 8킬로그램이 있어야 하고, 심지어 닭고기 1킬로그램에도 곡물 3킬로그램이 필요하다.

물론 여기에는 딱히 비밀이랄 것도 없는 비상구가 있기는 하다. 전세계가 앞으로 절박한 식량 부족에 시달린다는 예상은 고기를 많이 먹는 북미와 유럽의 식습관이 변하지 않을 것이고, 최근 들어 고기를 엄청나게 먹어치우는 중국과 인도, 기타 여러 나라의 잡식성 식습관 역시 같은 방향으로 치달을 것이라는 가정에서 나온다. 이들 모두 돌연 종교적이 되거나 채식주의자가 된다면, 상황은 급격히 변하면서 이 신개념 채식주의자의 건강에도 이상이 없을 것이다. 거대 문명 초기에 하류층을 이루며 비자발적으로 채식주의자가 된 사람들은 성장을 저해하는 식단으로 영양 결핍 질환에 시달리고 고기를 먹던 수렵 채집인 조상보다 평균 신장이 약 15퍼센트 작았지만, 현대의 채식주의자들은 건강한 식습관을 유지할 수 있다.

팀 랭: 중국과 인도가 점점 잘살게 되면서, 식습관이 서양식으로 바뀌고 탄소발자국도 기하급수적으로 커지고 있어요. 말도 안 됩니다. 영국인이나 미국인처럼 먹다가는 오래 못 가요. 영국 식량 체계는 '여섯 개의 행성' 체계예요. 영국은 땅덩어리가 지금보다 여섯 배나 넓은 줄 착각하고 먹어대죠. 그럴 수는 없어요. 아니, 그럴 수는 있지만, [앞으로 계속 식량을 대량 생산하려면] 남의 땅을 이용해야만 가능해요. 그리고 그렇게 되지 말란 법이 있겠어요?

권 다이어: 그렇다면 우리가 (……) 예전의 기적을 다시 한 번 재현해 똑같은 땅에서 세 배나 많은 사람들을 먹여 살릴 수는 없을까요?

팀 랭: 이제까지의 계산을 보면, 주로 대략적인 계산이지만, 식습관을 바꾸지 않으면 세계 인구를 먹여 살리는 데 필요한 식량이 수직 상승한다는 사실을 알 수 있어요. 영국 사람처럼 먹다가는 세계 인구를 먹여 살릴 수 없어요. 북미 사람들처럼 먹다가는 어림없는 소리예요. 어림없고말고요. 하지만 고기를 훨씬 덜 먹고 유제품을 훨씬 덜 먹으면, 가능성은 급격히 커지죠. 얼마나 많은 땅을 경작할 수 있을지, 얼마나 많은 사람을 먹여 살릴 수 있을지는 전적으로 무엇을 먹느냐에 달렸어요.

—**팀 랭,** 런던 시티 대학교 식량정책학 교수

우리가 모두 내일 당장 채식주의자가 된다면 세계 식량 공급 문제는 조만간 닥치지 않을 것이다. 하지만 우리가 과연 그럴까? 게다가 지난 몇 해 동안 곡물 가격을 가파르게 상승시킨 주범은 육류 소비자가 아니다. 그 주범은 바로 지구온난화와 생물연료이며, 그중에서도 현 시점에서 더 큰 주범은 생물연료다.

지구온난화 탓에 아마도 일부 지역에서는 이미 식량 생산이 줄었을 것이다. 가령 과거 세계 제2의 밀 수출국이었던 오스트레일리아는 예전보다 길어진 가뭄으로 식량 수출에 큰 타격을 입었는데, 기후변화가 그 원인으로 추정된다. 하지만 생물연료에 열광하지만 않는다면 손을 써볼 여유는 아직 남았다. 올해 미국 곡물 수확량의 30퍼센트가 곧장 에탄올 증류에 투입될 예정이고, 유럽연합은 2010년까지 운송 연료의 10퍼센트를 생물연료에서 얻는다는 목표를 세워두었다. 세계 농경지 가운데 방대한 양이 사람이 아닌 차를 먹이는 데 전용된 셈이다.

> 만약 (……) 점점 더 많은 땅이 차를 굴리는 산업용 생물연료 생산에 전용된다면, 앞으로 2년 뒤에는 전세계에 식량 대란이 일어날 겁니다. 기후 재앙은 20년 뒤에 일어나겠지만, 엉터리 기후변화 해결책은 이미 재앙을 초래하기 시작했고, 이 재앙은 기후변화보다도 훨씬 빠르게 진행될 거예요.　　　—반다나 시바, 뉴델리의 과학·기술·천연자원 정책 연구재단 소장

세계 식량 공급은 최악의 상황으로 치닫고 있으며, 식량 체계를 위기에 빠뜨린 주된 요인은 생물연료다. 더 정확히 말하면, 현재 미국·브라질·유럽·인도·동남아시아 여러 국가에서 대량 생산 중인 제1세대 생물연료는 주로 옥수수나 사탕수수에서 만든 에탄올, 콩과 팜유에서 만든 바이오디젤이다.

생물연료라는 개념은 원칙적으로 전혀 문제될 게 없다. 화석연료인 석유는 연소되면서 오래 가둬둔 이산화탄소를 대기에 다시 내놓는데, 모든 운송 수단에 이용 가능하면서 장기적으로는 대기에 이산화탄소를 추가하지 않는 비화석연료로 하루빨리 대체해야 한다. 성장 중에는 이산화탄소를 흡수하고, 연소될 때 이를 다시 배출하는 생물연료는 매력적인 대안이다. 단, 이를 위해서는 생물연료가 식용작물이나 숲을 없애지 말아야 하며, 탄소 중립(탄소를 배출한 만큼 다시 탄소를 흡수하여 순배출량을 '0'으로 만드는 일-옮긴이)을 지키거나 그에 가까워야 한다. 안타깝게도 현 세대 생물연료는 둘 중 어느 조건도 충족하지 않는다.

현재 사용 중인 생물연료 대부분이 탄소 중립적이지 않다는 사실은 새삼스럽지 않다. 생물연료가 기후변화의 해결책으로 제시된 적은 단 한 번도 없었기 때문이다. 브라질이 1980년대에 사탕수수로 에탄올을 만들기 시작했을 때, 그리고 이를 본떠 미국이 21세기 초에 옥수수로 에탄올을 만드는 사업에 보조금을 지원하기 시작했을 때, 공공연히 내세운 목표는, 조지 W. 부시 대통령의 말을 빌리면, "에너지 자립"이었다(그는 이때까지도 기후변화를 믿지 않았다). 다시 말해, 정치적 의도가 개입된 공급 변화와 갑작스러운 가격 요동에 속수무책인 석유를 수입하느니, 언제나 공급 가능하고 터무니없이 비싸지 않은 자국산 연료를 사용하겠다는 뜻이다. 당시에는 누구도 그 연료가 탄소 중립적인지 따져보지 않았다. 그러다가 환경과 관련한 (허울뿐인) 주장이 제기된 것은 기후변화가 민감한 정치 문제로 떠오르고 나서 몇 년 뒤의 일이다.

그러나 현 세대 생물연료를 생각하면, 그러한 주장은 한심스럽기 짝이 없다. 생물연료를 만드는 작물이 기존 농경지에서 재배된다 해도, 그

작물을 기르고 수확하고 생물연료로 바꾸는 과정에 투입되는 에너지가 오히려 온실가스 순배출량을 더 늘리는 경우가 많다(옥수수로 만든 생물연료가 특히 심하고, 사탕수수로 만든 연료는 그나마 나은 편이다). 그러나 아마존 유역과 아시아 열대림에서처럼 생물연료를 만든다고 숲을 밀어낸다면, 상황은 참으로 어이없는 꼴이 되고 만다. 미국의 과학 잡지 〈사이언스〉에 실린 최근 연구에 따르면, 자연 생태계를 파괴해 생물연료 작물을 재배할 때 배출되는 이산화탄소는 화석연료 대신 그 땅에서 만들어진 생물연료를 태워 줄일 수 있는 이산화탄소의 연간 $17 \sim 420$배에 이른다. 이 모든 행위가 기후변화와 싸운다는 명분으로 정당화되지만, 수치로 볼 때는 터무니없는 소리다.

제2세대 또는 '셀룰로오스' 생물연료는 큰개기장, 버드나무 등 농경지로는 적합지 않은 땅에서 빠르게 성장하는 식물로 만들어지며, 그다지 멀지 않은 장래에 개발될 가능성이 크다. 그리고 먼 장래에는 고인 물이나 바닷물에서도 자라는 조류나 염생식물 같은 제3세대 생물연료도 나올 수 있다. 그러나 현 세대의 생물연료는 거의 최악의 재앙이다. 정부 보조금을 삭감하고 농경지에서 다시 식량을 생산하지 않는 한, 앞으로 수년 안에 전세계가 절대적 식량 부족에 시달릴 게 거의 확실하다. 그렇게 되면, 가난한 사람들은 배를 곯고, 그 덕에 부자들은 환경 친화적이라고 착각하는 연료로 차를 몬다. 세계가 기후변화 문제에 협력해야 하는 마당에 이보다 더 나쁜 정치 상황도 또 없다.

1차 상품과 관련한 두 가지 위기, 즉 석유와 식량 위기 외에도 순전히 정치적인 세 번째 위기를 생각해볼 수 있다. 미국과 중국이 새로운 냉전으로 치달아 강대국들 사이에 편 가르기를 하는 상황이다. 당장 닥칠 위험은 아니고, 두 나라에서 많은 사람이 그런 사태를 막으려고 무척 노력 중이지만, 역사를 돌이켜보면, (미국처럼) 오래 군림해온 초강대국이 (중국처럼) 급성장하는 경쟁자에게 추월당하기 시작하면, 군사 대결로 가는 경우가 심심찮게 일어난다.

중국 해군은 태평양으로 전진할 태세입니다. 실제로 그렇게 되면 곧바로 미 해군, 공군과 맞닥뜨리겠죠. 미군은 아시아 본토의 해안 대륙붕에서 물러날 마음이 없으니까요. 결과는 빤합니다. 수십 년간 이어진 냉전이 재연되겠죠. 그 중심은 유럽 한복판이 아니라 태평양 환상 산호섬이 될 테고요. 제2차 세계대전 때 해병대가 진격해 들어가자 뒤늦게 뉴스에 나온 섬들이죠.

—로버트 캐플런, '우리는 어떻게 중국과 싸우게 될까: 새로운 냉전'
《애틀랜틱 먼슬리》 2005년 5월호

미국 지식 산업계에서는 중국과 장기적 군사 대결이 불가피하다는 이야기가 유행처럼 번진다. 미군은 여기에 상당한 암묵적 지지를 보낸다. 첨단 무기에 막대한 투자를 쏟아 붓는 미군은 그것을 정당화할 유일한 구실인 '동급 경쟁자'가 필요하다. 가령 미국 해군이 항공모함 기동대를 열두 부대나 보유했으면 그것을 정당화할 거대하고 막강한 경쟁국이 필요하다. 이 역할에 맞는 유일한 후보가 중국이다. 그리고 중국군에도 '미국의 위협'을 핑계로 더 좋은 무기를 더 많이 보유하려는 비슷한 조직이 있다는 건 의심할 여지가 없다. 이런 상황이 꼭 전쟁으로 이어지는 않지만, 장기적 군사 대치 가능성을 아주 배제할 수도 없다. 그리고 만약 그런 상황이 발생한다면, 전세계가 힘을 합쳐 걷잡을 수 없는 기후변화를 되돌릴 가능성은 다시 한 번 급격히 줄어든다.

분명한 사실은 국제 사회가 세계적 문제를 함께 해결하려면 비교적 평화롭고 서로 대치하지 않는 환경이 조성되어야 한다는 점이다. 우리는 구냉전이 끝난 이후 지금까지 꼬박 20년 동안 그와 같은 환경에서 살아왔다. 강대국 사이에 상대의 공격을 심각하게 우려하는 일은 없다. 이러한 환경은 세계가 기후변화를 막을 협상을 벌이는 데 단지 이상적인 조건이 아니라 필수적인 조건이다. 강대국이 줄어드는 석유 공급을 확보하려고 앞 다투어 경쟁을 벌인다면, 기근이 발생해 자국민을 먹여 살리는 나라와 그렇지 못한 나라가 서로 틀어진다면, 미국과 중국이 새로운 냉전에 뛰어든다면, 국제 협상은 끝장이다.

비교적 운이 좋은 이 시기를 놓쳐서는 안 된다. 국제 평화와 질서를 방해하는 것이라고는 테러 같은 비교적 작은 문제뿐이다. 이런 시기를 적어도 20년은 더 연장해, 지구온난화를 막는 데 함께 노력해야 한다. 우리에게 시간적 여유가 주어질지는 안타깝게도 장담할 수 없다. 과학계에서 기후변화를 억제하려고 끊임없이 노력하는 덕에 기후변화 분야의 불확실성은 많이 줄었지만, 그래도 아직 모르는 것들이 많다(포츠담 기후영향연구소 소장인 한스 요아힘 셸른후버의 말을 빌리면, "기후변화 연구로 치면 20년 전만 해도 석기 시대였다"). 그러나 정작 계산하기 어려운 것은 정치 · 경제 · 군사 전략에서 나오는 변수이고, 기후변화 문제 해결 여부도 그 변수에 달렸다. 해결책은 수없이 많이 제시됐지만, 모두 제각각이다. 그러나 여러 해결책에 공통으로 필요한 가장 희귀한 1차 품목이 하나 있다. 그건 바로 정치적 의지다.

CLIMATE WARS

•••••

SCENARIO FOUR: NORTHERN INDIA, 2036

인도 북부, 2036년

테러리스트가 인도 국회를 공격한 2001년 12월, 인도는 파키스탄을 비난하며 항의 표시로 자국의 고등판무관을 소환했다. (……) 2001년 12월 마지막 주, 카라치에서 국제평화운동센터ICPI가 참석한 세미나가 열렸는데, 이때 긴장이 고조된 유일한 순간은 인도 정부가 물을 무기로 사용하려 한다는 의혹이 제기된 때였다. 어느 참가자는 물을 둘러싼 갈등이 일어날 경우 파키스탄은 인도에 핵무기 선제공격을 감행할 것이라고 경고했다.

—〈최종 해결: 인도와 파키스탄의 관계 개선The Final Settlement: Restructuring India–Pakistan Relations〉
국제평화운동센터ICPI 전략전망집단 발행, 2005년 뭄바이

살아남은 원숭이들은 폐허가 된 타지마할 한복판에서 여전히 장난을 친다. 이제는 주위에 음식을 남겨주는 관광객도 없건만 몸에 밴 습관 탓이다. 이 지역에는 여전히 볼거리가 많이 남았지만 방사선 수치가 여전

히 너무 높다. 원숭이도 전보다 줄었다. 폭발은 채 5킬로미터도 떨어지지 않은 곳에서 일어났다. 지상 폭발이었고, 격납고에 있던 항공기마저 파괴될 정도였다. 전쟁 첫날 일어난 일이고, 양쪽 진영 모두 도시 공격은 자제하던 중이었지만, 사건이 터진 곳은 공교롭게도 아그라 시 서쪽 끝에 있는 아그라 공군 주둔 기지였다. 공군 기지를 표적에 포함시킨 파키스탄인은 타지마할에 관해 아는 바가 없었거나, 아니면 거기까지는 신경 쓸 겨를이 없었을 것이다.

저지대 평지에 위치한 아그라 시는 폭발이 일어났을 때 타지마할을 보호하지 못했다. 그곳에 살던 시민 300만 명은 더욱 보호받지 못했고, 생존자는 거의 다 남쪽으로 피신했다. 양측은 아주 잠깐 핵 공격을 주고받았고 그 뒤 석 달이 지났지만, 동쪽으로 칸푸르 시까지 인도 북부 전역이 아직도 방사능에 노출된 상태다. 도시를 몰살하는 최후의 격전에서, 인도는 남부에 이르기까지 거대도시 대부분이 공격을 받았다. 그러나 이곳 북부에는 처음부터 공군 기지, 군대 주둔지, 기타 군사 시설이 빠짐없이 표적이 되었다. 해외에서는 인공위성으로 상황을 집계했고, 그 결과 '그랜드 트렁크 로드'를 따라 알라하바드에서 그 위로 칸푸르와 델리를 지나 암리차드에 이르기까지, 인구 최대 밀집 지역인 갠지스 강 상류 지역과 펀자브 동부 대부분을 포함하는 지역에 엿새 동안 300발이 넘는 핵탄두가 떨어진 것으로 추산되었다. 핵무기는 평균 500제곱킬로미터에 하나씩 떨어진 꼴인데도 낙진은 거의 전 지역을 뒤덮었다.

인공위성과 무인항공기 관측 결과, 파키스탄은 내륙이 적어 상황이 더 심각하다. 페샤와르부터 라호르를 지나 그 아래로 물탄에 이르기까지, 핵 공격 밀도는 인도 북서부보다 더 높았다. 그보다 남쪽인 인더스 강 유역은 공격을 덜 받았지만, 수쿠르·하이데라바드·카라치 같은 도시는 여러 차례 공격을 받았다. 상황이 이 지경이면 두 나라 모두 국가 구실을 못하리라 생각하기 쉽지만, 물론 그건 오산이다. 양국 정부는 바퀴벌레처럼 핵전쟁에 거의 영향을 받지 않는다.

뉴델리는 분화구 비슷한 흔적이 곳곳에 널렸지만, 나그푸르 근처 어딘가에서는 인도 임시정부와 군 사령부가 인도 전역의 중앙통제권을 되살리려고 노력 중이다. 살아남은 파키스탄 권력자들은 폐허가 된 라왈핀디 시 근처 벙커에서 작전을 모의한다. 현재는 휴전 중이지만, 양측은 전쟁 책임을 여전히 상대에게 떠넘긴다. 어쩌면 양쪽 모두 옳을지도 모른다.

자국민을 먹여 살릴 수만 있었어도 양쪽 다 그렇게까지 완강하게 행동하지는 않았을 것이다. 하지만 갈수록 여름 계절풍이 뜸해지면서 인도는 농업에 심각한 타격을 받았고, 두 나라 모두 히말라야 빙하가 녹으면서 그곳을 수원으로 하는 강(인더스 강·갠지스 강·브라마푸트라 강)이 여름에 심각한 홍수를 일으키는 바람에 여러 해 피해를 보았다. 게다가 잘 먹고 싶어 하는 사람이 많다는 것도 문제였다. 2036년까지 인도 대륙의 인구는 20억 명을 훌쩍 넘었고, 그중 상당수가 선진국 사람들처럼 먹으려 했다.

파키스탄이나 인도는 그러한 요구 수준을 충족해줄 정도로 식량 생산이 충분치 않았고, 두 나라 모두 새로 부를 축적하기는 했지만, 국제 곡물 시장에서 식량 부족분을 다 사들일 만큼 여유롭지는 않았다. 게다가 지구온난화가 지구 전체의 농업에 타격을 입히자 국제 시장은 위축되다

못해 사라질 지경에 이르렀다. 그래도 두 나라는 아슬아슬하게 버텼다. 빙하에서 발원한 강이 여름 홍수를 일으키고 급기야 여름 가뭄으로 변하기 전까지는.

충분히 예상된 일이었고, 실제로 수십 년 간 광범위하게 예견되어왔다. 우선 빙산이 녹아 여름마다 강이 범람하고, 그러다가 빙하가 사라지면 강은 여름마다 가뭄에 시달린다는 예상이다. 이 과정은 서서히 진행되었고, 모든 강에서 동시에 일어나지는 않았다. 그러다가 2030년대 중반에 이르자 히말라야에서 발원하는 주요 강 대부분에서 유량이 급격히 줄었다. 재배 작물의 상당수가 비에 의존하는 인도로서는 중급 정도의 문제였다. 하지만 거대한 강 하나가 관통하는 사막이나 다름없는 파키스탄에는 생사가 달린 문제였다. 파키스탄 식량 가운데 적어도 4분의 3은 인더스 수계를 관개용수로 사용하는 땅에서 재배됐다. 사실 파키스탄은 국가 전체가 세계에서 가장 큰 하나의 관개용지였다. 그리고 2036년, 인더스 수계가 바닥을 드러내기 시작했다.

생태 문제가 국제 위기로 바뀐 까닭은 인더스 수계를 구성하는 여섯 개의 강 가운데 다섯 개가 인도 관할 영역에서 발원하기 때문이었다. 분단 전, 영국의 통치를 받던 인도에서는 펀자브와 신드 지역 상당 부분에 걸쳐 복잡하게 얽힌 용수로로 강물이 자유롭게 흘렀지만, 1947년에 인도가 분할되면서 이 강의 원류 대부분이 인도의 통치에 편입되었다. 그런데 거기에 의존하는 농민 5분의 4 이상이 새로 독립한 파키스탄에 산다는 게 문제였다. 게다가 그 원류 중에 또 여럿이 카슈미르 지역에 있었다. 영토 분쟁 지역이자 최초의 인도·파키스탄 전쟁이 일어난 곳이다. 다행히 이때는 양쪽이 쓰고 남을 만큼 물이 풍부했다. 20세기 전반에는 인더스 수계의 연평균 유량이 2160억 세제곱미터였고, 1947년 분할 직전만 해도 987억 세제곱미터가 사용되지 않은 채 아라비아 해로 흘러나갔다. 1948년 4월, 인도는 일시적으로 자국 쪽 물의 흐름을 통제했지만, 물 분할 문제로 공개적 충돌은 없었다. 그리고 진전과 결렬을 반복한 십여 년간의 협상 끝에 1960년, 양국은 '인더스 수계 조약'에 서명했다.

세계은행World Bank의 중재로 인더스 수계를 졸속으로 분할한 조약인데, 동쪽 강 세 곳(수틀레지 강·라비 강·베이스 강)을 인도에, 서쪽 강 세 곳(인더스 강·젤룸 강·체나브 강)을 파키스탄에 넘긴다는 내용이다. 이렇게 되면 전체 유량의 5분의 4 이상을 파키스탄에게 주는 셈이다. 서쪽 강이 훨씬 크기 때문이다(이 수계의 전체 유량인 2160억 세제곱미터에서 동쪽 강 세 곳의 유량은 고작 407억 세제곱미터에 불과했다). 그런데도 여전히 속았다는 느낌을 받은 파키스탄 사람들이 많다. 인도 분할 전에는 동쪽 강 세 곳의 유량 중에 4분의 1만 현새 인도 땅의 관개용수로 쓰였는데, 이제는 그 나머지도 인도가 다 가져간 탓이다. 더군다나 인도는 젤룸과 체나브 강물도 마음껏 가져다가 토지 약 20만 헥타르에 관개용수로 쓸 권리도 갖게 되었다. 파키스탄은 그 대가로 서쪽 강물을 효율적으로 재분배할 운하를 건설하도록 인도에서 상당한 보상을 받고 해외에서도 엄청난 액수의 원조를 받았다. 그리고 그 뒤 모두 행복하게 잘살았다. 한동안은.

그러다가 인구가 늘었다. 파키스탄이 특히 더해서, 1951년에는 3천4백만 명이었다가 2012년에는 1억 7천만 명으로 몇 배가 늘었다. 그러다 보니 인더스 수계의 물이 '죄다' 동원되었다. 일 년 중에 몇 달은 강물이 아예 바다에 닿지도 못했고, 바닷물이 강어귀로 80킬로미터나 들어오는 바람에 농경지 약 50만 헥타르가 점점 염분화됐다. 파키스탄에서 한 사람이 쓸 수 있는 물의 양은 인도가 분할되던 해에 연간 5천3백 세제곱미터였다가 2010년에는 1천 세제곱미터로 줄었다. 유엔이 '위기'라고 규정한 수준이었지만, 아직은 여전히 자급자족이 가능했다.

파키스탄은 이후 30년 동안 출산율이 급격히 줄어 2030년대 초에는 현재 인구를 유지하는 수준까지 이르렀다. 그러나 앞 세대의 높은 출산율로 현재 인구에서 젊은 세대가 차지하는 비율이 높다 보니 2036년에도 인구는 여전히 2억 9천만 명에 이른다. 21세기 첫 10년처럼 물 공급이 원활하다면, 한 사람이 쓸 수 있는 물의 양은 그래도 여전히 연간 600세제곱미터는 된다. 그러나 2030년대에 접어들면서 파키스탄에 공급되는 물은 현저히 줄었다. 빙하도 거의 다 녹고, 겨울에 그 빙하를 보충하던 눈도 이제는 비가 되어 곧장 흘러내리다 보니 여름철에도 강은 원래의 모습에서 더 야위어갔다.

파키스탄 정부는 문제를 완화하기 위해 바람직한 여러 조치를 취했다. 댐을 쌓아 겨울에 흘러내리는 물을 비축해 여름에 사용하고, 용수로를 건설해 누수에 따른 물 손실을 줄이고, 관개용수를 사용하는 최종 단계에서는 점적관수(물을 절약하기 위해 작물에 물을 방울방울 공급하는 방법-옮긴이)를 하도록 관련 시설을 광범위하게 설치했다. 그러나 어떤 대책도 강물의 급격한 유량 감소를 해결할 수 없었고, 문제가 가장 심각한 곳은 바로 인더스 강이었다. 인더스 강은 인더스 수계를 이루는 여섯 개 강의 총 유량 중에 절반을 차지하지만, 인더스 수원의 90퍼센트가 빙하인데다 티베트 서부에 있는 카일라쉬 산의 거대한 빙하가 녹아 없어지면서, 인더스 유량은 처음에는 급증했다가 다음에는 급감했다. 2036년, 파키스탄의 세 개 강인 인더스 강·젤룸 강·체나브 강이 공급하는 물은 과거 한창때의 절반에도 미치지 못했다. 한 사람이 쓸 수 있는 물의 양도 연간 250세제곱미터에 불과했다. 유엔이 정한 '위기' 수준의 4분의 1이다.

인도는 2036년에 심각한 식량 공급난에 시달렸다. 지구의 기온 상승이 기존의 생산성을 떨어뜨리는 바람에, 농업에 막대한 투자를 했음에도 과거 30년 동안 국내 식량 생산은 겨우 20퍼센트 늘어나는 데 그쳤다. 반면에 인구는 11억 명에서 15억 명으로 늘었다. 그러나 인도의 어려움은 파키스탄에 비하면 훨씬 나은 편이었다. 인도 농업은 빙하를 수원으로 하는 관개용수에 의존하는 비율이 낮기 때문이다. 인도 쪽 인더스 수계에 크게 의존하는 (인도) 펀자브 동쪽에서도 '인도' 강 세 곳인 수틀레지 강·라비 강·베아스 강은 빙하 의존도가 낮고 유량도 예전과 별 차이가 없었다. 파키스탄 사람들이 화가 나는 이유도 바로 이 때문이다.

사실 '화가 나는' 정도가 아니다. 파키스탄 사람들은 1960년에 맺은 인더스 수계 조약에 구체화된 주먹구구식 분할(서쪽 강 셋은 파키스탄, 동쪽 강 셋은 인도)이 인도에 이로운 쪽으로 부당하게 나뉘었다는 느낌을 지울 수 없었다. 영국령 인도 제국이 두 나라로 나뉘던 1947년, 인도는 동쪽 강에서조차 관개용수를 거의 쓰지 않고 있었다. 파키스탄이 꾸준히 제기한 불만은 강대국이 두 나라를 중재할 때, 더 크고 부유한 인도가 장기적으로 자기 나라에 더 유리하다는 판단에 따라 인도에 특혜를 주었다는 것인데, 일리 있는 주장이다. 이제 여기에 심각한 현실이 더해졌다. 동쪽 강은 인도에 여전히 물을 공급하는 데 반해, 파키스탄 쪽 서쪽 강은 물이 말라갔다.

2017년 제2차 카르길 위기 이후로 두 나라 사이에 노골적인 군사 대결은 일어나지 않았고, 그 위기도 카슈미르에서 보병과 포병이 동원되는 정도에 그쳤다. 두 나라는 앙숙이었지만 상대가 핵무기를 보유한 탓에 서로 대단한 자제력을 발휘하고 있었다. 그러나 분할 이후 90년 가까이 흐른 지금, 상호 적대감은 수그러들지 않았고, 사악한 이웃 나라를 희생양으로 만들려는 정치 유혹은 그 어느 때보다 커졌다. 파키스탄은 2018년 이후 문민통치로 넘어가는 중이었지만, 국민이 선출한 정부는 빠르게 악화되는 물 공급 위기에(그리고 이어지는 식량 공급 위기에) 이렇다 할 대책을 내놓지 못하면서, 점차 국민의 신뢰를 잃어갔다.

2035년 6월, 파키스탄 역사상 여섯 번째 군부 쿠데타가 일어나 '구국위원회'가 정권을 잡았다. 이번 쿠데타는 두 가지 중요한 점에서 과거 다섯 번의 쿠데타와 달랐다. 하나는 중간급 장교, 특히 대령이 주축이 되어 상부의 동의 없이 이루어졌다는 점이다. 군대 전체가 하나로 움직이지 않은 최초의 사례였다. 또 하나는 앞의 차이와 밀접히 연관된 것으로, 과거 같은 무혈 사태가 아니었다는 점이다. 장군들이 포위되자 충성스러운 부대가 장군을 보호하려고 거리에서 총격전을 벌이는 경우가 많았다. 대령들이 앞선 정부에서 국익을 거슬렀다고 판단되는 정치인을 처형하면서 일부 장군들도 덩달아 처형되었다. 구국위원회가 통치권을 장악하기 전인 7월 초의 일이었고, 이즈음 파키스탄은 전례 없는 분열 양상을 보였다. 젊은 대령들은 갈수록 궁핍해지는 국민들에게 분명 큰 지지를 얻었지만, 물과 식량이라는 핵심 문제에 신속하고 획기적인 조치를 취해 국민의 지지를 더욱 공고히 해야 할 필요성을 느꼈을 것이다.

7월 말, 이들은 인도에 공개적으로 요구했다. 젤룸과 체나브 강 상류에서 물을 끌어 쓸 수 있는, 조약에 명시된 작은 몫을 포기하고, 나아가 동쪽 강의 강물도 절반은 파키스탄에게 내놓으라는 내용이었다(인도가 이 요구를 수용한다 해도 파키스탄의 물 부족은 겨우 3분의 1만 해결될 뿐이지만, 젊은 장교들은 나머지 부족분을 어떻게 해결해야 할지 뾰족한 수가 없었다). 이들은 또 3군정보부 수장들에게 비밀리에 지시를 내려, 인도 쪽 카슈미르에 게릴라를 파견토록 했다. 위기 때마다 수없이 하던 일이지만, 이번에는 그 지역을 흐르는 강의 원류를 공격해 인도 정부에 압력을 가하려는 목적이었다.

인도 정부는 파키스탄 지도자들이 갈수록 절박해지는 상황을 여러 해 동안 걱정스러운 눈길로 지켜보았다. 인도에도 심각한 영향을 줄 수 있으며, 외교부와 인도군이 거기서 파생될 만일의 사태를 놓고 도박을 벌인다는 걸(물론 결코 같은 편은 아니다) 잘 알기 때문이다. 그러나 인도 장군도, 외교관도, 이슬라마바드에 급진적이고 예측불허의 정권이 들어서리라고 예상한 적은 없으며, 만일 그러한 사태가 발생할 경우 어떻게 대처할지를 놓고 이후 몇 달 동안 외교부를 비롯한 관련 정치인들 사이에 결론 없는 이야기만 수없이 오고갔다.

2036년 3월, 수틀레지 강의 거대한 바크라 댐에 게릴라 공격이 감행됐다. 그로 인해 북쪽 발전소 터빈이 수개월 동안 멈춰 섰지만, 더 큰 문제는 인도 연립정부가 무너지기 시작했다는 점이었다. 4월에 새로 들어선 연립정부에는 강경한 민족주의 정당 두 곳이 포함되었고, 무슨 일이 있어도 '테러리스트'의 위협을 종식시키라는 요구가 높아졌다. 연립정부는 이번 공격을 지지한 파키스탄인들에게 견디기 힘든 압력을 가하는 것이 가장 간단한 방법이라는 판단에 따라 인도 기갑부대를 파키스탄 접경 지역까지 배치했다.

물론 실제로 파키스탄을 공격할 의도는 없었다. 인도 전략가들의 계산으로는, 인도 기갑부대를 국경에 배치할 경우, 파키스탄 정부는 전쟁 발생 시 인도 기갑부대와 포병이 국경을 넘지 못하도록 전략적 요충지에 건설한 방대한 '방어용 수로망'을 범람시키지 않을 수 없고, 그렇게 되면 가뜩이나 심각한 파키스탄의 물 부족 사태가 더욱 심각해져, 파키스탄 정권은 인도와의 정면대결을 포기하라는 압력에 시달릴 것이다.

인도의 작전은 그랬다. 그러나 이슬라마바드에서 젊은 대령들이 예상대로 방어용 수로를 범람시켰지만, 파키스탄 내에서 이들의 정치적 입지가 워낙 위태롭다 보니 얌전히 물러나지는 않았다. 국제 곡물 시장에 얼마 남지 않은 값비싼 식량을 사들일 외화가 떨어지고, 파키스탄의 주요 도시에서는 이미 식량 배급이 시작되고, 대령들은 승리에 목이 말랐다. 이들은 인도가 국경에서 군대를 철수하지 않으면 핵무기를 사용하겠다고 노골적으로 위협했다.

자멸을 초래할 위협이었다. 인도는 파키스탄에 뒤지지 않을 만큼 많은 핵무기와 훨씬 더 안전한 이동장치를 보유하고 있었다. 그러나 구국위원회는 흔히 보는 엉터리 신념을 갖고 있었다. 상대방이 잘못이고 그들은 정신적으로도 더 열등해서 강하게 압박하면 겁을 먹으리라는 생각이다. 그러나 인도는 미국과의 긴밀한 방위 협력으로 얻은, 레이더에 잘 걸리지 않는 작고(30~50킬로그램) 명중률이 높은 다량의 무인항공기로 선제공격을 퍼부어 파키스탄의 핵무기 이동장치를 그 자리에서 파괴할 계획을 세우기 시작했다. 인도는 공중 방어체제와 탄도요격미사일 방어체제로 파키스탄 핵무기를 거의 다 처리할 것이고, 최악의 경우에는 핵무기 두어 개를 직접 사용할지도 모른다. "미친 대령들"이 위협을 직접 실행에 옮기길 가만히 앉아 기다리다가는 최악의 결과가 일어날 것이라는 주장이 제기됐다.

미국 정부가 인도에서 모든 병력과 외교관을 철수하고 미국 시민에게 인도를 떠나라고 황급히 권고하기 시작했을 때, 인도 정부는 정신을 차렸어야 했다. 그러나 현지 시각 2036년 5월 25일 새벽 3시, 인도는 애초의 계획을 실행에 옮겼다. 동트기 전, 비교적 작은 크기의 고성능 폭탄을 탑재한 인도 무인항공기 수천 대가 파키스탄 지역 핵무기가 있는 곳에 곧장 떨어져 핵무기를 절반 이상 파괴했다. 그러나 위기가 깊어지면서, 파키스탄은 이미 핵무기 상당수를 다른 곳에 옮겨놓았고, 인도의 인공위성은 이 새로운 장소를 모두 파악하지는 못했다. 인도 무인항공기가 공격을 시작하자마자 파키스탄 대령들은 인도가 핵무기를 숨겼으리라 추정되는 모든 기지에 즉각 핵 공격을 명령했다. 이때까지도 파키스탄은 원칙적으로는 도시 공격을 자제했지만, 공격 목표에는 시 중심부에서 고작 2킬로미터 떨어진 (많은 순항미사일을 발사할 수 있는 대형 항공기와 긴 활주로를 갖춘) 아그라 공군 주둔 기지와 (순항미사일을 탑재한 군함과 잠수함이 있는) 봄베이 해군공창 같은 곳이 포함됐다.

전쟁 사흘째가 되자 공격 목표를 구분하는 애매한 기준조차 사라졌고, (얼마 안 되는) 남은 핵무기는 주로 인구 밀집 지역을 향해 조준됐다. 이런 종류의 충돌 논리는 냉혹하다. 핵전쟁을 '이길 수는' 없다. 단, 생존자에게 조금이라도 미래를 남겨주고자 한다면, 미래에 요지가 될 곳에서 상대편보다 생존자를 더 많이 내려고 노력할 것. 게다가 이 시점에서는 사실상 지휘나 통제도 없었다. 아직 무기가 남은 사람이 표적을 마음대로 정해 공격했고, 컴퓨터 또는 하다못해 지도책을 가진 사람이면 누구나 도시를 멋대로 설계했다.

전쟁 엿새째, 핵전쟁은 장거리 무기 부족으로 수그러들었고, 며칠 뒤 양쪽 임시정부가 남은 지역에 권리를 주장하면서 사실상의 휴전이 공식화되었다. 전쟁이 일어나고 처음 한 달간 방사선으로 사망한 사람을 포함해 양국 희생자는 약 4~5억 명으로 추산되지만, 정확한 수치는 알 수 없다. 중국은 병풍처럼 둘러쳐진 히말라야 산맥 덕에 낙진 피해를 직접 받지는 않았지만, 방글라데시·미얀마·태국 북부 전역은 바람에 실려 온 엄청난 양의 낙진으로 수백만 명이 사망했다. '핵겨울'을 유발할 정도로 많은 핵무기가 사용되지는 않았지만, 대기에 흩어진 낙진만으로도 2036년 여름 북반구의 기온은 1도 내려갔다.

2036~37년 겨울에는 양국의 장갑차가 방사선을 피하기 위한 차량으로 개조되어 황폐한 과거의 국경 지대로 다시 몰려들었다. 이들은 격전지를 피하기 위해 무인항공기가 제공하는 방사선 지도를 이용했다. 이들의 목적은 가까스로 피신한 생존자를 구조하는 것이라기보다(구조 장비도 충분치 않았다) 해당 지역의 영토권을 재천명하려는 것이었다. 그러나 인도는 영토권 주장 지역을 북동쪽으로 옮겨 가야 했다. 신 낙살라이트 집단(마오쩌둥 사상을 신봉하며 급진적 토지개혁을 주장하는 단체-옮긴이)이 혼란을 틈타 오리사·자르칸드·비하르 주의 상당 부분을 장악하고, 국경 울타리 주변에 무장 순찰이 중지되면서 방글라데시 경제 난민 수백만 명이 아삼과 트리푸라 주로 몰려든 탓이다. 파키스탄군은 이 혼

란을 이용해, 인도군이 가로지르기에는 비교적 먼 거리인 잠무카슈미르 주의 통제권을 장악하고, 아울러 인더스 수계 중 하나를 제외한 다른 모든 강의 원류도 확보했다. 결국 파키스탄의 승리로 끝난 셈이다. 피로스도 깜짝 놀랄 만한 승리였다(희생이 너무 커서 승리의 의미가 퇴색된 경우를 가리키는 '피로스의 승리'를 인용한 말-옮긴이).

4장

바로잡을 수는 있다

We Can Fix This

이런 피드백은 벌써 시작됐고 아주 빠르게 진행 중이라 이젠 늦었다고 생각하는 사람도 있어요. 또 어떤 사람은 10년은 여유가 있지 않겠냐고 생각하죠. 10년 동안 이산화탄소를 급격히 줄여서 제 기능을 못하게 하는 거예요. 이건 첫째로, 기술의 문제이고, 둘째로, 그걸 해낼 의지와 문화의 문제예요. 제 생각에 기술은 있어요. (……)

미국에서는 우리가 최대한 절약한다면 온실가스 배출을 30퍼센트까지 줄일 수 있다고 추산합니다. 〔그 외에〕 화석연료를 대체할 생산성 있는 방법은 네 가지가 있어요. 생산성이 중요해요. 요즘에 사람들이 선전하는 연료 중 상당수가 에너지를 충분히 공급하지 못하거든요.

우선 가장 중요한 생물연료가 있습니다. 사탕수수나 옥수수에서 만드는 에탄올 말고요. 그건 좋지 않아요. 에탄올은 발열량이 별로고, 그걸 생산하기까지 에너지도 너무 많이 소모되고, 기존 기반시설에서 생산할 수도 없는데다 양도 충분치 않아요. 요즘에는 셀룰로오스 생물연료도 많이 언급하지만, 여전히 경작지에서 민물로 재배하는 식물 얘기뿐이죠. 그런데 석유를 대체할 정도로 생물연료를 많이 생산할 만큼 민물이나 경작지가 충분치 않아요.

그렇다면 두 가지 다른 자원을 생각해볼 수 있는데, 바로 조류하고 염생 식물이에요. 인도 대륙 해안에서는 수세기 동안 염분에도 견디는 염생식물을 이용해 기수(민물과 바닷물이 섞인 물─옮긴이)농업을 해왔어요. (……) 바닷물로 염생식물을 재배해 생물연료를 생산하려고 시도한 사람은 아직 없어요. 저 아래 멕시코 북부에 카를 호지스 한 분 빼면요. 그분도 아직 성공은 못했죠.

그렇다면 이제 최상의 생물연료를 이야기해볼까요? 그건 바로 조류예요. 조류는 30~60퍼센트가 기름이에요. 그러니까 간단한 정제 과정만 거치면 바이오디젤을 생산할 수 있다는 얘깁니다. 게다가 조류는 생산성이 워낙 높아서, 1에이커당 연간 연료 2만 갤런을 생산할 수 있어요. 경작지에서 민물로 키워 얻은 셀룰로오스든, 바닷물로 키운 염생식물이든, 최고의 육지 식물에서 얻을 수 있는 양의 40배예요. 40배라는 사실이 중요합니다. 가령 미국에서 쓰는 석유를 대체할 만큼의 생물연료를 육지에서 얻으려면, 미국 땅덩어리의 40퍼센트 정도를 사용해야 할 겁니다. 그런데 조류를 이용하면 1퍼센트도 안 든다는 이야기예요. 물론 물도 바닷물을 쓰고요.

이 정도면 생산성도 있으니, 생물연료가 석유를 빠르게 대체할 겁니다. 그리고 미국 국립재생에너지실험실에서 측정한 생물연료 비용은 2020년까지 1갤런당 1달러가 채 안 돼요. (……) 그러니 석유를 대체할 겁니다.

그렇다면 중요한 문제가 남는데, 석탄을 때는 화력발전소를 대체하는 문제는 어떻게 해야 할까요?

여기서는 기저부하에 주목해야 합니다. 일 년 열두 달 계속 생산해야 하는 에너지 말예요. 기저부하가 가능한 건 무엇보다도 생물연료예요. 그건 태워도 상관없어요. 이산화탄소 값은 미리 지불한 셈이니까요. 두 번째는 지열에너지예요. 땅을 2킬로미터 정도 뚫어보면, 땅 절반에서 섭씨 200도의 암석이 나옵니다. 5킬로미터를 뚫으면 300도 암석이 나오고요. 유정을 뚫는 사람들이 10킬로미터까지 뚫으니까, 2킬로미터 구멍을 뚫는 건 그리 어렵지 않아요. 대개 그곳 암석은 잘 부서지거나 아니면 우리가 부서뜨릴 수 있으니, 구멍을 하나 뚫고 자리를 약간 옮겨 구멍을 하나 더 뚫은 다음, 한쪽 구멍에 물을 3천 프사이psi의 압력으로 넣어주면 다른 구멍에 김이 올라오는데, 발전소도 그렇게 만들면 됩니다. 원자력발전소보다 싸게 먹힐 거예요. —데니스 부시넬, 나사 랭글리연구소 수석 과학자

이외에도 태양 6만 개를 압축한 효과를 내는 보일러로 터빈을 돌리는 태양열발전소, 나노 플라스틱 태양광 발전 설비, 풍력, 대양조력발전 등등……. 데니스 부시넬은 자신의 일에 워낙 열정적이어서, 그의 말을 듣다 보면 정신이 없을 정도다. 그와의 이야기는 시원시원하다. 그는 예전 기술에 들어간 매몰비용(이미 지출해서 회수할 수 없는 비용–옮긴이)을 지워버리고 백지 상태에서 다시 시작하면 문제가 얼마나 쉽게 해결되는지를 보여주기 때문이다. 200년 전, 화석연료를 널리 사용하기 시작한 것도 이런 식의 문제 해결법이었다. 그때는 에너지를 대규모로 생산할 다른 기술이 없었다. 어디선가 시작은 해야 하고 당시로는 화석연료가

유일한 선택이었으니, 얼마든지 그럴 수 있다. 이제는 필요한 에너지를 생산할 다른 기술이 많다. 우리가 해야 할 것은 화석연료 사용을 멈추고 새로운 연료로 눈을 돌리는 일이다.

새로운 기술 중에는 시장에 내놓을 준비가 끝난 것도 있고, 한 단계 더 기다려야 할 것도 있다. 예를 들어, 사하라 사막에 발전소를 세워 지중해 밑을 통과하는 고압 전선으로 유럽에 전력을 팔자는 생각은 2009년 7월에 실제로 실행되었다. 지멘스·도이치은행·뮌헨재보험·에온E.On·에르베에RWE를 포함한 독일 대기업 10곳이 스위스 기업 한 곳ABB, 스페인 기업 한 곳(아벤고아 솔라Abengoa Solar)과 더불어 데제르텍Desertec이라는 컨소시엄을 구성한 일이었다. 2050년까지 북아프리카 사막에서 유럽 전력의 15퍼센트를 생산하는 것이 목표다. 여기에 사용된 기술은 '태양력 집중CSP'으로, 대형 거울을 세워 중앙 기둥으로 태양광을 모으는데, 이 기둥에는 물이 차 있어서 태양광이 이 물을 증기로 바꿔 터빈을 돌린다. 총 투자액은 4천억 달러에 이를 것이고, 일조량이 풍부한 사막이 많은 모로코·알제리·튀니지·이집트 등이 후보 국가로 거론된다(사막을 제공한 대가는 전기와 현금 두 가지로 지급된다).

이 작업은 범유럽 송전망을 향한 첫 걸음이 될 것이고, 재생에너지 생산 비율도 지금보다 훨씬 높아질 수 있다. 영국 주변 바다에는 가끔씩 바람이 심하게 요동치지만, 사하라 사막에는 햇빛이 꽤 안정되게 내리쪼인다. 따라서 그와 같은 자원을 모두 모아 유럽과 북아프리카 전역을 아우르는 '슈퍼스마트super-smart' 송전망을 구축한다면, 재생에너지 비율을 훨씬 높일 수 있다. 그 먼 거리에서 큰 손실 없이 전력을 공급할 수 있는 비결은 교류를 고압 직류로 변환하는 것이다. 현재 유럽연합은 바로 이 같은 거래의 경제적 · 법적 틀을 만드는 작업에 들어갔다.

지중해를 가로지르는 송전망은 범유럽 송전망을 구축하는 첫걸음일 뿐입니다. 이건 세계 어디서든 가능해요. 중국 · 인도 · 브라질에도 이미 [고압 직류] 선이 깔렸어요. 그게 뭐가 좋은가, 묻겠죠. 고압 직류 선이 있으면 전력을 이 지점에서 저 지점으로 옮길 때 손실을 최소화할 수 있어요. 이미 기술이 개발돼서 사용되고 있죠. 경제적으로 타당성도 있고요.

재생에너지의 문제는 부하 변동이 심하다는 겁니다. 그런데 이 선만 있으면 그 문제를 극복할 수 있어요. 서로 다른 여러 에너지원에서 만들어진 재생 전기를 이 송전망에 넣을 수 있거든요. 유럽은 2020년까지 전력의 6, 70퍼센트를 재생에너지원으로 생산하려고 노력 중입니다. 그리고 2050년까지 온실가스 배출을 80퍼센트 줄일 예정이고요. 유럽 여러 국가에게 이건 엄청난 도전이죠. 슈퍼스마트 송전망만 있으면 2020년 목표 달성은 한결 수월할 겁니다. 이탈리아 같은 나라는 절대적으로 필요할 테고요. 하지만 2050년 목표 달성에도 이 송전망이 기본입니다. 송전망이 북아프리카까지 깔리면 엄청난 잠재력을 지닌 재생[태양]에너지에서 얻은 전력을 전송할 수 있어요. ─안토넬라 바타글리니, 포츠담 기후영향연구소 과학자 겸 연구원

땅속 수 킬로미터 아래에 있는 뜨거운 암석에서 증기를 만들어 발전하는 '심부' 지열발전 역시 이론에서 실행으로 옮겨 가는 중이며, 여기에도 어려움이 없지는 않다. 초기 단계인 2006년에 스위스 바젤에서 실험을 실시하던 중 리히터 3.4 규모의 지진이 발생했는데, 그릇이 깨지고 바젤 시민이 겁에 질릴 정도였다. 그 뒤로도 약 1년 동안 수천 건의

약한 지진이 이어졌고, 이 중에는 규모 3이 넘는 지진도 세 번이나 일어났다. 바젤 시민은 더 이상 지열발전을 원치 않는다. 그러나 지열발전을 옹호하는 사람들은 땅을 잘 골라 뚫으면 지진의 규모와 빈도를 최소화할 수 있다고 주장하고, 특히 캘리포니아를 중심으로 지금도 이 실험이 계속 진행 중이다. 신생 기업인 앨터락에너지Alta-Rock Energy는 2009년에 3천6백만 달러를 모아, 샌프란시스코 북쪽에 단층선이 있는 땅을 뚫기 시작했다. 과거에 소규모 지진이 여러 차례 발생했던 곳이다. 이론적으로, 소규모 지진이 자주 일어나는 곳은 대개 대규모 지진이 일어나지 않는데, 아마 그곳도 그런 모양이다.

'최단시일 변심상'은 미국 석유회사 엑손 모빌에게 돌아가야 한다. 5년 전만 해도 기후변화 자체를 부정하는 운동에 가장 크게 기여한 곳이니 말이다. 2009년에는 사업가 겸 과학자인 크레이그 벤터와 6억 달러 상당의 제휴를 맺고, 항공기를 비롯한 기존 운송수단에 엔진 개조 없이 사용 가능한, 조류를 이용한 생물연료 개발에 착수했다. 생물연료를 경쟁력 있는 가격으로 대량 생산해, 궁극적으로 미국 시장에서 석유를 대체하는 것이 사업의 분명한 목적이다. 회사 측은 조류가 1헥타르당 연간 2만 리터가 넘는 연료를 생산하리라고 추정한다. (바닷물이나 오폐수를 끌어들이기 좋은) 사막 3만 5천 제곱킬로미터만 있으면, 2030년에 도로와 항공 운송에 소비될 화석연료 700억 리터를 생산할 수 있다는 이야기다.

이 기술이 아직 상용화되지 않았다 해도, 다른 여러 기술이 이미 생산에 투입되어 그 자리를 대신하고 있다. 2008년 전세계는 풍력이나 태양력 같은 재생에너지 기술에 1천4백억 달러를 투자한 반면에 가스와 석탄을 이용한 화력발전에는 1천1백억 달러를 투자해, 재생에너지 발전에 투자한 비용이 처음으로 화석연료 발전에 투자한 비용을 앞질렀다. 2009~10년의 불황은 모든 것의 속도를 늦추었지만, 이 추세마저 멈출 것 같지는 않다. 데니스 부시넬이 내게 열심히 설명했다.

우리가 마음만 먹으면, 내가 이제까지 이야기한 걸 죄다 10년에서 15년 사이에 해낼 수 있어요. 접근 방식을 바꿔 기존 화석연료 기반시설에 투자한 매몰비용을 잊고, 인류에 닥친, 나아가 지구에 닥친 이 엄청난 재앙을 막기 위해 우리가 나아가야 할 방향으로 곧장 간다면, 적절한 시간 안에 그 재앙에서 빠져나올 수도 있어요.

나는 부시넬의 접근 방식이 좋다. 고에너지 문명에 사는 걸 좋아하고, 그걸 포기하고 싶지 않기 때문이다. 기후 재앙 없이 그 문명을 유지할 수 있다면, 나는 지구상의 모든 이들이 부자 사회에 살았으면 좋겠다. 최고층만이 아니라 모든 시민을 두루 보살필 자원과 여가가 있는 부자 사회에. 과학 사업도 잘됐으면 좋겠는데, 그건 전적으로 고에너지 사회에서나 가능한 일이다. 비행기를 타고 먼 곳에도 가고 싶고, 더 많은 사람에게 그런 기회가 돌아갔으면 좋겠다. 여행을 다니는 사람이 많아질수록 여행지가 점점 동질화된다는 건 나도 잘 알지만. 인류는 역사와 지형에 따라 만 개의 서로 다른 사회로 갈라지고 흩어지고 분할되어 곧잘 전쟁도 벌이지만, 그러면서도 모두 평등한 몫을 갖는 일종의 전 지구적 문명으로 나아가고 있고, 나는 그 과정이 방해받지 않았으면 좋겠다. 그러니, 에너지를 어디에서 얻고, 기후변화를 다루되 피해를 최소화할 방법이 무엇인지 논의하면서, 이 불가피한 위기를 무사히 통과했으면 하는 게 내 바람이고, 데니스 부시넬에게도 지지를 보낸다.

그러나 그의 제안에는 앞으로 10~15년 안에 석유와 가스 산업을, 그리고 석탄 산업까지도 완전히 폐쇄하자는 안이 포함되었고, 거기에는 몇 가지 정치적 문제가 있음을 인정하지 않을 수 없다. 사람들은 '창조적 파괴'를 자본주의의 기본 미덕으로 쉽게 이야기하지만, 현실에서 소위 '사양산업'이 지는 해를 붙잡기 위해 동원하는 자금력과 정치력은 어마어마하다. 전시를 방불케 하는 동원령과 정부 통제를 활용한다면, 10~15년 안에 고에너지 문명에 필요한 모든 조건을 충족하는 비화석 탄소 에너지 산업을 만들 수 있을지는 모르겠다. 그러나 이 점에서는 애머리 로빈스의 경험이 좋은 교훈이 된다.

지난 30년간 미국에서 탄소 배출을 줄이는 기후 친화적 기술을 가장 많이 개발한 사람은 콜로라도 로키마운틴연구소Rocky Mountain Institute의 공동창립자이자 회장이며 수석 과학자인 애머리 로빈스다. 만약 그의 아이디어가 모두 미국 경제 전반에 실행되었다면, 지금쯤 미국의 이산화탄소 배출량은 현재의 절반에도 못 미쳤을 것이다. 그러나 현재 미국 자동차는 여전히 전적으로 기름으로 달리고, 연비도 세계 최악이다. 그리고 생물연료가 대유행이고 원자력발전도 다시 유행할 것으로 보인다. 그러나 로빈스는 여전히 확신한다. 결국에는 사람들이 올바른 기술을 선택하고(그는 경제성 있는 기술이 여기에 속한다고 주장하는데, 일리 있는 이야기이다) 그 선택이 문제를 해결하리라고. 아니면 적어도 문제 해결의 첫걸음이 되리라고.

나는 우리가 끈질긴 인내가 필요한 50년간의 변화를 이루고 있다는 전제에서 출발합니다. (……) 단순히 돈을 절약할 목적으로라도 살 수 있고 또 사야 하는 에너지 효율의 대부분이 여전히 팔리지 않고 있어요. 오늘날의 최고 기술을 제대로 적용하기만 해도 미국에서 사용하는 기름과 가스의 절반 이상을 절약하고, 전기의 4분의 3을 8분의 1의 비용으로 쓸 수 있을 거예요. 판매가 그토록 저조한 이유는 시장에 장애물이나 장벽 같은 게 60~80가지가 있기 때문이죠. 장벽 제거에 관심을 기울인다면 얼마든지 사업 기회로 바꿀 수 있는 요소예요. 하지만 우리는 대개 관심을 두지 않아요.

가격·기후·안전 같은 문제에 걱정이 높아질수록, 더 많은 사람이 관심을 가질 테고, 그러면 더 많은 사업이 시작돼 우리에게 도움이 될 겁니다. (……)

한 지붕 두 가족 이야기 하나 해볼까요? 미국 국방부는 단일한 석유 구매자로는 세계 최대예요. 비록 세계 시장의 0.4퍼센트에 불과하지만요. 국방부가 항공사라면, 미국에서 규모가 1, 2위쯤 될 겁니다. 그런데 국방부 연료 대부분이 낭비되고 있어요. 그리고 항공기·선박·차량에 넣을 기름을 수송해오는 과정이 사람 목숨으로 보나 돈으로 보나 대단히 비싸게 먹힌다는 사실이 드러나기 시작했죠. 그것들을 설계할 때 운송에는 비용도 안 들고 위험도 없다고 생각했으니까요.

사실은 그렇지가 않았어요. 기름 수송에 투입되는 사단이 따로 있고, 또 그보다 많은 사단이 기름 호위에 투입됩니다. 전장의 사상자 절반가량이 호송 부대 사람들이에요. 이들이 가져오는 것의 70퍼센트가 연료인데, 그게 다량 낭비되고 있어요. 그래서 국방부는 2007년 4월에 정책을 바꿨죠.

앞으로는 〔군용 차량·선박·항공기 판매 입찰자들이〕 연료 수송비까지 전적으로 부담해야 합니다. 이제는 과거와 달리 연료 절감에 큰 의미를 두고, 주요 입찰자들이 가장 효율적인 물건을 만들려고 경쟁을 벌일 거란 뜻이죠.

그러다 보면 머지않아 효율성이 세 배나 높은 민간 차량·트럭·항공기도 덩달아 나오게 될 겁니다. 군사 R&D〔연구 개발〕에서 마지막에 무엇을 얻었는지 생각해보세요. 인터넷·위성위치확인시스템GPS·제트 엔진 산업·마이크로칩 산업이 다 거기서 나오지 않았습니까?

　　　　　　　　　　　　—애머리 로빈스, 로키마운틴연구소 공동창립자이자 회장 겸 수석 과학자

애머리 로빈스가 착수한 일은 사실은 "제도권에서의 대장정"이었다. 그는 아마도 이 60년대 용어를 눈감아줄 것이다. 깊이 내려가보면 그의 문화도 어느 면에서는 거기서 시작되었으니까. 설교하지 말고, 흥정할 것. 의제는 한 번에 하나씩 해결할 것. 낡은 기술과 낡은 통념을 옹호하는 자들을 절대 정면으로 공격하지 말고, 측면으로 돌아갈 것. 그는 위대한 협상을 성사시켰지만 아직 남은 협상이 많다. 계속 군사 비유를 들자면, 우리는 마지막으로 결정적 일격을 가해야 한다. 그렇다면, 이 돌격을 이끌 첫 번째 자원자는 레스터 브라운이 아닐까.

레스터 브라운은 영웅이다. 그는 30년 동안 기후 전쟁의 최전선에 있었고, 10년 전에는 그가 설립해 세상에 알린 월드워치Worldwatch에 내부 쿠데타가 일어나 그곳을 통제할 수 없게 됐지만, 인류는 눈앞에 닥친 위기에 지혜롭게 대처할 능력이 있다는 확고한 낙관주의만큼은 버리지 않았다. 그는 2009년에 출간한 근작《플랜 B 4.0Plan B 4.0》에서, 세계 경제

에서 탄소를 없애기 위한 바람직하고 포괄적이고 합리적인 방법을 제시한다. 그의 계산이 모두 실행되지는 못할 것이다. 누구나 다 그렇듯이. 그러나 충분히 실행 가능한 그의 제안을 정치권이 받아들일 의지만 있다면, 2020년까지 이산화탄소 배출을 80퍼센트 줄일 수 있을 것이다. 게다가 누구도 대단한 희생을 감수하거나 생활방식을 획기적으로 바꾸지 않고도 그가 주장하는 목표를 달성할 수 있다. 그 역시 데니스 부시넬이 주장한 마감 시한을 주저 없이 인정한다.

정치인에게 "우리가 무엇을 할 수 있다고 생각하는가?"라고 묻는 건 의미가 없어요. 그래봤자 "2050년까지 80퍼센트를 줄여야 한다"고 대답할 테니까요. 제 생각에, 2050년 한참 전에 게임은 이미 끝날 겁니다. 그러니까 이렇게 물어야 해요. "문명이 걸린 문제라면 탄소 배출을 얼마나 빨리 줄일 수 있겠는가?" 그리고 거기에 초점을 맞춰 말한다면, 2020년까지, 그러니까 지금부터 12년 동안 80퍼센트를 줄여야 한다는 결론이 이미 나와 있어요.

그렇게 되면 대기의 이산화탄소 농도가 400ppm(현재 382ppm) 바로 아래 수준에서 안정되고, 여기서 다시 농도를 줄여나갈 수 있습니다. 대다수가 이 숫자를 주시하고 있고, 이제 팔짱만 끼고 있을 순 없어요. 아주 빠르게 다가오는 엄청난 변화예요.

2020년 에너지 경제에서는 풍력이 세계 전기의 40퍼센트를 감당할 겁니다. 전세계에 평균 2메가와트의 풍력 터빈이 150만 개 설치된다는 뜻이죠. 그러면 풍력발전 총량이 300만 메가와트가 됩니다. 대단한 이야기 같지만, 앞으로 10년에 걸쳐 이루어질 일입니다. 매년 [세계적으로] 자동차가 6천5백만 대 생산되니까, 대단한 것도 아니죠. 미국에서 폐쇄된 자동차 조립 공장만 다시 문을 열어도 전세계에 필요한 풍력 터빈을 생산할 수 있어요. 그렇게만 되면 2020년까지 전력 소비량의 40퍼센트를 풍력에서 얻을 수 있습니다. (……)

또 하나 재미있는 예가 태양열발전소 건설이에요. 거울을 이용해 태양광을 물탱크로 집중해 증기를 만들어 터빈을 돌리는 겁니다. 미국의 캘리포니아·네바다·플로리다 그리고 스페인과 알제리는 태양열발전소를 이미 운영 중이거나 계획 중이에요. 알제리는 사막에다 6천 메가와트 태양열발전소를 세워, 지중해 밑 케이블로 유럽까지 송전할 계획을 추진하고 있어요. 석유 매장량이 언젠가는 바닥날 테니 석유 수출을 태양전기 수출로 대체하려는 계획이죠.

제가 이런 사례를 언급하는 이유는 이런 일들이 우리가 직면한 도전과 위협에 맞먹는 규모로 진행되기 시작했다는 걸 알리기 위해서예요.

—레스터 브라운, 월드워치 창립자, 지구정책연구소 창립자 겸 소장

브라운은 정치적으로 순진한 사람이 아니다. 그의 희망은 기존 기술을 기반으로 하고, 온실가스 배출 감소 계획안 또는 비탄소 자원을 이용한 에너지 생산 계획안의 확장을 기반으로 하며, 이는 이미 어딘가에서 실행되고 있다. 그는 전세계가 후속 교토협약을 맺기 위해 외교적 노력을 하리라고 생각하지 않는다. 그보다는 미국에 석탄 화력발전소 추가 건설을 금지하자는 운동을 펼치는 시에라클럽Sierra Club 같은 시민운동을 더 지지한다. 그는 《플랜 B 4.0》에서, 지구온난화에 대처할 정치 의지가 발휘되기 시작하는 '인간'의 임계점과 지구온난화가 인간의 통제 능력

을 벗어나기 시작하는 '자연'의 임계점의 경쟁을 이야기한다. 그의 낙관주의는 성격상의 결함이 아니라 운영상의 필요조건이며, 날마다 그의 에너지를 심하게 소모시키는 게 분명하다. 그러나 그가 말하는 것은 모두 현재 통용되는 기술을 바탕으로 한다는 점에서, 그것은 '합리적' 낙관주의다.

구태여 약간 비판을 해야 한다면, 그는 열정에 사로잡혀 굵은 붓으로 그림을 그린다는 점이랄까. 예를 들어, 개당 전력 2메가와트를 생산하는 풍력 터빈이 2020년에 총 전력 300만 메가와트를 생산해 세계 전력의 40퍼센트를 충당하려면, 바람이 좋은 날 회전 속도가 극대화되어야 한다. 그러나 막상 그런 날은 며칠 되지 않는다. 대개는 전력 생산량이 그보다 훨씬 적어서, 풍력 터빈이 500만 개 정도는 되어야 한다. 그리고 바람이 변덕스러워 생기는 문제를 최소화하려면 대륙간 그리고 대양간 거대한 송전망이 구축되어, 풍량이 전력 수요에 미치지 못할 때 다른 전력으로 보충할 수 있어야 한다.

레스터 브라운을 대체할 인물이 아니라 필수적으로 보완할 인물로, 냉혹한 현실주의의 대가 조지 몬비오가 있다. 그는 2007년 출간된 《CO₂와의 위험한 동거 Heat: How We Can Stop the Planet Burning》에서, 가장 먼저 산업화한 국가이자 이산화탄소와 기타 온실가스를 최초로 대량 배출한 나라인 영국이 어떻게 하면 탄소 중립 사회가, 아니면 적어도 그와 비슷한 사회가 될 수 있는지를 분석하는 어려운 일을 떠맡는다. 그는 영국이 2030년까지 온실가스 배출을 90퍼센트 줄여야 한다는 목표를 세운다.

몬비오가 이룬 업적 중 하나는 수많은 숫자를 직접 계산해냈다는 점이다. 그는 부지런하고 대단히 정직하게 정보를 처리하고, 그 과정에서 더러 재미있는 사실을 발견한다. 예를 들어, 한참 유행하는 통념에 따르면 전국적 송전망을 해체하고 전기와 열을 동시에 생산하는 지역별 열병합발전으로 나아가야 하지만, 몬비오가 보기에 영국이 온실가스 배출을 낮추려면 (물론 고압 직류 케이블을 이용해) 송전망을 더 확장해, 바다 근처에 있는 풍력발전 기지를, 전기는 필요하지만 열은 필요치 않은 사람들과 연결해야 한다. 그가 수차례 발견한 또 한 가지 사실은 석탄이든, 가스든, 태양이든, 바람이든, 원자력이든, 어떤 에너지원을 이용한 발전이든 간에 그 비용에 관한 '진실'은 신뢰성이 극히 낮을 뿐 아니라 워낙 제각각이라 무용지물이나 다름없다는 점이다. 어느 쪽 주장을 신뢰하느냐에 따라, 그 주장을 뒷받침할 자료를 가져다 쓰면 그만이다.

몬비오는 송전망이 얼마나 커야 하는지 알아보려고 온갖 수고를 마다하지 않았고, '재생에너지'로 완전히 대체할 방법을 알아보기 위해, 온갖 복잡한 작업을 대수롭지 않게 무시할 수 없었다. 전기와 관련한 핵심적이고 대단히 까다로운 문제는 전기는 사용할 바로 그 순간에 만들어져야 한다는 점이다. 전기를 공급하는 쪽의 가장 큰 문제가 이것인데, 영국 같은 나라는 전력 소모가 유동적이어서 여름철 포근한 주말(20기가와트)과 한겨울 추운 저녁(60기가와트)은 세 배나 차이가 난다. 더러는 1분 사이에도 3기가와트ᴳᵂ 가까이 변동이 생기는데, 가령 1990년 월드컵 결선 승부차기가 끝나고 영국 사람들이 일제히 자리에서 일어나 전기 주전자를 꽂았던 때도 그러했다.

텔레비전과 전등을 이미 사용하고 있던 터라 그런 추가 수요가 발생하기 전에도 전력 체계는 꾸준히 돌아가고 있었다. 그러다가 갑자기 추가 수요가 발생하면 어디선가 추가 전력을 확보해야 했는데, 단지 '어느 정도의' 추가 전력이 아니라 수요량과 정확히 맞아떨어지는 양이어야 했다. (……)

이 같은 수요 변동에 대응하려면 〔전력 회사는〕 발전소를 끊임없이 돌렸다 멈췄다 해야 한다. '기저부하'(늘 사용하는 20기가와트)는 원자로와 대형 가스 화력발전소가 담당한다. 전력 소모가 늘어날수록 소규모 석탄 화력발전소들이 서로 전산망으로 연결된다. 어떤 곳은 여름 내내 가동을 중단했다가 겨울에 수요가 높아지면 다시 가동한다. 또 어떤 곳은 평소에는 비효율적으로 부하 수준의 일부분만 생산하다가 필요할 경우 순식간에 최대 전력을 생산하는 '순동예비력'을 담당한다. 프랑스와 영국 사이에 케이블을 설치하면 전력이 부족할 때 2기가와트를 수입할 수도 있다. (……)

가장 극적인 예로, 영국에는 비용 대비 효율이 높은 '양수발전소'가 세 곳 있다. 각 발전소에는 저수지가 산 정상과 산 밑에 각각 하나씩 모두 두 개 있는데, 이 발전소는 전기가 쌀 때, 그러니까 전력 수요가 낮을 때, 싼 전기를 이용해 산 밑에 있는 저수지 물을 산 위 저수지로 끌어올린다. 그리고 전력 수요가 갑자기 높아질 때 산 위 저수지의 수문을 열면, 물이 아래로 떨어지면서 터빈을 통과한다.

웨일스 북부 디노위그에 있는 양수발전소는 15초 안에 1.7기가와트를 생산하는데, 연속 생산 가능 시간은 5시간이다. 나는 부스 안에 한 남자가 텔레비전을 켜놓고 있는 장면을 즐겨 상상한다. 경기가 막바지에 접어들었을 때 전화가 울린다. "마지막 페널티킥이오. 수문을 여시오." 남자가 커다란 빨간색 레버를 내리자 상부 저수지에서 물이 쏟아져 내리고 그 순간 공이 골대 가장자리 안쪽에 꽂힌다. 현실에서는 이 모든 과정이 자동으로 이루어진다. ─조지 몬비오, 《CO2와의 위험한 동거》(2007)

몬비오는 비록 노력은 했지만, 전력의 50퍼센트 이상을 '재생에너지'(영국의 경우 주로 풍력)에서 끌어올 전국적인 송전망을 그럴듯하게 구상하지 못했다. 심하게 요동치는 수요에 대응하느라 가뜩이나 애를 먹는 대규모 송전망 관리자들에게 예측 불가능한 공급 변화까지 맞추라고 하면 몹시 못마땅해한다. 이들은 대개 총 발전량에서 재생에너지의 비율이 20퍼센트가 넘지 않기를 바란다. 이런 성향은 더러 기술 보수주의 때문이기도 해서, 재생에너지를 꼭 써야 하는 상황이 되면 빠르게 익숙해지게 마련이다. 독일의 다섯 개 주는 현재 송전망의 30~40퍼센트가 풍력발전으로 운영된다. 그러나 몬비오는 50퍼센트를 최대한도로 보고 있으며, 탄소 기반의 기존 발전소를 풍력 등을 이용한 발전소로 완전히 '대체'하지는 못한다고 본다. 즉, 재생에너지가 전력을 제때 공급하지 못할 때를 대비해 기존 발전소의 일부를 계속 유지해야 한다.

후자의 결론은 분명한 사실이다. 자연계에 어떤 일이 일어나든 전력을 꾸준히 공급하려면 일정한 전력원이 확보되어, 가능할 때가 아니라 필요할 때 공급되어야 한다. 문제는 총부하의 어느 정도를 그 자원(원자력이든 탄소 기반이든)이 감당해야 하느냐다. 통상적으로는 상당한 몫을 감당해야 하지만, 거대한 원자력발전소나 탄소 기반 발전소를 전력을 꾸준히 공급하는 믿을 만한 설비로 묘사하고, 풍력발전 설비와 태양 전지판을 변덕스럽고 믿지 못할 설비로 묘사하는 '기저부하' 주장은 전반적으로 오해의 소지가 다분하다.

전력을 고객에게 공급하는 것은 전체 송전망이지, 요동치기 쉬운 재생에너지를 포함한 개별 전력원이 아니다. 전력 수요가 늘면 전산망으로 더 많은 전력원을 끌어오고 수요가 줄면 전력원을 차단하는 식으로 수요와 공급을 맞추는 것이 송전망 관리자의 일이며, 그 일은 전력원이 재생에너지든 아니든 기본적으로는 똑같다. 재생에너지가 넓은 지역에 두루 사용되기만 하면 그것이 생산하는 총 전력은 특정 지역의 변화에 상관없이 일정한 수준을 유지한다. 실제로 로키마운틴연구소가 실제 수치를 이용해 고립된 텍사스 송전망을 매시간 모의실험한 결과, 총 전력의 약 80퍼센트를 다양한 재생에너지에서 끌어와도 아무 문제가 없었다.

몬비오는 자신의 주장을 과감하게 밀고 나가면서, 모든 수치가 제시된 상태에서 '최상의 예측'을 내놓고 자신의 목표를 절대 벗어나지 않는다. 그는 딱 한 가지 예외를 빼고는 현재 이용 가능한 기술에만 전적으로 의존한다. 그런 식의 논문을 찾아보기가 쉽지 않은 상황에서 몬비오가 엄정한 현실을 고집한 이유는 후기 산업사회가 그 생활방식을 유지하면서 온실가스 배출을 90퍼센트까지 줄일 수 있는지 알아보기 위해서다(이 점은 이 주장의 필요조건이다. 수십 년 뒤에 닥칠 가상의 재앙을 피하기 위해 현재의 생활방식을 통째로 포기하자고 사회 전체를 설득할 가능성은 대단히 작기 때문이다). 그러나 이 모든 독창성에도 불구하고, 그는 많은 사람이 더 이상 값싼 항공여행을 즐기지 못하는 상황까지는 어쩌지 못했다. 모로코 미라케시에서 긴 주말을 보내고 뉴욕에서 쇼핑을 즐기는 여행은 이제 안녕!

그러나 몬비오는 오직 기존 기술에만 의존하고 영국 정치권의 의지를 사실보다 훨씬 과장하면서 어쨌거나 결승선에 도달한다. 온실가스 배출을 90퍼센트까지 줄인 2030년의 영국은 지금과 똑같은 영국일 것이다. 다만 (자동차를 굴리는 전력을 포함해) 전력 대부분을 다른 에너지원에서 얻고, 단열이 잘되는 집에 살고, 주로 철도와 버스로 이동한다는 점만 다를 뿐. 얼마든지 가능한 일이고, 비교적 빠른 시일 내에 실현 가능한 일이다. 그렇다면 이제까지 왜 그리 되지 않았을까? 왜 이 게임이 연장전까지 가야 할까?

> 현 세대는 방사성 물질로, 그리고 화석연료를 태울 때 발생하는 이산화탄소 증가로, 지구적 차원에서 대기의 구성 요소를 바꿔놓았습니다.
>
> —린든 존슨 전 미국 대통령, 1965년

이산화탄소를 온실가스라고 규정한 사람은 19세기 아일랜드 과학자 존 틴들이다. 20세기 초, 스웨덴 과학자 스반테 아레니우스는 인류 문명이 태우는 화석연료는 기후온난화를 일으킬 수 있다고 결론 내렸다 (이 온난화는 비록 정도는 아주 미미했지만 1930년대에 영국 공학자 가이 칼렌다가 실제로 관측해냈다). 그러나 이 현상은 1960년대 이전까지 크게 주목받지 못했다. 그러다가 찰스 데이비드 킬링이 1950년대부터 마우나로아 관측소Mauna Loa Observatory에서 관찰하기 시작한 대기 중 이산화탄소 농도 추이에서 양적으로, 질적으로 과거와는 다른 변화의 증거가 나타났고, 1965년에는 미국 대통령 과학 자문 위원회 환경오염 분과가 린든 존슨 대통령에게, 인간의 활동이 "대기의 열평형을 바꿔 기후변화가 (……) 일어날 수 있다"고 경고하기에 이르렀다.

린든 존슨은 이 내용을 연설(앞의 인용문)에 충실히 담았지만 어떤 조치를 취하지는 않았다. 당시 존슨 앞에는 베트남 전쟁, 공민권운동, 냉전, 기타 중요한 일들이 쌓여 있었다. 게다가 다른 한편에서는 일단의 과학자들이 빙하기 도래를 크게 걱정했다. 어느 쪽이 옳은지를 가리는 일은 그다지 급해 보이지 않았다. 어쨌거나 대기의 이산화탄소 농도는 320ppm을 약간 넘는 수준이었고, 산업혁명이 시작되던 1700년대 후반보다 고작 40ppm 증가한 수치였다.

기후변화가 심각한 위험 수준이라는 증거는 서서히 쌓여갔지만, 이 주제는 과학계 바깥에서 이따금씩 수면 위로 떠오를 뿐이었다. 기밀을 철저히 유지한 채 해마다 한자리에 모여 미국 정부에 자문을 해주는 과학자 집단인 제이슨위원회JASON Committee가 1979년에 내놓은 예상에서, 2035년에는 대기의 이산화탄소 농도가 두 배로 높아지고, 지구의 평균 기온이 2~3도 올라가되 극지방은 무려 10~12도까지 올라갈 전망이었다. 카터 대통령이 다시 자문을 구하자, 국립과학아카데미National Academy of Science는 새로 위원회를 조직했는데, 거기서 나온 견해도 제이슨위원회와 똑같았다. "이산화탄소가 꾸준히 증가한다면, 기후변화 발생을 의심할 근거가 없고, 그 변화는 무시해도 좋을 정도라고 믿을 근거도 없다." 그러나 때마침 이란혁명이 일어났고, 지미 카터는 인질 사태, 제2차 석유파동, 기타 여러 문제에 정신이 없었다. 이때의 이산화탄소 농도는 340ppm을 약간 밑도는 수준이었다.

기후변화를 머나먼 일로, 가설에 가까운 위협으로 여겼다고 이들을 탓할 수만은 없다. 이들은 복잡하고 섬뜩한 시대에 살았고, 인간의 활동이 지구 전체의 균형을 바꾼다는 이야기는 무척 낯설었다. 이산화탄소가 계속 배출되면 기온이 올라간다고 이해한 사람들도 그것이 인류 문명에 얼마나 달갑지 않은 영향을 미칠지는 아는 바가 없었을 뿐 아니라 원자력을 제외하고는 화석연료를 대체할 기술도 없었다. 그러다가 돌연 기후 전선에 관심이 집중되더니, 1980년대 중반부터 1990년대 중반 사이에 이제 겨우 이해하기 시작한 기후 문제에 대단히 신속하고 일관된 대응이 이어졌다.

이는 비교적 소수의 개인이 이룬 성과였는데, 당시만 해도 과학계를 깎아내리려는 산업계의 조직적 로비가 없었기 때문이 아니었나 싶다. 한 예로, 당시 영국 고위 외교관이었던 크리스핀 티켈 경은 1970년대 초 안식 휴가 기간 내내 당시로는 생소한 과학이었던 기후변화 연구에 몰두했고, 지구온난화가 환경과 정치에 미칠 영향을 다룬 책을 펴냈다. 1980년대 초, 뭔가 심각하게 잘못되어간다는 증거가 불거지면서, 그는 영국 정부에 아주 쉽게 영향력을 행사할 수 있었다.

1980년대 초에 마거릿 대처[총리]께 [기후변화를] 이야기할 기회가 있었는데, 그분은 크게 공감했고, 그때부터 나는 다른 여러 일을 구상했습니다. 1984년 G7 정상회담에 기후변화를 공식 의제로 올리는 일도 그중 하나였어요. (……) 당시 그분은 영국 정부에서 유일하게 과학계 출신이셨어요. (……) 우리는 나중에 다우닝 가에서 장관급 회담을 열어 문제를 깊이 논의했습니다. 제임스 러브록도 참석하고, 나도 다른 사람들과 함께 연설을 하면서, 그 문제가 정치에 얼마나 중대한 영향을 미치는지 자세히 설명했어요. 물론 마거릿 대처 총리께서도 왕립학회에서 이 주제로 아주 유명한 연설을 하셨죠. 내가 약간 수정해드린 연설이었어요. 그 일로 중대한 정치 문제에 담긴 과학적 부분이 아주 크고 선명하게 다시 부각됐습니다.

—크리스핀 티켈 경

미국 과학자 제임스 핸슨은 1988년에 의회에서 유명한 연설을 남겼다. 이는 미국 정치계에 상당한 파장을 일으켰고, 이후 상황은 빠르게 진전됐다. 1988년에 세계기상기구WMO와 유엔환경계획UNEP은 기후변화 관찰과 미래의 진로 예상을 과제로 IPCC를 설립했고 세계 거의 모든 국가가 회원으로 가입했다. 1992년에 열린 '리우 지구정상회의', 공식 명칭으로는 유엔환경개발회의UNCED에는 172개 국가가 참석해 유엔기후변화협약UNFCCC을 체결했다. 협약이 내세운 목표는 "기후계를 인위적으로 방해하는 위험한 상황을 막는 것"이었다.

참가국 모두 서명했고, 미국 의회는 3개월 만에 협약을 비준했다. 곧이어 국가별 온실가스 배출과 제거 상황을 집계하는 세계 온실가스 현황표가 만들어졌고, 독일 본에 있는 기후변화협약 본부에 정기적으로 보고서를 제출하기로 했다. 이로써 온실가스 감축 상황을 감시하고, 협약을 체결한 국가들이 이를 승인하게 될 터였다. 그러나 이때까지 회원국 사이에 특별한 의무 조항이 만들어지지는 않았다. 그러다가 1997년 교토 회의에서 의무 조항을 만들려 했을 때, 협약을 지탱하던 바퀴가 죄다 빠져나갈 뻔했다.

교토 회의는 5년 전 지구정상회의에서 각국이 다짐한 기후변화 억제 노력이 마침내 실천으로 이어질 자리였다. 회의에 참석한 나라들은 처음으로 자국 경제에 직접 영향을 미칠 구체적인 온실가스 억제에 승인해야 했고, 그것은 사뭇 긴장되는 일이었다. "대기의 온실가스 농도를 대단히 낮은 수준으로 안정화해 기후계를 인위적으로 방해하는 위험한 상황을 막자"고 했던 막연한 의무가 어떤 현실로 이어질지 누구도 확신할 수 없었다. 결국 흥정이 시작됐고, 이 과정에서 회원국 대부분은 감축량을 최소화하려 했으며 가난한 나라는 아예 감축안을 받아들이지 않으려 했다. 달리 어떤 상황을 기대하겠는가? 결국 일부를 빼놓는 전략을 구사하기로 했다. 대기의 이산화탄소 농도와 기후의 운명에 모든 국가가 공동으로 책임을 진다는 원칙을 세워놓고, 실제로 농도를 조금씩 줄이며 원칙을 실천하되 가난한 나라는 아예 빼주자는 전략이다. 우선 원칙을 지키면서, 까다로운 세부 사항은 차차 해결해 나가야 했다.

1997년 교토의정서를 두고 어이없는 말들이 수없이 오갔다. 의정서를 광적으로 비난하는 자들은 뻔뻔스럽게도 양쪽을 오가며, 이쪽에서는 기후변화 자체가 낭설이라 협약은 무의미하다고 맹비난하고 저쪽에서는 교토협약이 정한 감축량은 너무 미미해서 2552년까지 지구온난화를 겨우 0.1도(또는 대략 그런 수준으로) 낮추리라고 투덜댄다. 기숙학교 학생들의 전형적인 불평과 흡사하다. "여기 밥은 도저히 못 먹겠어. 양은 또 얼마나 적은지!" 하지만 그 비난에도 새겨들을 부분이 있긴 하다. 사실 교토협약이 의무로 규정한 온실가스 감축량이 너무 적고 너무 소수 국가에만 한정되어 지구온난화를 늦추는 효과가 의심스럽다는 점이다. 협약 내용은 지구온난화를 멈출 필수조건에 따라 결정되지 못하고 참석한 나라들이 얼마나 설득되었는가에 따라 결정되었으니 그럴밖에.

1997년 교토협약과 관련해 기억해야 할 점이 세 가지 있다. 당시에는 지구온난화가 그 이후에 나온 모델들(최근 사건은 말할 것도 없고)이 예견했듯 그렇게 빨리 진행될지 분명치 않았다. 게다가 1997년에는 참가국 대부분이, 최근 10년간 중국의 급성장과 그보다 더 근래에 가속화한 인도의 성장률이 일시적 현상이 아니라 앞으로 더욱 빠른 속도로 지속되리라는 걸 예상하지 못했다. 두 나라는 이후 정당하게 온실가스 주요 배출국이 되겠지만, 1997년만 해도 이는 대단히 새롭고 불확실한 현상이어서, 첫 협상에서 두 나라에 온실가스 억제를 강요하지 않아도 문제될 게 없어 보였다. 그리고 마지막으로, 전세계 인구의 고작 20분의 1을 차지하면서 인간이 만든 세계 온실가스의 4분의 1을 배출하는 세계 최대의 온실가스 배출국인 미국이 자국에 큰 희생이 요구될 경우 협약에 비준하지 않을 가능성마저 있었다. 당시 클린턴 미국 대통령은 협상안에 찬성이었을 테고, 앨 고어 부통령도 협상에 많은 노력을 쏟았지만, 아마도 상원에서 미국에 큰 의무를 요구하는 협약은 모조리 거부했을 것이다.

그러다 보니 교토에서 탄생한 협약은 미온적이어서, 산업화한 국가에는 2012년까지 온실가스를 (1990년 기준으로) 겨우 5~7퍼센트 줄이라고 요구하고, 중국과 인도를 포함한 개도국에는 어떤 제한도 강제하지 않는 수준에서 그치고 말았다. 하지만 결코 시간 낭비는 아니었다. 20세기 말까지도 그 정도 대응으로 문제를 해결할 수 있으리라고 생각할 만한 근거는 여전히 존재했다.

사실 놀라운 속도의 진전이었어요. 비록 지구온난화에 큰 영향을 미치지는 못했지만요. 우리가 확정한 건 단지 이론이었고, 우리도 그걸 알았지만, 그래도 정말 대단한 일이었죠. [1988년에 IPCC가 설립된 지] 4년 안에 기후변화협약을 체결하고, 그다음에 [1997년에] 교토의정서도 체결했으니까요. 그런데 다들 알다시피, 미국이 교토의정서 서명을 거부해 의정서 효력 발생을 막았어요. 그때까지 환경오염의 최대 주범이 빠지고 최대 경제 대국이 빠진 상태에서 의정서는 큰 효과를 기대하기 어려웠습니다.

의정서에 '청정개발체계'가 있어서, 개도국에서 온실가스 배출을 훨씬 더 효과적으로 감축할 수도 있었을 겁니다. (……) 재생에너지와 청정에너지로 옮겨 가면 훨씬 더 많은 우대 혜택을 누릴 수도 있었겠죠. 그런데 왜 미국이 그런 태도를 보였을까요?

그건 공익보다 산업이 정부에 더 큰 영향력을 행사했기 때문이에요. 소수 사람들의 이익, 워싱턴 정가에 미치는 돈의 영향력, 많은 의원과 행정부에 행사하는 거대한 화석연료 산업의 영향력이 중요했죠. 우리가 [로비활동에] 관심을 집중해야 하는 것도 그 때문이에요. 그렇지 않으면 그들이 상황을 계속 엉망으로 만들어, 우리가 강력하고 신속한 조치를 취하기 어렵게 될 테니까요. 변화가 시급합니다.

—제임스 핸슨, 나사 고더드 우주연구소 소장

클린턴 대통령은 교토협약을 의회에 넘겨 비준하려 한 적이 한 번도 없었다. 비준 가능성이 없다는 걸 알았기 때문이다. 화석연료 업계는 로비 활동으로, 비준을 막기에 충분한 의원 수를 이미 확보해놓았다. 조지 W. 부시는 2001년 대통령이 된 직후에, 미국은 교토협약에서 완전히 발을 빼겠다고 천명했다. 그리고 그 뒤 8년 동안 세계 기후변화 협상은 미국의 공식적인 방해로 얼룩졌고, 그 방해 작전은 번번이 협상을 해체하려는 수준까지 나아갔다. 그러다가 어쩐 일인지, 기후변화 문제가 미국 내 '문화전쟁'에 휘말렸고, 부시 행정부는 기후변화가 진행 중이라는 사실을 부인하는 쪽에 섰다.

기후변화의 진실 혹은 거짓이, 본질적으로는 과학적 질문이, 미국에서 그렇게까지 격한 감정을 일으키며 논란이 되어야 했던 이유는 한마디로 말하기 어렵다. 다른 곳에서는 이 문제가 좌우 대립으로 이어지지 않았으며(미국 문화에 곧잘 영향을 받는 오스트레일리아와 캐나다는 예외) 마거릿 대처 전 영국 총리나 앙겔라 메르켈 독일 총리 같은 보수주의자들도 기후 문제에 앞장서곤 한다. 미국 정치에 두드러진 이념적 특성을 인정한다 해도, 미국에서는 왜 유독 이 문제가 이념을 나타내는 징표가 되었을까?

미국의 석유·석탄·자동차 업계에서 진실을 부정하는 홍보에 자금을 댔지만 (그리고 상습적으로 그 일을 하는 사람 중 일부는 예전에 흡연이 유발하는 치명적 질병을 부정하는 담배 업계의 홍보를 지휘했던 사람들이지만) 그 사실만으로는 미국이 이 문제에 쏟아 붓는 감정들을 다 설명하지 못한다. 그리고 흡연은 지금처럼 좌우 대립 문제가 된 적은 없었다. 미국이 기후 문제에서, 특히 문제를 부정하는 입장에서, 빤한 명분에 열을 올리는 정도는 기후 문제가 관계자들의 실제 삶에 미치는 영향을 생각할 때 꽤나 지나치다. 사회학자 도널드 브래먼이 최근에 실시한 대규모 실험은 사람들이 왜 그런 반응을 보이는지, 그 답을 알려줄지도 모르겠다.

사람들에게 가상의 과학 단체에서 발행한 보고서를 나눠줬습니다. 전세계 (IPCC) 과학자들이 방대한 국제 보고서를 내놓는 시기에 맞춰 만든 보고서였어요. 실제 국제 보고서의 경고 내용은 이렇습니다. "보라. 문제는 명확해졌다. 지구온난화는 현재 진행 중이다. 인간은 온난화에 한몫하고 있으며, 문제는 온난화가 얼마나 심각하고 우리 행복에 얼마나 해로운가, 하는 것이다." 우리는 이 보고서를 활용해 가짜 보고서를 만들었어요. "문제는 벌어지고 있고, 그건 인간 책임이며, 앞으로 이러이러한 일이 생길 것이다. 그 해결책은 이렇다." 우리가 제시한 해결책 중 하나는 산업계와 환경오염을 엄격히 규제하는 것이었습니다. 지구온난화 문제에 대처하는 진보주의·평등주의·공산주의의 전형적인 방식이죠. 또 다른 해결책은 원자력 규제를 풀어서 대기에 해가 없는 대체 에너지 개발을 허용하는 것이었습니다.

반응은 꽤나 극적이었어요. 보수주의 또는 개인주의 성향을 가진 사람들에게 환경오염 규제를 강화하는 안을 제시하면, 노발대발합니다. 재앙인 거죠. 그 사람들은 그걸 해결책이라고 제시하는 걸 경멸합니다. 게다가 지구온난화가 얼마나 심각한 것 같으냐고 물으면 그다지 심각하지 않다고 대답합니다. 첫째로, 지구온난화를 아예 믿지 않아요. 둘째로, 믿는다 해도 그게 인간 때문이라고는 생각하지 않습니다. 셋째로, 결과가 나타난다 해도 그 양상은 복합적일 거라고 생각합니다. 그러니까 어떤 건 좋고 어떤 건 나빠서, 종합적으로 볼 때 심각하다거나 피해야 한다고 단정하기 어렵다는 거죠.

그런데 원자력발전 규제를 완화하는 해결책을 제시하면, 지구온난화가 돌연 현실적인 문제가 되고, 당장 대책을 세워야 할 것처럼 보입니다. 지구온난화가 금방 닥칠 위협인 건 말할 것도 없고, 인간이 원인 제공자가 되죠. 그리고 결과는 당연히 참혹합니다. [두 해결책 중 하나는] 사람들이 선호하는 사회 대응책을 여실히 보여주는데, 가령 자율적 규율, 규제 완화, 환경 문제의 위험성을 극복하는 과학적 지식 등입니다. 〔다른 해결책 은〕 관점이 정반대예요. 규제 강화, 민간 기업 탄압 같은 거죠. 그리고 〔기후변화〕 관련 위험을 인식하는 태도는, 그러니까 해결책과는 별개로 위험을 인식하는 태도는 완전히 제각각이었어요.

재미있는 점은 원자력발전을 지구온난화의 해법으로 제시하면, 진보주의자들이 갖고 있던 원자력발전에 대한 두려움이 (……) 크게 줄어들기 시작한다는 겁니다. 진보주의자·평등주의자·환경주의자 들은 곧잘 말합니다. "원자력발전은 대단히 위험해서, 원자력발전소 근처에는 살고 싶지 않을 것 같다. 강력한 규제가 필요하다." 그런데 원자력발전을 지구온난화의 유력한 해법으로 바라볼 때는 그 위험성을 다르게 보기 시작합니다.

—**도널드 브래먼**, 조지워싱턴 법학전문대학원 법학 부교수

이념을 덜 따지는 사회에서는 기후변화가 어느 정도 중립적 사실로 다뤄질 수 있을 것이다. 클린턴과 부시 행정부 시절에 문화전쟁이 격렬히 벌어진 걸 보면, 미국에서 지구온난화는 과학이라기보다 말 많은 '가치' 문제가 될 수밖에 없었다. 매우 불행한 일이다. 이 같은 이념 논쟁의 와중에 당리당략에 따라 기후변화에 관한 국제적 입장을 정한 부시 행정부는 지난 10년간 지구온난화 문제에 국제 공조가 이루어지지 않은 데 큰 책임이 있다. 그러나 일부 국가는 미국의 굼뜬 태도를 핑계 삼아 좀 더 과감한 정책을 실시하지 않은 것 또한 사실이다.

'앵글로권Anglosphere'은 비록 해당 국가보다는 밖에서 더 많이 사용되는 개념이지만, 21세기 첫 10년간은 '앵글로색슨' 경제 정책 모델을 신봉하는 영어권 선진국 집단을 뜻하는 말로 널리 쓰였다. 2009년에 결국

무너진, 규제가 대단히 약한 모델이다. '앵글로권'이 선진국이라는 기준에서 가장 멀어질 때는 기후변화의 과학적 증거를 좀처럼 신뢰하지 않을 때다. 오스트레일리아·미국·캐나다 사람들이 이산화탄소를 1인당 연간 19~20톤 배출하는 이유가 바로 이 때문일지도 모른다. 참고로, 그 외에 러시아를 뺀 선진국 가운데 1인당 이산화탄소 배출량이 10.5톤을 넘는 곳은 없다.

오스트레일리아 국민은 기후변화를 필사적으로 부정하는 존 하워드 총리를 3선까지 밀어주다가 2007년 선거에서 등을 돌렸다. 이 무렵에 기온 상승과 가뭄 장기화의 여파가 더 이상 무시할 수 없는 지경에 이르렀기 때문이 아닐까 싶다. 캐나다 정부는 여전히 기후변화에 내심 회의적이다. 스티븐 하퍼 총리는 교토의정서에서 규정한 배출량 감축을 이행하지 않겠노라고 공식 표명했고, 나아가 아예 발을 빼겠다는 암시를 했을 정도다. 오바마가 대통령에 당선된 뒤로 캐나다 정부는 다소 미적지근하게, 미국의 조치를 그대로 따르겠다고 천명하기는 했다.

(유럽 국가이면서 더러는 그걸 인정하기 싫어하는) 영국과 뉴질랜드만이 '앵글로권' 기준에서 떨어져 나와, 기후변화를 오랫동안 정책적으로 진지하게 다루었을 뿐이다. 미국·캐나다·오스트레일리아에서는 대중의 의심과 조직의 저항이 지금도 여전한 탓에, 다른 선진국에서는 당연한 일이 된 온실가스 감축을 기대하기 어렵다. 2009년 12월 코펜하겐 회의에서 유럽과 일본이 온실가스 배출을 1990년을 기준으로 20~40퍼센트 줄이자고 제안했을 때, 미국·캐나다·오스트레일리아는 일제히 4, 5퍼센트 감축안을 제시했다. 그래놓고 이를 감추려고 기준 연도를 15년 뒤인 2005년으로 슬그머니 옮겼지만, 누구도 속아 넘어가지 않았다. 미적

지근한 태도는 지금도 여전하며, 이 태도는 코펜하겐 회의가 실패하는 데 한몫했다.

코펜하겐 회의 시기(2009년 12월)도 적절치 않았다. 새로 들어선 미국 행정부가 기후 문제를 부정하고 문제 해결을 방해하던 과거 행정부와 다른 모습을 보일 시간 여유가 일 년도 안 됐으니까. 날짜는 오래전에 정해진 탓에 바꿀 수도 없었다. 기존 교토의정서는 2012년까지만 유효해서, 그 전에 온실가스 감축에서 새로운 (그리고 바라건대 훨씬 더 대담한) 협의가 이루어져야 했다. 그러나 미국처럼 거대하고 보수적인 나라를 일 년 안에 바꿔놓기란 무척 어려운 일이며, 미국이 적극 참여하지 않는 한 중국도 마찬가지 태도를 보일 것이다.

내가 코펜하겐 회의 전에 만난 협상자 중에, 문제의 심각성에 어울리는 신속하고 대대적인 의무 감축 목표치가 정해지리라고 믿는 사람은 거의 없었다. 다들 유용한 협상안이 나오리라 생각하고, 대다수는 어떤 형태든 기후 재앙이 닥치면 협상자들이 너무 늦지 않게 다시 협상 테이블로 돌아와 대책을 마련하리라고는 예상했지만, 온실가스를 효과적으로 줄일 국제적 합의의 기본 토대가 아직 마련되지 않았음을 우려했다. 가령, 한스 셸른후버는 코펜하겐이 성과를 내기 바란다는 의례적인 말에 1분, 성과가 없을 때 회의를 이끌어갈 방법을 이야기하는 데 5분을 할애했다.

한스 요아힘 셸른후버: 비관주의에 빠지고 싶은 마음은 없습니다만, 현재 가능성은 두 가지입니다. 우선, 2010년이나 그 무렵까지 훌륭한 후속 교토협약이 체결될 수 있는데, 그건 선진국이 (2030년까지 온실가스 배출을 40퍼센트 줄이겠다는 약속을 포함하는〕 지침을 마련한다는 뜻입니다. 가능성은 있습니다. 중국이나 인도 같은 나라는 무난한 목표를 세우겠죠. 하지만 2020년까지만 유효한 약속입니다. (……)〔그러면 2015년이나 2016년쯤 전체를 새로 짜서〕 2020년 이후에 해당하는 세 번째 약속을 정할 수 있겠죠. 목표치를 명확히 하고요. 개도국에게 2012년에서 2020년까지는 어느 면에서 특별 훈련 기간이 될 겁니다. 우리가 2030년까지 40퍼센트를 감축하리라고 장담할 수는 없지만, 적어도 노력은 하겠죠.

또 다른 가능성이라면, 의지가 있는 나라끼리 연합을 구성하는 경우예요. 가령 독일·영국·네덜란드·스웨덴·미국·일본, 그리고 이미 놀라운 변화를 보여준 오스트레일리아도 끼면 좋겠죠. 이런 선진국이 모임을 만드는 겁니다. 에너지 효율과 에너지 자립도를 극대화하고 탄소를 없앨 의지를 가진 이런 나라가 모여, 부분적이지만 계속 진화하는 세계적 배출 거래 체계를 이용해 의지를 실현할 수 있겠죠. 여기에 정치적 의지뿐 아니라 시장의 힘이 동원될 수도 있고요. 그럴 경우 우리는 세계적 목표는 세우지 못하겠지만, 원한다면 바닥에서 벗어나긴 하겠죠. 그게 대안이 될 수 있을 겁니다. 둘 중 어떤 방법이든 뭔가 결과를 볼 수 있을 거예요.

권 다이어: 그 대안이라면 450ppm이라는 한계점을 피해갈 수 있을까요?

한스 요아힘 셸른후버: 특별 훈련 중이라면 가능하겠죠. 2020년 이후에는 세계 주요 산업국이 모두 참여해야 합니다. 일정 기간 동안, 선진국 대부분이 노력하고 있고 탄소를 제거할 의지와 능력이 있다는 걸 신뢰할 만한 방법으로 보여줄 수 있다면, 너도나도 따라가겠죠. 좋은 삶을 누리면서 탄소도 제거할 수 있다는 걸 목격한다면, 장담하건대 중국인도 얼마든지 따라 할 겁니다. 하지만 그 기간에 훌륭한 본보기를 보여줬을 때의 이야기예요. 그렇게만 된다면 450ppm 한계를 넘지 않을 수 있다고 봅니다.

어쩌면 우리에게 친숙한 대기의 뿌연 연무질aerosol이 약간 도움이 될 수도 있어요. 아시다시피, 연무질은 지금처럼 지구가 뿌옇게 혼탁해지는 차폐효과masking effect를 냅니다. 그 일정 기간 동안 연무질 덕을 볼 수도 있어요. 아이러니하게도 연무질이 없었다면 지구온난화는 훨씬 심각한 수준이 됐을 겁니다. 만약 중국, 인도 같은 곳에서 이산화탄소 감소와 더불어, 황을 걸러내는 식으로 연무질을 아주 약간만 관리한다면, 위기를 모면할 수도 있어요. 하지만 결코 만만찮은 게임이 될 겁니다. 그러니 선생님 물음에 답은 분명 '아마도'가 되겠죠.

—한스 요아힘 셸른후버, 포츠담 기후영향연구소 소장

한스 요아힘 셸른후버와의 대담은 귀담아들어야 할 여러 대담 중 하나지만, 정말 주의 깊게 듣는다면 그의 답에서 많은 것을 발견할 수 있다. 셸른후버는 독일의 대표적인 기후과학자이며, 독일은 온실가스를 줄이려고 다른 어느 나라보다도 많은 노력을 기울인 주요 산업국이다. 2020년까지 온실가스를 40퍼센트 줄이겠다고 공식적으로 약속도 했다. 셸른후버는 G8 정상 가운데 유일하게 정통 과학자 출신인 앙겔라 메르켈 독일 총리의 기후변화 자문위원이다. 셸른후버는 말한다. "우리는 평등하게 이야기를 나눕니다." 온실가스 감축을 그처럼 다급하고 진지하게 말하는 사람도 없다. 대담에서 드러난, 그가 진정으로 바라는 상황은 이렇다.

그는 국제 사회가 후속 교토협약에 합의하리라고 낙관하지 않는다.

합의한다 해도, 온실가스가 가장 빠르게 늘고 있는 아시아 개발도상국이 2020년 전에 그 확고한 목표를 받아들이라고는 기대하지 않는다. 따라서 2030년까지 전세계 온실가스 배출이 40퍼센트 감소한다고 보장하기 어렵다. "하지만 적어도 노력은 할 것이다."

후속 교토협약이 나오지 않는다면, 그 대안으로 서구의 부유한 산업국과 일본이 자발적으로 배출 거래 모임을 만들 수도 있다. 이들 국가는 자국에서 탄소를 성공적으로 제거해 다른 나라에 훌륭한 본보기가 되고, 다른 나라는 이들과 똑같은 수준의 번영과 에너지 자립을 이루기 위해 이들의 사례를 모방하지 않을 수 없게 된다.

서구의 '훌륭한 본보기'가 다른 나라를 설득하기까지는 적어도 10년은 걸릴 테고, 그렇다면 그 다른 나라에서는 온실가스 배출이 10년간 계속 늘고, 따라서 이 기간 동안 전세계 온실가스 배출은 기껏해야 약간 줄어드는 정도에 그친다는 이야기다. 이산화탄소 배출은 누적되는데, 셸른후버는 어떻게 사실상 전세계가 공언한 '절대 넘지 말아야 할' 대기 중 이산화탄소 농도 최고치인 450ppm이 유지되기를 바랄 수 있을까?

우리는 셸른후버가 그 뒤에 한 말을 해독해야 하지만, 그는 사실 '지구 혼탁화'에 희망을 건다. 그는 우리가 적어도 한동안은 450ppm이라는 한계점을 넘으리라고 생각하는 게 분명하지만, 그가 바라는 것은 아시아의 새로운 석탄 화력발전소와 굴뚝 산업이 대기를 연무질로, 특히 황산염 입자로 오염시켜, 서구의 온실가스 배출국들이 그간의 소행을 만회하느라 없애놓은 오염 입자를 다시 보충해놓는 것이다. 대기에 어느 정도 두꺼운 오염 장막이 드리워지면 햇빛이 다시 대기권 밖으로 반사되어, 이산화탄소 농도가 한동안 500ppm 또는 그 이상 올라가도 기온이 제법 안정되게 유지될 수 있다. 기온이 너무 높아지지 않으면, 피드백도 전혀 촉발되지 않을 수 있다. 그리고 일단 아시아 국가들도 그간의 소행을 만회하기 시작하면, "연무질을 아주 약간만 관리"해 황산염 배출을 높임으로써 높은 이산화탄소 농도의 영향을 상쇄하고, 그러다 보면 21세기 후반쯤에는 이산화탄소 농도가 다시 450ppm으로 떨어지리라는 게 그의 희망이다. 그가 인정한 대로, "결코 만만찮은 게임"이 될 것이다.

　이제까지 많은 시간이 낭비되었고, 앞으로도 그럴 것 같지만, 인간의 정치라는 게 대개는 그런 식이다. 우리는 지구온난화를 해결하려는 첫걸음을 훌륭히 내디뎠고, 변화가 기존의 이해관계를 위협할 때 으레 그렇듯이, 일종의 방해 작전으로 삐걱거리기도 했다. 이제 다시 출발하려는 진지한 노력이 시작되었고, 우리는 성공할 것이다. 다만, 기후변화가 우리 정치 습관에 보조를 맞추어 천천히 진행되기를 바랄 뿐이다.

CLIMATE WARS

.....

SCENARIO FIVE:
A HAPPY TALE

행복한 이야기

오늘 우리는 탄화수소의 더없이 위대한 변화를 목격하고 있습니다. 〔유가는 지금도〕 대단히 높지만, 1배럴에 250〔미국〕달러에 이르리라고 예상됩니다.

　　　　—알렉세이 밀러, 러시아 석유가스 대기업 가즈프롬의 최고경영자, 2008년 6월 10일

실제로 유가는 기나긴 우회로를 거치며 1배럴에 100달러 아래까지 떨어지면서 2013년 8월까지도 250달러로 치솟지 않았지만, 주요 석유 수입국 사이에서는 이미 대응책을 마련 하느라 고심 중이다. 어느 면에서는 1970년대와 1980년대 초 석유파동에 대처할 때와 닮았다. 당시 석유 수입국은 자동차의 제한 속도를 낮추고 연료 효율을 높이는 등 에너지 절감으로 소비를 줄여 유가를 낮추려 했다. 그러나 이번 새로운 위기

에서는 절약만으로는 부족했다. 동남아시아의 신흥 공업 경제국에서 석유 수요가 꾸준히 늘다 보니 미국 자동차와 트럭의 연비가 좋아져도 전세계 석유 수요는 꾸준히 증가했다.

과거 미국 행정부는 석유 수입 의존도를 종식시킬 요량으로, 이미 생물연료 전환을 의무화하고 상당한 액수의 보조금을 지급했다. 그러나 생물연료 전환에 필요한 '공업용 옥수수' 재배로 아이오와 일부 농민들이 대단히 부유해졌을지언정, 미국의 석유 수입 의존도를 제로로 만들기에는 기술적으로 아직 문제가 있었다. 미국 전체 자동차에 생물연료를 공급할 정도로 옥수수를 많이 재배하려면 미국 대륙 절반에 해당하는 경작지가 필요하다. 그러나 생물연료라는 개념 자체가 이미 신뢰를 얻었고, 지나치게 인상된 가격으로 석유를 수입하다 보면 미국 국제수지에 영구 출혈이 생기리라는 전망이 나오다 보니, 3세대 생물연료로 곧장 뛰어들 정치적 기반이 마련된 셈이다.

2014년 연료자립법에 따르면, 1세대 생물연료를 지원하는 기존의 연방 보조금을 5년간 차츰 없애고, 대신 기름이 풍부한 조류를 재배하는 대규모 사업에 자금을 지원하기로 했다. 사막에 바닷물을 끌어들여 재배하기에 가장 적합한 '염생식물'(염분에 견디는 식물) 집중 연구와, 발전소와 대기에서 직접 포집한 이산화탄소를 옥탄 연료로 전환하는 과정을 상업화하는 연구에도 자금을 지원하기로 결정했다. 자금 지원이 끊긴 농민들의 정치적 반발이 예상되었지만, 식량 가격 상승과 세계적 수요 상승으로 무사히 넘어갔다. 애초에 '공업용 옥수수' 재배지로 전용된 거의 모든 농경지는 재배 작물이 바뀌었어도 여전히 수익이 높았기 때문이다.

생물연료가 새로운 연료라 해도 기존 분배 체계나 차량 자체를 크게 바꿀 필요가 없었던 덕에 2016년에는 미국에서 생산한 연료 가운데 생물연료가 15퍼센트가 넘었고 해마다 4퍼센트씩 증가했다. 기름이 풍부한 염생식물의 시장성을 알아본 멕시코는 드넓은 해안 사막지대에서 염생식물 재배에 뛰어들어, 미국에 생물연료를 수출하는 주요 수출국이 되었다. 미국의 석유 소비는 점점 줄어, 2018년에는 석유 수입 비율이 10년 전의 3분의 2에서 3분의 1로 떨어졌다. 앨버타 역청사암 지대를 더 확장하려던 계획은 이미 폐기되었고, 석유가 연료로 쓰이지 않을 날이 오리라는 확신에 찬 이야기도 흘러나왔다. 그렇게 되면 남은 공급 물량은 석유화학 산업에 투입해, 비료·살충제·플라스틱·합성고무 등을 생산하는 데 사용할 수도 있었다.

미국의 예를 가장 먼저 따른 나라는 중국과 인도였는데, 두 나라 모두 석유 수입 비용이 치솟으면서 막대한 외환위기에 직면했다가, 2017년에 석유 수입이 급감했다. 유럽은 연료 전환에 시간이 조금 더 걸렸고, 이산화탄소에 수소를 더해 옥탄연료를 만드는 작업에 주력했다. 유럽연합이 북아프리카 국가와 계약을 맺고, 유럽연합 자금으로 사하라 사막에 거대한 태양광 발전 설비를 세워 (지중해 밑을 통과하는 고압 직류 케이블로) 유럽으로 전력을 끌어오려는 계획에는 사실 바닷물에서 수소를 분리하는 데 필요한 막대한 전력을 충당하려는 의도도 있었다.

고유가로 촉발된 이 모든 조치는 인간이 배출하는 온실가스의 5분의 1만을 줄일 뿐이었다. 그러니까 차량에 기름을 사용할 때 발생하는 온실가스다. 그 외에 발전 설비, 삼림 파괴, 농경에서 발생하는 나머지 5분의 4에 해당하는 온실가스에는 거의 영향을 미치지 못했다. 그러다가 여러 지역에서 기후 재앙이 잇달아 일어나면서, 심각한 타격을 받은 나라뿐 아니라 전세계에서 기후변화를 두고 여론이 들썩였다. 2013년에 폭풍해일로 나일 강 삼각주 대부분이 물에 잠기고 이집트에서 이재민 1천만 명이 발생한 사건, 2015년 여름에 미국 중서부에서 장기간의 폭염으로 최소 7만 5천 명이 사망한 사건, 2016년에 양쯔 강·메콩 강·살윈 강·브라마푸트라 강에서 발생한 대홍수 등이 그것이다.

2015년, 좀처럼 힘을 못 쓰던 교토의정서 후신으로 등장한 이빨 빠진 코펜하겐협정이 '제로 2030년' 운동에 휩싸였다. 2030년까지 전세계에서 탄소 배출을 없애자는 목표로 원래 인도의 어느 환경단체가 유행시킨 운동이었는데, 이 목표가 세계의 상상력을 사로잡았고, 그 뒤 몇 년 동안 각국 정부는 화석연료를 단지 줄이는 게 아니라 아예 없앨 목적으로, 예전에는 생각지도 못한 프로그램을 도입했다. 감당할 만한 비용으로 '탄소를 포집하고 격리'한다는 꿈은 주요 온실가스 배출국에서 공식적으로 포기 의사를 밝혔고, 각국 정부는 탄소 기반 연료에 의존하지 않는 에너지 체계를 개발하는 힘든 작업을 시작했다.

이때 풍력·파력·조력·태양력·원자력처럼 곧바로 사용 가능한 기존 기술이 당연히 선호되었는데, 곧바로 큰돈을 끌어 쓸 수 있는 기술이었기 때문이다. 그러나 지표면에서 고작 몇 킬로미터 아래에 뜨거운 암석이 광범위하게 분포한 지역에는 '심부 지열' 시험 연구 작업이 확산되었고, 온실가스를 배출하지 않으면서 에너지를 생산하는 색다른 여러 제안에 막대한 자금이 투입되었다.

우리가 와일드카드라고 부르는 아주 흥미로운 제안이 여럿 있습니다.

그중 첫 번째가 'p-붕소 융합'이에요. 중수소-헬륨3 순환과 똑같은 건데 (……) [하지만] 무중성자 융합이죠. 중성자가 아닌 양성자를 생성하는 결합입니다. 방사능 위험 같은 문제에 훨씬 안전하죠. 해군연구소Office of Naval Research에서 최근 12년 동안 이 문제를 연구했는데, 이 방법이 재래식 중수소-헬륨 융합보다 훨씬 낫다는 결론이 나왔고 (……) 계속 연구할 가치가 있어요.

두 번째 [와일드카드]는 최신 '저온 핵융합'이에요. 저온 핵융합을 처음 발견했을 때는 실험에서 똑같은 결과가 반복해 나오지 않는 문제도 심각했고, 이론을 이해하는 사람도 거의 없었어요. 다들 그랬죠. "당신들 뭔가 속이고 있지." 결국 오명만 뒤집어썼어요. 하지만 인간 본성이란 게, 호기심 많고 고집스러운 사람이 있게 마련이라, 전세계에서 (……) 이후 약 20년 동안 방대한 양의 실험 자료가 쌓이더니, 맞다, 진짜 맞는 이야기다, 하고 증명이 됐어요. 재미있는 건, 작년에 루이스 라슨과 앨런 위돔이 이론을 하나 내놨는데, 그 사람들 이야기로는 이건 표면적으로는 전기약상호작용electroweak interaction이고, 양자론 표준 모델로 얼마든지 설명이 가능하다는 거예요. 두 사람은 자료에 나온 특이사항이며, 반복 실험 문제를 모두 설명하죠. 그리고 짐작하시겠지만, 지적재산권 문제를 확실히 하고 그다음에 어떻게 하면 양질의 열을 생산할지 고민하느라 정신이 없습니다. 상당한 진척도 있고요. 물론 전망도 있습니다.

세 번째 [와일드카드]는 여기서 훨씬 더 나아가고 재미있는 구석도 있는 '영점에너지zero point energy'예요. 영점에너지는 양자역학에서 입자가 바닥 상태일 때의 에너지를 말해요. 영점에너지는 실제이고, 양자전기역학으로 예측 가능합니다. 이 이론은 소수점 14자리까지 계산되었는데, 다른 어떤 물리 이론보다 자세한 수치예요. 영점에너지, 즉 바닥 상태 에너지를 플랑크 규모로 통합하면, 어마어마한 양의 에너지가 나오는데, 우주에서는 관찰되지 않습니다. 물론 암흑에너지dark energy도 있어요. 암흑에너지는 영점에너지와 분명 관련이 있지만, 엄청난 차이가 있어서, 정확한 성질을 제대로 파악하지 못한 상태입니다. 그래도 아주 똑똑한 사람들은 포기하지 않죠. 록히드 [마틴] 서니베일 수석 과학자하고 그 외에 아주 뛰어난 몇 사람이 영점에너지를 끌어낼 일곱 가지 방법을 제안했어요. 그중에 하나라도 맞는다면, 일곱 가지 중에 하나는 맞겠죠, 그렇게 되면 에너지 전반이 다시 한 번 크게 바뀔 수 있어요.

하지만 꼭 거기에 의존해야 하는 건 아닙니다. 시간이 지독히 많이 들거나 값비싼 기술을 구태여 더 개발하지 않고도 (……) 방법은 있어요. 우리가 끌어안기 좋아하는 곰 인형을 버리면 그만입니다. 재래식 탄화수소, 화석 탄소연료 같은 거죠. 그리고 우리가 살아남을 수 있는 연료를 써야 합니다.

—데니스 부시넬, 나사 랭글리연구소 수석 과학자

2014년 중반에 하루 9천5백만 배럴, 배럴당 375달러로 정점에 이르렀던 세계 석유 수요는 2017년에 다시 하루 7천6백만 배럴로 떨어졌고 유가도 곤두박질쳤다. 세계 생산량도 서서히 줄었지만(이 시기에 사람들은 2012년이 '석유 생산 정점'이었다고 입을 모았다) 수요는 더 빠르게 줄었고, 앨버타 역청사암 지대나 북해 맨 끝 유전 지대처럼 개발 비용이 많이 드는 곳은 개발을 보류하거나 아예 방치하는 일마저 생겼지만, 수요와 공급은 여전히 균형을 이루지 못했다. 2019년이 되자 유가는 배럴당 30달러까지 떨어졌고(2006년으로 치면 18달러에 해당), 석유 수출국 가운데 예산이 엉망이 되지 않은 나라는 하나도 없었다.

첫 번째 혁명은 인구는 많은데 석유 소득에서 오는 1인당 수익이 비교적 낮은 나라에서 일어났다. 2017년에는 나이지리아, 2019년에는 이란이었다. 두 번 다 심각한 유혈 사태로 이어졌다. 성난 군중은 경기가 좋을 때 석유 수출에서 생긴 수익을 강탈해 부자가 되었다고 판단되는 사람들을 색출해 죽였다. 나이지리아에서는 적어도 100만 명이 사망했고, 이란에서는 급진적 신마르크스주의자들이 정권을 잡아 성직자 계급과 그 가족 전체를 소탕하다시피 했다. 석유 생산이 한창일 때 상당량을 비축해둔 다른 수출국은 상황에 대처하기가 한결 수월했지만, 페르시아 만 주변국에 거주하는 외국인들은 2017년 이후로 빠르게 이주하기 시작했고, 이란 혁명 이후에는 시민 상당수가 그들을 뒤따랐다.

2021년에 이스라엘-이란 전쟁이 일어나 이들 나라가 이제까지 누린 번영이 무너졌다는 점을 생각하면 선견지명이 있는 이주였다. 이스라엘은 오직 이란만을 표적 삼아 '선제공격'을 감행하면서 도시에 핵무기 사용을 자제했지만, 하이파 시가 핵무기 공격을 받은 뒤로는 이란을 초토화했고, 소형 핵무기와 재래식 정밀 공격을 이용해 페르시아 만을 따라 핵심 원유 선적터미널과 펌프장을 공격했다. 그러나 세상은 중동 석유에 관심을 잃은 탓에 이 전쟁이 더 확대될 가능성은 거의 없었다. 페르시아 만에서 석유 수출이 사실상 중단되다시피 하다 보니 유가도 배럴당 100달러로 다시 올랐지만, 고작 몇 해 지속됐을 뿐이다.

세계적인 비석유 온실가스 배출 감소는 훨씬 더 느리게 진행되었다. 오래전에 산업화한 국가 대부분이 2020년에는 전력의 최소 20퍼센트를 재생에너지로 생산했고, 엄격한 절약 정책으로 다시 20퍼센트를 절약했지만, 전세계 인구의 절반이 사는 아시아의 빠른 성장에서 나오는 온실가스 배출을 겨우 상쇄할 정도였다. 이산화탄소 배출은 2010년까지 해마다 3퍼센트 넘게 늘다가 그 뒤부터 2020년까지 해마다 2퍼센트씩 떨어졌지만, '제로 2030년', 아니, '제로 2050년' 목표를 달성하기에는 부족했다. 전세계에 남아 있는 열대림을 보호하자는 국제 협약이 오랜 지연 끝에 타결되어 앞으로 이산화탄소 배출이 빠르게 줄 것으로 예상됐다. 현재도 진행 중인 삼림 파괴는 한때 인간이 배출하는 온실가스의 5분의 1을 차지했기 때문이다. 이 협약이 10년 일찍 나왔더라면 얼마나 좋았을까. 아마존 유역과 콩고 분지 외곽 지대 열대림은 2020년까지 거의 다 사라졌다.

그 뒤로도 기후 재앙은 계속됐다. 2020년대 초에는 유럽 최초로 허리케인이 발생했고(곧이어 두 차례 더 발생했다) 중앙아시아와 멕시코 남부는 영구화되다시피 한 가뭄으로 농업이 사실상 불가능해졌으며, 방글라데시 해안은 사이클론의 영향으로 엄청난 인명 피해와 토지 피해가 발생했다. 태평양 남서부에 있는 작은 저지대 국가인 투발루와 키리바시는 해수면 상승으로 공식 소개령이 떨어져, 주민 대부분이 오스트레일리아나 뉴질랜드로 이주했다(이주를 거부한 섬 주민도 상당수였다). 가장 당혹스러운 일은 여름만 되면 북극의 바다 얼음이 사라지다 보니 캐나다 북부와 알래스카, 시베리아의 여름 평균 기온이 1978~2006년에 5도 올라가, 영구동토층이 빠르게 녹고 대기에 메탄과 이산화탄소가 다량 배출되었다.

상황이 점점 악화되다 보니 10년 전만 해도 기후변화 완화 조치를 적극 지지하던 많은 사람들 사이에 실망감이 번졌는데, 비이성적이지만 지극히 인간다운 반응이었다. 지구온난화를 막을 방법이 없어 보였다. 지난 10년간 문제 해결을 위해 희생과 노력을 촉구한 정당과 개인에 대한 대중의 지지가 수그러들기 시작했다. 오래전부터 온실가스를 배출해 문제를 키웠지만 정작 그 여파는 가장 적게 받는 부유한 산업 국가에서는 이 현상이 '공감피로증compassion fatigue'이라 부르는 것과 함께 나타났다. 2022년에 대형 사이클론으로 방글라데시에서 100만 명에 가까운 사망자가 발생하자 모든 사람이 경악했고, 해외에서 구호와 동정의 손길이 몰려들었다. 이듬해 사이클론이 또 한 번 닥쳐 50만 명이 익사했을 때도 많은 사람이 동정을 느꼈지만 구호의 손길은 훨씬 줄었다. 그리고 2025년에 사이클론 안와르로 최소 200만 명이 사망하자 부유한 세계의 많은 사람들은 방글라데시 사람들이 왜 저런 위험한 곳에 살겠다고 어리석게 고집을 피우는지 의아해할 뿐이었다. 마치 그들이 이주할 주인 없는 땅이 널린 것처럼. 물론 한심하지만, 역시 인간다운 태도였다.

온실가스를 억제하려는 국제 공조는 좀 더 낙관적인 시대에도 성과를 거두기가 대단히 어려웠다. 중국과 인도는 온실가스 감축 공식 목표치에 아직도 접근하지 못했고(노력은 많이 하지만), 열대림 협약이 완성되기까지는 10여 년이 걸렸다. 정상 기후를 회복하려는 희망이 수그러들면서, 제한적이나마 성과를 거두었던 국제 공조는 아예 무너지기 시작했다. 가뭄에 시달리는 지역에 식량 원조가 부족했다(세계가 식량 위기를 겪고 있지만 이론적으로는 아직 식량 원조가 가능했다). 기후 재앙에 희생된 사람들은 신속하고 적절한 지원을 받지 못했다. 부자 나라는 가난한 나라를 외면한 채 문을 걸어 잠갔다. 그러면서도 부자 나라 사람들 대다수는 (벽에 밀어붙이고 칼로 위협하면) 기후가 여러 임계점을 넘어 온난화로 치닫기 전에 온실가스 배출 증가를 멈추는 방법은 국제 공조뿐이라고 인정할 것이다.

진정한 국제 협약을 달성해야 하는 2020년쯤 되면 아마도 (……) 기후변화 완화 조치를 계속 취하는데도 상황은 더 나빠지는 현실에 어떻게 대처해야 하는지가 문제가 될 겁니다. 탄소를 아무리 빨리 줄여도 기후는 앞으로 40년은 더 나빠집니다. 전에는 정치적으로 이렇게까지 노력한 적이 없었어요. 앞을 내다보는 진짜 지도자라면 깨달을 겁니다. 모두 허리띠를 졸라매는데도 효과가 없는 상황에서 국제 협약을 지키려면, 식량 안보 같은 즉각적인 기후변화 여파에 대처해야 하고, 태생적 공정성 같은 게 있다는 걸 보여줘야 한다고 말이죠.

기후변화는 유일무이합니다. 심각한 안보 문제를 수없이 일으키지만, 철통같은 안보로도 해결할 수 없어요. 유일한 해결책은 공조예요. 60년대에 태어난 세대의 현실정치죠. 공조만큼 힘든 것도 없어요. 공조는 어렵고, 사람을 지치게 하고, 지루한 일이에요. 유럽을 보세요. 하지만 다른 방도가 없어요. 가만히 앉아 그저 애들처럼 "우리 국경을 지키고 남에게 의지하지 않겠다"느니 어쩌느니 말하기는 쉽죠. 우리의 배우들에게 그건 정치적으로나 감정적으로나 식은 죽 먹기예요. 공조를 하려면 성숙한 태도가 필요합니다. 미래의 굳건한 안보는 지루하고, 지치고, 정신없는 〔협상〕 작업을 거쳐야 가능하다는 걸 알아야 합니다. 회의실에 들어갈 때 헨리 5세 행세를 하면 안 돼요. 협상을 이끌어낼 지도자 조직이 필요해요. 힘든 일입니다. 그들 세대의 제2차 세계대전인 셈이죠. 매혹적이지는 않지만, 더없이 중요한 일입니다.

산업혁명을 어떻게 이끌어가야 하는지를 깨닫기까지 수백 년이 걸렸어요. 기후변화에 대처할 기회는 딱 한 번뿐입니다. 그 기회를 놓치면 문제는 걷잡을 수 없게 되고, 이때 남는 건 적응뿐인데, 가혹하고 비참한 일이죠.

—닉 매비, E3G(3세대 환경보호주의Third Generation Environmentalism) 설립 이사 겸 최고경영자

교착 상태를 타개한 주역은 방글라데시 사람들이었다. 그들은 전세계가 빠른 시일 안에 해결책에 합의하지 않으면, 단독으로라도 황산염 분말 100만 톤을 성층권에 올려 보내 햇빛을 차단하고 지구의 기온을 낮추겠다고 위협했다. 괜한 위협이 아니었다. 실제로 그럴 기술도 있었다. 만약 부유한 국가가 선제공격으로 방글라데시를 막으려 한다면 세계는 남과 북으로 편이 갈릴 것이다. 이때 인도네시아의 중재로 자카르타에서 긴급 협상이 열렸고, 예전부터 부자였던 나라들이 자금을 대서 다양한 긴급 '지구공학' 수단을 동원해 지구의 평균 기온 상승을 막고, 뒤이어 예전의 정상 기온을 회복한다는 내용에 합의했다. 인공 구름을 분사하고, 바다에 철분 비료를 뿌리고, 성층권에 황산염을 올려 보내는 것보다 좀 더 안전한 방법이 즉시 동원될 것이다. 장기적으로는 우주에 거울을 설치해 지구의 기온을 조절하는 작업도 시작할 것이다.

한편 현재 시행하는 모든 온실가스 배출 감축 조치는 그대로 시행할 뿐 아니라, 대기의 이산화탄소가 궁극적으로 산업화 이전 수준으로 줄어들 때까지 가능하면 더욱 가속화할 것이다. 과거와 다른 점이라면, 그러는 사이에도 지구의 기온 상승에 따른 최악의 피해를 받지 않도록 세계 인구를 (그리고 빙모와 야생동물과 삼림과 대양을) 보호해야 한다는 점

이다.

일촉즉발의 상황이었지만, 2026년 자카르타조약이 전환점이 되었다. 사이클론은 전에 없던 맹렬한 기세로 이후 10년 동안이나 방글라데시를 강타했고, 그런 뒤에야 해수면 온도가 점차 떨어지면서 기후계에서 에너지가 빠져나갔다. 2029년에는 아마존 우림의 3분의 1이 불에 탔다(그리고 이때 발생한 연기가 성층권으로 올라가 2030년은 '여름 없는 해'가 되었다). 그러나 재앙의 횟수와 규모는 서서히 줄어들었다. 2050년까지 전세계 주요 경제국은 효과적으로 탄소 중립을 지켰다. 비록 대기의 이산화탄소 농도를 과거 수준으로 되돌리기까지는 좀 더 시간이 걸렸고, 전세계 대양은 여전히 심각한 산성화에 시달렸지만, 이산화탄소 농도는 2075년이 되어서야 2010년 수준인 390ppm으로 떨어졌고, 2100년이 가까워질 때까지 중간 목표치인 350ppm에 도달하지 못하리라 예상됐다.

그렇다면 이산화탄소 농도의 실질적 장기 목표치는 얼마로 정해야 하는지를 놓고 길고도 복잡한 논쟁이 이어질 수도 있다. 인간은 현재 간빙기의 끝없는 여름을 무작정 연장하고, 빙하가 북반구 전역에서 다시 남쪽으로 전진하는 것을 막아야 하는가? 우리는 지구공학을 이용해, 애초에 우리가 태어난 빙하시대에서 빠져나와야 하는가? 그리고 물론 우리는 더 이상 기후계에 관여해서는 안 된다고 주장하는 부류도 있다. 우리는 다이얼을 되돌려 산업혁명이 시작될 때의 수준인 280ppm에 맞춘 다음, 그 이후는 자연에 맡겨야 한다는 주장이다. 불과 몇 천 년 안에 빙하가 다시 시작될지언정. 그러나 그것은 다음 세대, 어쩌면 그 다음 세대에나 해당하는 주장이다. 지금 세대는 이미 할 일을 했다. 문명을 구했으니까.

편집자 주: "이 기묘한 문건은 '컴퓨터 하드 드라이브'에서 복구되었다. 이 하드 드라이브

는 한때 캠던타운으로 알려진 지역에 있는 북런던 만 얕은 물에서 폐허가 된 집을 살피던

협곡 잠수부들이 발견했다. 문건은 이 지역이 침수되기 적어도 50, 60년 전에 쓰여진 것

으로 보인다. 우리가 알고 있는 21세기 초 역사는 21세기 후반에 대참사가 일어나는 바

람에 불가피하게 부분적이 되었지만, 문건에 언급된 사건이 실제로 일어났을 것 같지는

않다. 만약 그러한 대변화가 21세기 초에 실제로 일어났다면, 영국은 여전히 세계에서 유

일한 섬 국가로 남았을 것이다. 기껏해야 공상이거나 현실성 없는 희망이 아닌가."

5장

때는 이미 늦었겠지만

But Probably Not in Time

기후 문제는 기술로 얼마든지 해결할 수 있습니다. 지구공학으로 해결한다는 뜻이 아닙니다. 단순히 온실가스 배출을 줄여 해결한다는 뜻이에요. 인간의 에너지 사용과 온실가스 배출을 분리할 방법은 많습니다. 풍력·태양력·원자력을 이용하면 되니까요. 우리가 할 수 있는 일은 아주, 아주 많아요. 그리고 더 많은 게 발명될 겁니다. 그리고 여기에 드는 비용은 모두 제법 저렴해서, 국내총생산GDP의 2, 3퍼센트가 되지 않을까 싶어요. (……) 저는 지금 개인적으로 그걸 사용하는 일에 몰두하고 있어요. 환경을 보호하고 우리 애들에게 닥칠 위험을 줄이고, 그 외에 여러 면에서 큰 성과를 거둘 수 있다고 생각하니까요. 그런데 왜 구태여 성공하지 못할 경우를 걱정하겠어요?

제가 걱정하는 건 본질적으로 게임이론(게임의 승패는 상대의 선택에도 달렸으므로 상대의 선택을 수학적으로 분석하고 예측해 내 선택을 결정한다는 이론-옮긴이)에서 말하는 이유로 성공하지 못할 수도 있다는 거예요. 참 답답한 게, 현재 각 나라가 내놓은 최상의 전략은 자기네는 손을 놓은 채로 다른 나라가 온실가스를 줄이도록 만드는 거예요. 많은 돈을 들여 내 나라 온실가스를 줄이면 그 혜택은 전세계에 돌아가지만 비용은 고스란히 내 나라가 떠안는다는 게 안타깝겠죠. 이게 경제학자의 사고방식이에요.

답답한 건 이게 다가 아닙니다. 사람들은 기후변화에 대응하는 방식으로, 온실가스 감축을 뜻하는 완화를 택할 것인가 아니면 적응을 택할 것인가를 갈수록 공개적으로 자주 이야기한다는 거예요. 이 문제를 정부 차원에서 생각할 때, 만약 적응에 돈을 쓴다면, 자국 내에서 돈을 쓰고 그 혜택도 자국에 돌아옵니다. 그런데 완화에 돈을 쓰면, 그 혜택은 전세계에 고루 돌아가죠. 제 생각에, 이런 이유 때문에 호두를 깨기가 아주, 아주 어려워요.

인류는 전에도 이산화탄소 같은 지구 오염물질을 어떻게든 줄여왔어요. 클로로플루오르카본CFC, 오존층 구멍이 대표적이죠. 하지만 그때는 지금보다 비용이 훨씬 적게 들었어요. 그러니 지금 걱정하는 것도 무리는 아니라고 봅니다. (……) 지난 15년간 우리는 유엔기후변화협약, 교토의정서 같은 훌륭한 조약에 서명했어요. 그리고 이 문제에서 서로 유리한 입지를 얻으려고 토론도 수없이 했죠. 그러는 사이에 이산화탄소 배출 증가량은 1퍼센트를 약간 넘는 수준에서 3퍼센트가 넘는 수준으로 높아졌고, 지금은 믿을 수 없을 정도로 빠르게 증가해, 우리 아이들 세대에는 한 사람의 생애에서 대기에 존재하는 이산화탄소 농도가 두 배 또는 세 배까지 높아질 겁니다. 세계 에너지 체계에는 관성이 강하게 지배하는 탓에 멈추기가 아주 힘들어요.

그게 그렇게 힘든 또 한 가지 이유는 지금 세대에서 돈을 걷어 다음 세대에 주어야 하기 때문이에요. 이게 도시의 대기오염을 줄이는 일과 어떻게 다른지 생각해보세요. 도시의 대기오염을 줄이려면 많은 사람이 돈을 써야 합니다. 기업은 돈을 들여 공장에 가스세정기를 설치해야 하고, 사람들은 자동차 유지에 돈을 더 들여야 하죠. 그렇게 하면 물론 혜택을 볼 수 있어요. 하지만 여기서 중요한 점은 그 혜택이 돈을 낸 세대에게 돌아간다는 겁니다. 가스세정기를 놓으면, 두어 해 안에 공기가 깨끗해지고 우리 아이들이 더 건강해지죠.

기후 문제는 워낙 시간이 오래 걸리는 문제라서 우리가 앞으로 30년간 아주, 아주 열심히 온실가스를 줄인다 해도 30년간 돈을 낸 세대는 그 혜택을 전혀 누리지 못합니다. 21세기 후반이 되어서야 큰 혜택이 돌아오죠. 온실가스를 줄인 덕에 대기에 이산화탄소 양이 훨씬 줄어드니까요. 하지만 지금 당장 혜택을 볼 수는 없어요. 그 혜택은 미래에 조금씩 나타나고, 바로 그 점이 이 일을 어렵게 만드는 두 번째 이유예요. 사람들은 후대를 위해 돈을 써야 한다고 말은 많이 하지만, 실제로 행동에 옮기는 일은 많지 않아요. ─데이비드 케이스, 캘거리 대학 캐나다 에너지환경 책임연구원

데이비드 케이스는 온실가스 배출을 줄이는 재래식 방법이 제때 효과를 내지 못할 경우 위기를 헤쳐 나갈 대체 기술 마련에 연구를 집중하고 있다. 비꼬기 좋아하는 사람은 그가 재래식 방법이 실패하기를 바란다고 말할지도 모르겠다. 케이스는 누가 봐도 명백한 이야기를 꺼낼 뿐이다. 이 문제는 과학적으로 해결하기 쉬울 수도 있다. 하지만 인간이

원래 그렇듯이 정치로 가면 무척 까다로운 문제가 된다. 순수한 이타심이란 찾아보기 힘들고, 만족을 미루기란(특히 개인이 죽은 뒤까지 미루기란) 대단히 어렵다. 그리고 '공유재산의 비극'(자기 재산은 소중히 여기면서 여럿이 소유하는 공공 재산은 함부로 다루는 성향-옮긴이)도 우리는 잘 알고 있다. 윈스턴 처칠이 미국인을 가리켜 했던 이야기는 인류 전체에도 해당한다. "결국 우리는 옳은 일을 하게 될 겁니다. 단, 다른 대안이 모두 바닥난 뒤라야 합니다."

우리가 열광하는 일부 과학적 '해결책'에도 해당하는 이야기다. 우리는 앞서 생물연료 사기를 언급한 적이 있지만, 끈질긴 망상이라는 점에서 보자면, 점점 멀어져가는 신기루인 '탄소포집격리Carbon Capture and Sequestration: CCS('탄소포집저장Carbon Capture and Storage'이라는 용어도 많이 사용됨-옮긴이)'를 따라갈 게 없다. 만약 탄소포집격리가 경제적으로 실현 가능하다면, 전기를 생산하는 발전 문제는 한 방에 해결된다. 석탄을 마음껏 때고, 이때 생기는 이산화탄소를 땅속 깊이 영원히 묻어버리면 그만이니까. 석탄보다 싼 에너지를 이용한 발전이 나타나지 않는다면 23세기에도 여전히 석탄을 태우는 문명에서 살 수도 있다. 그러나 이 단락 중간에 엄청난 '만약'이 숨어 있다.

그토록 많은 사람을 설득해 탄소포집격리를 신봉하게 만든 것은 그 기술의 이른바 '특효'다. 예를 들어 조지 몬비오는 영국이 2030년까지 온실가스 배출을 90퍼센트 줄이는 방안을 지독히 현실적으로 분석하려 했고, 그 결과 풍력발전 시설을 많이 세우고 온갖 재래식 방법을 동원한 뒤에도 결국에는 가스나 석탄을 때는 화력발전소를 제법 많이 유지해야 한다는 결론에 도달한다. 그것들을 거의 다 원자력발전소로 대체하는 방법도 있겠지만, 그는 다른 대안을 채택하는 모험을 감행한다. 탄소포집격리가 조만간 상업적으로 이용 가능한 완전한 기술로 개발되어, 영국은 21세기 30년 동안에도 석탄과 가스를 때는 화력발전소를 상당수 계속 유지하면서 이산화탄소 농도 목표치를 지킬 수 있으리라는 이야기다. 나로서는 물론 그의 말이 틀리다고 증명할 도리는 없다. 하지만 내가 관찰한 바로, 탄소포집격리는 이란의 핵무기처럼 언제나 5년이나 10년 뒤의 일이다.

탄소포집격리가 성공할 조건은 이미 실험으로 모두 실연이 됐다는 걸 생각하면, 참으로 묘한 일이다. 다양한 방법으로 '실연'도 해보고 소규모 작동도 해보면서, 석탄과 가스를 태우는 화력발전소에서 연소 전에 이산화탄소와 다른 온실가스를 분리하고 포집하는 방법이 이미 실험으로 검증되고 비용 산출도 끝났다(기존 발전소에 설비를 추가하기가 더 쉬운 '연소 후 탄소포집격리 기술'은 실제 산업에서 시도조차 하지 않았다).

(오직 산소로만 석탄을 태우는) 산소연료 기술 같은 '연소 전 조치' 기술의 목적은 배기가스에 비교적 순수한 이산화탄소만 나오게 하는 것이다. 이렇게 나온 이산화탄소 가스를 압축한 다음 파이프를 이용해 그것을 격리하기 좋은 곳으로 옮기는 과정이 산업계에서 가장 널리 쓰이는 표준 방식이다. 적당한 장소를 찾아 이산화탄소를 땅속에 무한정 묻어두는 작업에는 일반적으로 유전에 쓰는 기술을 사용한다. 그렇다면 새롭고 향상된 탄소포집격리 장비를 갖춘 500~1,500메가와트 급 석탄과 가스 화력발전소가 왜 여기저기 생기지 않는 걸까?

정확히 말하면, 탄소포집격리와 아주 비슷한 기술을 실제 산업에 적용한 곳이 몇 곳 있기는 하다. 조지 몬비오는 탄소포집격리가 실행 가능하다고 믿는 다른 모든 사람처럼 곧잘 언급되는 곳을 지목한다. 노르웨이 기업 스타토일하이드로StatoilHydro가 운영하는 해저 두 곳인 북해의 슬레이프네르Sleipner 가스전과 바렌츠 해의 스뇌비트Snøhvit 가스전이다. 스타토일하이드로는 이곳에서 추출한 천연가스에서 해마다 이산화탄소 170만 톤을 빼내 세정한 뒤 이를 다시 해저에 영구적으로 주입한다(덕분에 스타토일은 유럽연합이 이산화탄소 함량이 높은 천연가스에 부과하는 무거운 세금을 피하게 됐다). 육지에서는 브리티시 페트롤륨BP이 알제리 사하라 사막에 있는 인살라에서 비슷한 작업을 진행하며 해마다 이산화탄소 100만 톤을 매장한다. 그리고 서스캐처원 웨이번 근처의 엔카나EnCana는 노스다코타에 있는 석탄 가스화 공장에서 300킬로미터 길이의 파이프로 이산화탄소를 끌어다 석유가 매장된 땅속에 밀어 넣어 석유가 올라오도록 한다.

그게 전부다. 지난 수년간 기후 논쟁에서 탄소포집격리가 그렇게 부각되었는데도 지구 전체에서 탄소포집격리 계획을 실제 산업에서 적용한 곳은 앞의 네 곳뿐이며, 네 곳 모두 화석연료를 기반으로 한 화력발전소와는 관련이 없다. 참으로 알 수 없는 노릇이다. 마치 석탄 업계가 그 실험을 원치 않는 것 같지 않은가. 화력발전소에서 배출하는 이산화탄소를 격리하는 기술과 가장 비슷한 기술을 사용한 곳은 엔카나다. 나는 그들에게 어떤 결론을 얻었는지 물어보았다.

석탄을 때는 1천 메가와트 급 시설은 이산화탄소를 연간 8메가톤 정도 배출합니다. 이때, 포집하는 양은 어떤 기술을 이용하느냐에 달렸지만, 굴뚝에서 나오는 걸 죄다 포집할 수는 없어요. 워낙 묽어서, 포집 비용이 아주 많이 들거든요. 그곳에는 가스화 공장에 흔히 있는 순수 가공 공정이나 비료 공장 또는 석유화학 공장의 가공 공정이 갖춰져 있지 않죠.

순수하게 이산화탄소를 빼낼 산업 공정이 있어야 당연히 포집 비용이 적게 듭니다. 일단 이산화탄소를 포집하면, 그걸 운반해 주입하는 비용은 얼마 안 들어요. 1톤 운반에 약 1, 2달러, 그리고 주입에도 거의 같은 비용이 들죠. 문제는 가령 석탄 화력발전소 굴뚝에서 나오는 배기가스처럼, 이산화탄소 순도가 낮은 곳에서 많은 돈을 들여 이산화탄소를 포집해야 한다면, 선뜻 돈을 들여 그 기술을 사용할 곳이 있겠는가, 하는 것이에요.

지금 당장 유일하게 가능한 분야라면 석유회수증진enhanced oil-recovery 사업입니다. 그러니 우선, 탄소포집격리가 석유회수증진 사업과 단단히 맞물려야 해요. 그렇지 않으면 사회는 엄청난 비용을 들여, 비교적 순도가 낮은 이산화탄소를 모아 땅속에 주입하면서, 이산화탄소를 폐기물 취급하겠죠. 앞서 말한 석탄을 때는 시설에서 이산화탄소를 포집한다면, 수억, 수십억 달러가 깨질 겁니다. 여러 곳에서 진행한다면 순식간에 깨지겠죠. 사회는 유한한 자원을 그런 식으로 소비해야 하는가를 결정해야 하고요.

—게리 프로티, 엔카나 코퍼레이션의 기업관계 부사장, 국제 부문 사장

그래도 여전히 남는 문제는 이산화탄소를 추출한 뒤에 그것을 운송해 주입할 수 있도록 압축하는 데 드는 에너지 비용이다. 기존의 석탄 또는 가스 화력발전소에서 나오는 배기가스에서 아민을 이용해 이산화탄소를 분리, 포집, 압축하는 현재의 일반적인 방식은 에너지 비용이 너무 높아서, 전기를 생산하는 데 석탄이나 가스가 25~40퍼센트 더 들어간다(업계에서는 이를 '기생부하'라 일컫는다). 여기에다 탄소포집격리에는

연료 외에도 다른 시스템 비용이 더 들고, 탄소포집격리 설비를 갖추어 새로 건설한 석탄 화력발전소의 최종 에너지 비용을 엄밀히 따져봐도 이산화탄소를 배출하는 기존 발전소보다 최고 91퍼센트까지 높게 나타난다. 그리고 가스 화력발전소는 동급의 석탄 화력발전소에 비해 이산화탄소 배출량이 절반 수준인데도 탄소포집격리 비용은 거의 같다.

그렇다면 탄소포집격리 분야의 연구 개발이 왜 그렇게 더딘지, 과감히 추측해볼 수도 있겠다. 관련 업계 사람들은 탄소포집격리의 최종 비용이 얼마나 될지 관심을 두지 않을 수 없었을 테고, 그 비용이라면 석탄과 가스가 원자력과도 경쟁이 되지 않으리라는 걸 알았을 것이다. 그러니 그 사업에 관심을 둘 이유가 없다. 정작 이들이 큰 관심을 둔 것은 탄소포집격리가 머지않아 성공하리라는 희망을 놓지 않는 것이었다. 기후변화를 걱정하는 일반 사람들을 진정시키기 위해서다. 그러면서도 탄소포집격리 비용을 초래할 실제 크기의 실연용 공장을 절대 세우지 말아야 했다(그리고 거의 모든 기후변화를 부정하는 석탄 업계 경영자들이 보기에, 이런 기만술은 도덕적으로 문제될 게 없었다. 이는 정신 나간 자들을 멀리할 전술일 뿐이다).

사정이 이러니, 여러 해를 기다리고 기다린 뒤에야 비로소 탄소포집격리 계획이 요란하게 발표되고, 또 6개월이나 1년이 지나 줘도 새도 모르게 취소되곤 했다. 이 시기가 막을 내린 게 2007년이다. 이때 시티코프Citicorp 증권 분석가들은 지구온난화를 이유로 미국 석탄회사의 주식을 전면 하향조정하면서, "석탄 화력발전소에 새바람을 일으킬 계획이 무산되었다"고 지적했다. 정신 나간 자들이 옳았음이 분명해졌고(조지 W. 부시조차도 이를 갈며 '기후변화'란 말을 입에 올렸으니까), 석탄 산업은 탄소포집격리를 실행하지 않으면 무너질 수 있다는 사실 또한 분명해졌다. 이들은 드디어 이 문제를 진지하게 받아들였다. 하지만 결과는 초라했다.

이 글을 쓰던 시점에(2010년 초), 탄소포집격리 설비를 갖추고 시험 삼아 가동 중인 화력발전소는 세상에 단 두 곳뿐이었다. 하나는 독일 동부에 있는, 하루에 이산화탄소 3만 6천 톤을 대기에 뿜어내는 거대한 슈바르체 품페Schwarze Pumpe 석탄 화력발전소다. 스웨덴 전력회사 바텐팔Vattenfall이 세운 이곳은 30메가와트 급 석탄 화력발전소로(이보다 위에 있는 진짜 발전소는 1천6백 메가와트 급이다), 2008년 9월에 전산망으로 연결되었다. 이곳에서 포집한 이산화탄소를 다시 대기로 배출하는데, 원래 계획대로라면 트럭에 실어 네덜란드에 있는 지하 격리소에 묻혀야 했다. 그러나 자기 발밑 땅속에 이산화탄소가 주입되는 걸 원치 않는 지역 주민의 항의로 적어도 당분간은 이 계획이 무산되었다.

시험 중인 발전소가 있는 또 한 곳은 프랑스 남부 라크Lacq 발전소로, 이곳에 있는 30메가와트 가스보일러 하나는 산소연료 '연소 전 조치' 기술에 맞게 설치되었다. 화석연료는 산소가 풍부한 대기에서 연소되고, 그 결과 배기가스는 서로 분리되기 쉬운 수증기와 이산화탄소로만 구성되다시피 한다. 여기서 나온 이산화탄소는 압축되어 파이프를 타고 30킬로미터를 옮겨 가 라크 발전소에 가스를 공급했던 고갈된 가스전에 도착해 땅속에 격리된다. 이 실험은 2년 동안 계속되고, 그동안 고갈된 가스전을 주시하면서, 이산화탄소가 조금이라도 새어나오는지 살피게 된다.

2020년대까지는 여러 나라에서 탄소포집격리 설비를 갖춘 발전소를 가동할 게 분명하지만, 그것이 전력 생산 체계의 주된 요소가 될지는 의심의 여지가 있다. 포집한 가스를 압축하고 냉각하는 데 드는 에너지 비용을 없애줄 마법 같은 기술은 없다. 가스를 압축할 때 열이 들어가는데, 그다음 단계로 넘어가기 전에는 매번 다시 냉각해야 매우 높은 압력(1제곱인치당 2천 파운드가 넘는 압력)에 도달해 땅속에 주입할 수 있다. 다른 마법은 없다. 10년이나 15년 안에 기술이 발달하면, 기존 발전소에 설비를 추가하는 식으로 탄소포집격리를 실현할 수 있을지 모르지만, 비용이 대단히 많이 드는 것만큼은 분명하고, 몬비오가 2030년까지 영국의 온실가스 배출을 90퍼센트 줄인다는 목표를 어느 정도 실현할 때까지도 보편화되지 않을 것이다.

내게 몬비오보다 좋은 은밀한 계획 따위는 없다. 내 말의 요지는 탄소포집격리는 지금 이 순간 어느 누구도 현재의 상황을 타개할 총체적 계획을 갖고 있지 않다는 사실을 보여주는 완벽한 예증이라는 점이다. 레스터 브라운의 견해처럼, 기후변화에 맞서 싸울 세계적 차원의 원대한 이상에는 구체적 과학기술도 거의 없고, 정치 전략도 없다. 과학기술자들은(아니면 적어도 그들 중에 미국인들은) 결국 시장이 해결한다고 믿는다. 시장은 그 문제에 마냥 여유를 부리는 게 빤한데도 말이다. 그리고 데니스 부시넬 같은 비현실적인 사람들은 기존의 에너지 기술을 가능하면 빨리 내던지고 급진적인 신기술 개발에 박차를 가하기로 결단을 내리는 것이 가장 안전한 해결책이라고 주장하는데, 아마도 옳은 말일 것이다. 지구온난화는 얼마든지 해결할 수 있다는 그들의 믿음은 백번 옳지만, 빠르게 해결해 심각한 손실과 불필요한 죽음을 피할 수 있으리라는 믿음은 낙천적이라고 봐야 할 것이다. 문제 해결을 늦추고 꼬이게 만드는 게 정치지만, 인간 세상의 큰일치고 정치가 깊이 관여하지 않는 일이 없다.

따라서 우리는 다시 느리고 암울한 국제 협상으로 돌아가 온실가스 감축에 어떤 식으로든 합의를 이끌어내야 하지만, 온실가스를 대폭 줄이는 책임 있는 행동이 새로 나오기는 대단히 어렵다는 게 잔혹한 현실이다. 최초로 교토의정서를 협상하던 1997년에는 국가 지도자들이 향후 15년 동안 온실가스 배출을 5~10퍼센트 줄이기로 서명하기가 비교적 쉬웠다. 그들이 의무 이행 마감시일까지 재임할 확률은 거의 없었으니까. 그러나 앞으로 10년 안에 가령 40퍼센트를 줄이겠다고 서명하기는 훨씬 어렵다. 지금 우리가 처한 위협을 생각하면 마땅히 달성해야 하는 수치인데도 그러하다. 더군다나 1997년 의정서에서 예외적으로 아무런 제재도 받지 않은 급성장하는 개도국은 어떻게 해야 하는지의 문제는 이제 거대 괴물이 되었다.

2008년, 중국의 온실가스 배출은 아마도 미국을 따라잡았을 것이다. 물론 중국은 인구가 미국보다 네 배나 많아, 1인당 배출량은 여전히 미국보다 적다. 그러나 하늘이 아무리 뿌예져도 중국은 온실가스 배출 제한을 면제받아야 한다는 논리는 갈수록 설득력이 떨어진다. 인도, 브라질, 그리고 빠르게 산업화하는 과거 제3세계 국가들도 마찬가지다. 하지만 변함없는 사실은 (a) 그 나라들은 여전히 상대적으로 가난하고, 온실가스 배출이 빠르게 늘어나는 주된 이유는 가난에서 벗어나고 있기 때문이라는 점, (b) 오래전에 부유해진 국가들이 지금 문제가 되는 온실가스 배출에 거의 모든 책임이 있다는 점, 그리고 (c) 미국이 책임 있는 행동을 약속하지 않는 한 중국도 마찬가지일 거라는 점이다.

빠르게 산업화하는 이들 나라들은 툭하면 싸움을 일으킬 기세인데, 그도 그럴 것이 100년이 넘는 지난 세월 동안 대기에 이산화탄소를 110ppm 더하는 바람에 지금의 기후변화를 초래한 주범이 바로 오래전에 산업화한 나라들이다. 결국 그들이 어질러놓은 자리를 엉뚱한 사람더러 치우라는 꼴이다. 만약 중국과 인도가 세계에서 가장 먼저 산업화를 이루었다면, 두 나라의 온실가스 배출은 100년 동안 아무런 문제가 되지 않았을 것이다. 사정이 이렇다 보니 이들 나라가 경제 발전을 이루는 지금, 온실가스 억제 거래는 대단히 비대칭적으로 이루어져야할 것이다. 즉, 이미 산업화한 나라들이 온실가스를 훨씬 더 많이 줄이고 동시에 개도국에게 탄소 제거 비용을 상당액 지원해야 한다.

비대칭 거래는 협상이 유독 어렵다. 그 밑바탕이 되어야 하는 기본 원칙이 한동안 분명했다 해도 그러하다. 지구상의 모든 사람은 이산화탄소 배출권을 포함해 대기를 오염시킬 권리를 똑같이 갖는다. 일부 사람에게는 지금도 급진적인 개념이다. 하물며 20년 전, 북런던 월섬스토에 있는 음악가 오브리 메이어 집에 네 남자가 모여 이 원칙을 처음 만들었을 때, 그것은 가히 혁명적이었다.

1988년에 뮤지컬 소재를 찾고 있었어요. 그러다가 우연히 치코 멘데스〔아마존 우림 보호 운동을 하던 브라질 사람〕살해 소식을 들었는데, 그때제 첫 반응이 뭐였는지 아세요? '와, 훌륭해! 인간미가 있는 이야기, 드라마에다 라틴아메리카 음악까지. 이건 완벽해!' 그리고 그 사람에 관해서는정보를 많이 못 찾았지만, 그 사건은 좀 알게 됐는데, 두 주쯤 지났을까,저는 눈물을 흘리며 아파트 바닥을 기어 다녔어요. 그리고 생각했죠. '세

상에, 우린 배가 불러도 너무 불렀어. 이건 보통 심각한 게 아니야.'

그리고 한 가지 미친 결단을 내리고 무작정 생각했죠. '지구가 타고 있는데 바이올린이나 켜고 있는 건 시간 낭비야. 뭔가 해야 해.' (……) 그리고 우리는 일 년 만에 '세계 공유재산 연구소Global Commons Institute'를 세웠어요. 기후변화와 지구 붕괴를 다루는 공식은 아주 간단했습니다. 공평과 생존. 도저히 통합할 수 없는 것이죠. 양자물리학으로도 통합할 수 없을 겁니다. 틀림없어요. 모든 사람을 평등하게 포함하는 협상을 체결해야 했어요.

'축소와 수렴'이라는 기본 원칙은 우리가 살아남기 위해 전반적으로 제한을 둔 상태에서 온실가스를 평등하게 배출할 권리예요. 대기의 농도를 안정시키려면 마땅히 배출을 크게 축소해야 합니다. 욕조의 수도꼭지를 잠그는 것과 같은 이치죠. 물이 넘치지 않으려면 당장 수도꼭지를 잠가야 합니다. 타협하고 말고가 없어요. 욕조 마개로 어떻게 해보기도 했지만, 마개는, 그러니까 천연 탄소 흡수원은 막혀가고 있어서, 서둘러야 합니다.

그리고 문제는, 욕조 안에서 지금까지 역사적으로 분배가 얼마나 불평등하게 이루어졌든 간에, 사태를 해결할 유일한 길은 모든 사람에게 우리의 공통 자원인 대기를 이용할 권리를 똑같이 나눠주는 거예요. 평등으로 '수렴'하는 건 그걸 단지 부드럽게 진행하는 방법일 뿐이죠. 그 일을 하룻밤에 해치우려다가는 문제를 더 키워 누구도 감당할 수 없게 될 테니까요. 하지만 그곳에 도달하기까지 프로그램을 짤 수는 있을 겁니다. 최선의 선택이 아니라 차악의 선택이죠. 달리 뭘 선택할 수 있겠어요?

—오브리 메이어, '세계 공유재산 연구소' 공동 설립자

대안은 없다. 인간은 워낙 공정성을 중시하니까. 때로는 소위 실질적

이익보다도 더 중시하니까. 중국·브라질·인도·남아프리카공화국 사람들이 자국 경제가 발전하고 온실가스 배출이 증가하는 와중에, 이미 산업화한 나라들이 1인당 온실가스를 더 많이 배출할 권리를 영속적으로 유지할 수도 있다는 생각을 순순히 받아들일 리가 없다. 모두에게 동등한 몫을 향해 천천히 수렴해가야 한다. 그렇지 않으면 협상이란 있을 수 없다.

  '[배출] 축소와 [배출권] 수렴' 배후에 존재하던 구상은 이제 주류가 되었고, 다른 모든 성공한 구상처럼, 이 구상도 지금은 다른 여러 구상의 모태가 되겠지만, 이 구상을 시장에 내다 판 주인공은 뭐니 뭐니 해도 오브리 메이어와 '세계 공유재산 연구소'다. 지구 자원은 오염을 많이 유발하는 사람에게서 덜 유발하는 사람에게로 옮겨 가야 공평하며, 이때 전제되어야 하는 조건은 그 자원이 가난한 나라가 경제 성장을 하는 가운데 온실가스 배출 증가를 최소화하는 방식으로 사용되어야 한다는 것이다. 이 개념은 이제 교토 관련 주제를 놓고 남반구와 북반구 나라들 사이에 진행되는 모든 진지한 협상의 기초가 된다. 물론 북반구 나라들은 여전히 이 생각이 그다지 편치는 않다.

  게다가 우리가 견딜 수 있는 대기의 이산화탄소 농도를 명확히 하고 감축 목표를 명시하지 않는 협상은 결코 지켜지지 않을 것이며, 따라서 아무런 가치가 없다. 교토에서는 이제까지 과학을 바탕으로 목표를 세우지 않고, 현재의 온실가스 수준에 비례해 감축을 결정하려 했고, 오브리 메이어는 나와의 대담에서 이에 대한 솔직한 생각을 털어놓았다. "교토의정서가 진화에서 적자생존을 보여주는 최고의 예라면, 우리는 생존할 적자가 아니며 앞으로도 그러하리라는 추론이 명확해집니다. 우리는 완전히 길을 잃었어요."

지구의 평균 기온이 산업화 이전보다 2도를 절대 넘지 말아야 한다면, 그리고 그 말은 대기의 이산화탄소 농도가 450ppm을 넘어서는 안 된다는 뜻이라면, 알맞은 시기에 그 목표를 달성하겠다는 약속이 빠진 후속 교토협약은 부족함을 넘어 최악이다. 그건 아예 협약을 만들지 않는 것보다 더 나쁠 수 있다. 사람들을 안심시키고, '어떤 조치가 취해지고 있다'는 엉터리 자신감을 안겨줄 수 있기 때문이다.

실제로 후속 교토 협상에 성공하느냐는 주요 산업국과 가장 거대한 개도국인 중국과의 우선 협상에 달렸다. 이를 추진하기는 다소 어려우리라는 게 닉 매비의 말이다. 영국 외무부에서 지속 가능한 발전 부서를 총괄하고, E3G 창설 전에 '총리 전략실' 수석 보좌관을 지낸 매비는 내게 이렇게 설명했다.

세계 기후변화협약을 이끌어낼 첫 번째 구체적 단계를 시작하려면, 중국과 거래해야 합니다. 중국은 특정 분야에서 국제 협정에 따라 감시를 받고, 그 대가로 기술과 약간의 돈과 어느 정도의 무역을 챙깁니다. 대신 우리는 많은 걸 하겠죠. 현재는 기후변화협약을 이끌어내려고 우리가 중국에게 '뭐든' 주어야 한다는 그 어떤 공적 합의도 없습니다. 미국에도 없고, 유럽연합에는 갈수록 더 없겠죠. 하지만 중국은 얻는 게 없으면 아무것도 하지 않습니다. 그리고 아무것도 하지 않으면, 상황은 지금보다 훨씬 더 나빠집니다.

〔우리는〕 본질적으로 두려움의 정치를 극복해야 합니다. 두려움은 순전히 섬유산업 때문이고, 또 아시다시피 2050년 미래의 중국 미사일 때문이

죠. 기후변화와는 아무 관계가 없어요. 중국 출현을 두려워하는 마음에서 비롯된 것이고, 또 중국의 티베트 정책이나 인권 정책이 마음에 들지 않는다는 뜻이겠죠. 마음에 들지 않는 게 당연합니다. 하지만 그게 중국과 협상을 하는 데 방해가 된다면, 티베트도 날아가는 거예요. 그렇다면 우리는 대체 누구의 인권을 보호하려는 걸까요?

이건 유럽연합과 미국에서, 대중과 안보 문제 의사 결정자를 포함해 다수가 참여해 토론을 벌이기가 아주 힘든 문제죠. 그래도 어쨌든 해야 합니다. 그렇지 않으면 엉터리로 꾸밀 테니까요. 〔코펜하겐에서〕 문서상으로는 협정을 맺겠지만, 실질적 협정은 아니에요. 그리고 이후 10년간 왜 상황은 점점 나빠질까, 의아해하겠죠. 앞으로 2년 안에 중국 문제를 해결하지 못하면, 짐을 싸는 게 좋을 거예요. 이미 마감시한은 지났을 테니까요.

—닉 메비, E3G설립 이사 겸 최고경영자

매비가 이 말을 한 뒤로 2년이 지났고, 아직 중국과 어떤 협상도 이루어지지 않았다. 우리는 이미 마감시한을 넘겨버렸을까? 단정하기는 조금 이르다. 시계는 재깍거리지만 경기는 아직 완전히 끝나지 않았다. 2012년에 만료되는 기존 협약의 바탕 위에 후속 교토협약을 만든다는 구상이 코펜하겐에서 한 차례 지독한 공격을 받았지만 아직 완전히 죽지는 않았다.

앞으로 몇 해 안에 국내적으로나 국제적으로나 온실가스 억제를 향한 진지한 발걸음을 떼어놓을 게 분명하다. 그러나 그 정도 발걸음으로는 추가적인 기후변화를 막기에는 부족하다는 것 또한 분명하다. 일종의 좀비 같은 후속 교토의정서가 나오거나 미국과 중국이 일방적으로 온실가스를 줄여 2030년까지 80퍼센트를 감축하리라고 믿기는 대단히 어려운 노릇이다. 운이 좋으면 절반 정도는 가능할 수 있고, 그렇게 되면, 예상했던 참사의 절반만 일어날 수도 있다. 그리고 그 참사에 자극받아 적절한 시기에 온실가스를 더 줄이고, 다시 참사가 일어나면 더 줄이고……. 나중에는 약발이 떨어지겠지만, 그런 식으로 계속 진행될 것이다. 결과가 불투명한 길고도 참담한 상황이 될 게 분명하다.

CLIMATE WARS

·····

SCENARIO SIX: UNITED STATES AND UNITED KINGDOM, 2055

미국과 영국, 2055년

나는 미국 대중이 앞으로 일어날 수 있는 일을 직감적으로 파악했다고
는 생각하지 않습니다. 우리는 지금 캘리포니아에서 농업이 불가능해지는
상황을 가정한 시나리오를 살펴보고 있어요. 캘리포니아 도시들이 어떻게
살아남을지 솔직히 답이 안 보입니다.

—스티븐 추, 미국 에너지 장관, 2009년 2월 5일

〔영국〕 외무부의 데이비드 밀리밴드가 선보인 지도는 (……) (지표면뿐
아니라 바다까지 고려한) 지구 전체의 평균 기온이 섭씨 4도 상승하면 육
지의 기온은 그보다 훨씬 더 높아진다는 걸 보여준다. (……) 이처럼 영
국은 평균 기온이 3도 상승해도 (……) 지도를 보면 아시아는 5도, 아프
리카와 미국 일부 지역은 7도, 아마존 열대우림은 8도 상승한다는 걸 알

수 있다.　　　　　　　—마이클 매카시의 보고서, 〈인디펜던트〉 2009년 10월 23일자

　지리는 운명이다. 2055년까지 지구 평균 기온이 한때는 상상도 못한 4도까지 올라가자 캘리포니아에서는 더 이상 농사를 지을 수 없게 됐지만 영국은 여전히 농사가 가능했다. 어쩐지 불공평해 보인다. 전세계가 4도 높아졌는데, 왜 영국은 고작 3도 높아지고, 미국은 무려 7도 상승을 감내해야 하는가?

　기후 위기가 심각해지면서 두 나라 모두 내부로 눈을 돌렸다. 세계적으로 일관된 정책을 시행해 온실가스를 줄이려는 온갖 시도는 모두 무산되고 말았다. 2017년 보고타 회의는 2009년 코펜하겐 회의보다도 만족스럽지 못하게 끝났고, 2024년 자카르타에서 다시 우왕좌왕한 뒤로 많은 나라가 국제 공조를 포기했다. 지구온난화에서 적어도 한동안은 자국민을 보호할 자원이 있는 나라는 여러 적응 방법에 관심을 집중했고, 온실가스 완화를 위한 전세계의 단합된 행동은 아예 물 건너가고 말았다(아이러니하게도 미국과 영국 같은 선진국이 2040년대까지 자국에서 화석연료를 사실상 없애버렸고, 그게 더 효과가 있었다).

　2020년대와 2030년대에 걸쳐 미국 정치의 주된 주제 하나가 남쪽 국경을 폐쇄해 라틴아메리카와 카리브 해 연안 국가에서 밀려오는 기후 난민 물결을 막는 것이었지만, 이 외에 농업 보전에도 안간힘을 썼다. 각국은 이처럼 전에 없이 냉혹한 세상에서는 식량 자급자족이 안보의 유일한 기초라는 걸 직감적으로 깨달았고, 미국이 보유한 거대한 농경지는 적어도 그 점을 약속해주는 듯했다.

　미국에서 소비하는 채소의 절반을 재배하는 미국의 '샐러드 볼'인 캘

리포니아의 샌트럴밸리를 구하기란 불가능했다. 이곳의 물은 시에라네바다 산맥을 덮은 눈이 수원인데, 2040년까지 지구 평균 기온이 2도, 캘리포니아 평균 기온이 4도 높아지면서, 산맥에서 눈이 사라졌다. 겨울에도 비가 내렸고, 이 비는 곧장 흘러내려 빠져나갔다. 미시시피 서쪽 고원지대의 많은 농경지가 강우량 부족으로 못 쓰게 되었고, 지하 대수층은 물을 많이 퍼 올려 고갈되었다. 그러나 '구 북서부' 곡창지대(오하이오·인디애나·일리노이즈·미시간·위스콘신·미네소타)는 오대호에서 방대한 양의 농수를 끌어온 덕에 아직 농사가 가능했고, 2040년에 미국은 여전히 4억 인구를 먹여 살릴 수 있었다. 그러나 식량 수출은 거의 막을 내렸다.

캐나다 사람들은 미국이 두 나라가 합법적으로 공유하는 오대호에서 물을 '도둑질'하는 행태에 몹시 화가 났지만, 미국 남서부 도시에 물을 팔아 죽어가는 도시를 살리는 데 합의했다. 2020년대와 30년대에 기온 급상승으로 많은 주민이 도시를 탈출한 뒤에도, 로스앤젤레스·샌디에이고·피닉스·라스베이거스에는 여전히 최소 2천만 명이 살고 있었고, 이들에게 필요한 만큼의 민물을 공급할 수 있는 곳은 캐나다뿐이었다. 물탱크를 실은 미국 선박 수십 대가 캘리포니아 남부 항구와 (태평양 연안의) 프레이저, 스키나, (얼음이 사라진 북극에 인접한) 매켄지 같은 캐나다 강들 사이를 오갔고, 이들 사막 도시는 이후로도 그럭저럭 버텼다.

영국에서는 위기가 사뭇 다른 양상으로 전개됐다. 미국의 평균 기온이 이미 4도나 상승한 2040년에 영국은 고작 1.5도 상승했을 뿐이다. 그러나 한 가지 공통된 주제가 있었다. 남쪽에서 물밀듯 밀려오는 기후 난민을 통제하는 일이다. '구명보트 영국'이라는 말은 2020년대의 일상어가 되었고, 그 뜻은 명확했다. 어려운 시기에도 안전한 곳이지만, 너무 많은 사람이 타면 전복될 위험이 있는 곳이다. 옹졸한 태도였지만, 거기에는 달갑지 않은 진실이 있었다. 영국은 21세기 말까지 자국민을 먹여 살릴 수 있는, 유럽에서 몇 안 되는 국가 중 하나인데, 여기에는 '사람을 더 받아들이지 않을 때만'이라는 조건이 붙었다.

영국의 행운은 순전히 지리 덕분이다. 영국은 바다로 둘러싸인 적당한 크기의 섬이었고, 그러다 보니 바다가 내륙의 열을 식혀주었다. 따라서 지구가 평균 4도 더워져도 영국은 3도만 더워지리라 예상됐다.

영국은 위도상으로 캐나다 래브라도와 동일한 제법 북쪽에 위치해서, 멕시코 만류의 따뜻한 해류가 없었다면 사람이 거의 살 수 없었을 곳이다. 가능성은 희박하지만 만약 지구온난화가 진행되어 멕시코 만류가 제 기능을 못한다 해도, 영국제도는 여전히 건재할 것이다. 이 지역 기온이 꾸준히 내려가 지구온난화를 다소 상쇄해줄 것이기 때문이다.

게다가 영국은 비교적 좋은 경작지를 갖추었다. 비록 이 중 상당 부분이 지난 수십 년 동안 값싼 식량이 수입된 탓에 경제성을 상실했지만. 따라서 노력만 한다면 전적으로 영국에서 재배한 식량만으로 6천5백만 인구 전체를 먹여 살릴 수 있을 것이다. 사실 영국이 식량 자급자족을 이룬 지는 수세기가 됐고, 제국이 절정에 이른 20세기 초반에는 전체 소비량의 60퍼센트를 수입했지만, 노는 땅마다 식량을 재배하며 전력 투구한다면 영국 국민 전체가 (고기는 많이 못 먹겠지만) 자급자족은 가능할 것이다.

섬나라 영국의 또 다른 큰 이점은 외부에서 들어오는 기후 난민을 차단하기가 비교적 쉽다는 점이다. 영국이 속한 유럽연합은 회원국 시민이라면 어느 곳에서든 살고 일할 수 있다는 규정을 정해두었지만, 영국은 국경 통제를 포기하고 다른 유럽연합 시민을 받아들인 적이 한 번도 없었으며, 2020년대부터는 유럽연합 내의 자유로운 이동이라는 원칙을 소리 없이 조금씩 허물었다. 유럽연합이 북아프리카 국가의 태양력발전에 막대한 자금을 투자하는 대가로(여기서 생산된 전력은 지중해를 가로지르는 해저 케이블로 다시 유럽에 팔린다) 해당 국가는 사하라 사막 횡단로에 경찰을 배치해 아프리카 기후 난민이 유럽연합으로 흘러드는 것을 막기로 합의했었다. 그러나 날이 점점 더워지면, 상황이 점점 나빠지는 스페인 · 이탈리아 · 그리스, 기타 지중해 연안의 유럽연합 국가에서 수많은 난민이 더 나은 삶을 꿈꾸며 영국으로 몰려들 것이다.

영국은 지구온난화의 지정학적 영향에서 자국을 보호하려는 공식 전략을 발표한 적은 없지만, 2010년대 중반 이후로 형태를 갖추기 시작한 전략 하나가 분명 있긴 하다. 이곳에서는 국방부의 종용으로 2008~10년에 이미 식량 공급에 관한 최초의 대대적인 연구가 실시됐고, 이에 따라 영국의 묵힌 농경지를 다시 사용할 경우 상당한 보조금을 지원한다는 계획이 2014년에 처음 실시되었다. 이 정책을 실시한다면 유럽연합의 '공동농업정책'에서 손을 떼야 할 판이지만 어쩔 수 없었다. 동시에 에너지 완전 자립도 진지하게 추진되면서, 풍력과 원자력에 모두 상당한 보조금이 지급되었고, 더불어 핵을 이용한 전쟁 억제 정책을 한 세대 더 추진하겠다는 계획이 수많은 거리 시위에도 아랑곳하지 않고 소리 없이 추진되었다.

미국은 북쪽으로 올라오는 기후 난민을 막기 위해 남쪽의 육지와 국경을 더욱 강력하게 봉쇄했지만, 영국과 같은 군사 전략을 세우지는 않았다. 사실 당시 미국은 그런 조치가 필요치 않았다. 캐나다에서 남쪽으로 내려오는 난민은 없었다. 그리고 미국은 영국과 달리 비슷한 크기와 힘을 가진 이웃이 없어서, 전통적인 전략적 고민을 쉽게 무시할 수 있었다. 특히 중국이 2030년대에 기후와 관련한 내부 대란을 겪으면서 국제무대에서 밀려난 뒤로는 더욱 그러했다. 미군이 실행에 옮긴 계획은 지구온난화가 국내에 미칠 대규모 여파에 대처하는 준비가 전부였다.

허리케인 카트리나가 발생한 2005년부터 2030년대 말까지 주요 유민 발생지는 멕시코 만 해안과 플로리다 남부였다. 이 기간에 수백만 명이 바짝 타들어가는 남서부를 떠나 자기 선택과 능력에 따라 다른 곳으로 거처를 옮겼지만, 홍수로 육지가 물에 잠긴 남동부 해안 지대 난민들은 옷가지만 겨우 챙겨 짊어진 채 임시 대피소로 피신했다. 대서양 연안의 사우스캐롤라이나와 노스캐롤라이나 역시 북쪽 육지 상당 부분이 저지대였지만 피해가 그 정도는 아니었다. 하지만 2030년대 말이 되자 해수면이 50센티미터 넘게 상승했다. 거대한 깔때기 모양의 만과 강어귀들은 원래 폭풍해일에 취약했고 허리케인은 수년마다 주기적으로 덮쳤지만, 심각한 해수면 상승에다 사리까지 겹치면 그 결과는 치명적이었는데, 2040년대 초반부터는 허리케인이 해안가를 덮치면 그런 식의 재앙이 터지기 일쑤였다.

워싱턴과 볼티모어를 강타해 농가에 막대한 피해를 입힌 2042년 체서피크 만 재앙은 이후 다른 재앙을 측정하는 기준점이 되었지만, 그 뒤 일어난 재앙도 그와 맞먹었다. 2047년 찰스턴 대홍수, 2051년 뉴올리언스 최후의 파멸, 2053년 롱아일랜드 홍수가 그러했다. 2055년까지 미국에서는 난민까지는 아니어도 유민은 분명한 사람이 1천5백만 명에 이르렀다. (태평양 연안을 제외한) 바닷가 주변에 사는 사람은 민간 주택보험을 들기가 불가능해졌고, 연방정부에서 제공하는 보험도 아주 기본적이면서 대단히 비쌌다. 게다가 그런 집을 판다면, 과연 누가 사겠는가?

2040년대에 일어난 '대각성운동'(미국 역사상 세 번째)은 연이어 일어나는 재앙 앞에 많은 미국인이 환멸과 무기력을 느끼면서 일어난 운동이었다. 과학·공학·구태 정치, 그 어느 것도 사람들을 옥죈 영원한 위기에서 돌파구를 마련해줄 성싶지 않자, 많은 사람이 극단적 형태의 종교로 눈을 돌렸다. 호전적 교파는 모든 재앙을 진노한 신이 미국인을 도덕적 타락으로 내모는 것으로 설명했고, 정치판에서는 갈수록 차이를 인정하지 않는 분위기가 확산됐다. 그러다가 2054년 상하의원 중간선거에서 '하나님 연합'이 기존 당을 누르면서 상황은 바뀌었다. '하나님 연합'은 미국의 탈레반으로 부를 정도는 아니었다. 그러나 20세기부터 시작해 현재 겨우 명맥을 유지하던 개방적이고 관용적인 미국 문화가 하루아침에 사라졌다. 그러나 이듬해 거의 모든 미국 내륙에서 평균 기온이 7도 오르고 미국의 식량 생산은 사상 처음으로 소비를 약간 밑도는 수준으로 떨어진 걸 보면, 신은 아직도 화가 안 풀린 모양이었다.

위기가 깊어지면서 영국도 정치 문화가 바뀌었지만, 방향은 달랐다. 영국은 점점 권위주의로 옮겨 갔다. 야당이 살아남기는 했지만, 비상사태 때문에 이들은 거의 전시 수준으로 공조해야 했고, 중요한 정치 결정이 공론화되는 일은 거의 없었다.

2039년까지 지중해 연안의 유럽연합 회원국에 몰아닥친 더위와 가뭄으로 수백만 명의 이주민이 발생할 것을 우려한 북유럽 국가들은 마침내 유럽연합 시민간의 자유로운 이주 원칙을 포기했고, 그즈음 영국은 이미 10년 넘게 다른 유럽연합 시민들의 이주를 비공식적으로 통제하고 있었다. 2040년대에는 유럽연합에서 구조조정이 빠르게 일어나 회원국이 둘로 나뉘어, 북부 회원국이 남부 회원국에게 식량 원조를 제공했지만, 북부로 영원히 이주하는 것은 허용하지 않았다. 알제리가 파탄 국가가 되고, 아프리카 난민을 통제하기로 한 과거 유럽연합과 북아프리카의 거래가 2048년에 깨진 뒤로, 지중해 해상 순찰과 터키 국경 수비를 도맡다시피 한 나라도 역시 북유럽 국가였다.

물론 그 와중에도 많은 난민이 빠져나갔고, 2055년까지 그리스·불가리아·남부 이탈리아 사람들 가운데 적어도 4분 1이 불법 이민자들이었다. 게다가 북유럽 국가에서 식량 생산이 빠르게 줄어, 남유럽 국가를 먹여 살리고 지중해 연안 국가의 권위를 살려주기가 어렵게 됐다. 서유럽 내륙도 북아메리카 내륙과 똑같은 온도 팽창을 겪기 때문이다. 독일·폴란드·북부 발칸 국가들 모두 심각한 강우량 부족에다 평균 기온이 5, 6도 상승하는 상황에 대처해야 했고, 더 이상은 자국과 지중해 연안 국가를 모두 먹여 살릴 만큼의 식량을 생산할 수 없게 됐다. 북유럽 국가들은 다소 멀리 떨어진 유럽 국경에서 병력을 차츰 철수해 자국 경비에 더 집중했고, 비평가들은 이를 로마가 자국 군단을 소환한 일에 비유했다. 어느 누구도 장기적 승리를 자신하지 못했다.

영국은 영국해협 덕에 국경 통제에 어려움이 훨씬 적었다. 하지만 온난화가 비교적 덜 심각했음에도 자국민을 먹여 살리기가 무척 어려웠다. 유럽 국가 중에서 영국은 22세기와 그 이후까지 무사히 살아남을 가능성이 매우 높은 나라에 속했지만, 식량 문제는 어떻게든 해결해야 했고, 2055년에는 눈 딱 감고 아일랜드와 협상을 체결했다. 영국은 점점 무질서해지는 세상에서 영국과 아일랜드를 모두 보호할 군사력을 가지고 있었고, 아일랜드는 농경지가 넓어 영국 농경지와 합치면 두 나라를 모두 먹여 살릴 수 있었다. 영국으로서는 자존심을 상당히 꺾어야 했지만, 어쩔 수 없는 협상이었다. 어쨌거나 필요한 협상이라는 생각에, 영국과 아일랜드는 2055년 12월에 '영아연맹'을 창설하기로 조약을 체결하고, 농업 문제에서는 동일한 발언권을 갖기로 약속했다. 물론 북아일랜드도 그 공화국의 일원이 되었다.

6장

현실 세계의 정치

Real World Politics

이 바보 같은 정상회담을 컴퓨터 동영상으로 보고 있자니(나는 입장할 수도 없었다) 조약 체결하기 식 관행은 130년 동안 변한 게 없다는 생각이 들었다. 얼굴은 더 다양해지고, 양끝이 올라간 콧수염이나 긴 남성 코트 또는 끝이 뾰족한 독일 제복 모자는 보기 힘들어졌지만, 세계 각국 정부가 대기를 어떻게 나눌지 결정하는 모습을 보면 1884년 베를린 회의를 보는 듯한 착각이 든다.

민주화가 되었다느니, 시민사회와 권익옹호와 민족자결이 꽃피웠다느니, 하는 말은 딴 세상 이야기 같다. 선출된 정부든 그렇지 않은 정부든 각국 정부는 다른 나라 국민은 말할 것도 없고 자국민도 고려하지 않은 채, 세계 공유재산에 금을 긋고는 이건 내 거, 저건 네 거, 하는 식의 결정권을 주장했다. 대기를 두고 달려드는 모습은 그 양상과 의도를 볼 때, 과거 아프리카를 두고 달려들 때와 흡사했다.

가장 잘살고 빠르게 발전하는 나라들〔미국·유럽연합·일본·중국·인도 등〕은 이 회담에서, 대기를 가능하면 많이 차지하려고, 경쟁자보다 더 많은 오염권을 쥐려고 애썼다. 회담 절차는 나쁜 결과를 초래하기에 더없이 적절하게 고안되었다. ──**조지 몬비오**, 〈가디언〉, 2009년 12월 19일자

이건 민주적이지도 않고, 포용적이지도 않습니다. 신사 숙녀 여러분, 이게 바로 현실 세계가 아니겠습니까?

──**우고 차베스**, 베네수엘라 대통령, 2009년 12월 19일

멈춘 시계도 하루에 두 번은 맞는 법이다. 우고 차베스는 거기에도 미치지 못할지언정 더러는 정말 옳을 때도 있는데, 이번이 그랬다. 2009년 12월에 열린 코펜하겐 회의는 1884년 베를린 회의의 재방송이나 다름없었다. 단, 결말은 달랐다. 유럽 강국은 베를린에서 합의한 아프리카 분할 덕에 이후 30년 동안 서로 전쟁을 피할 수 있었다. 하지만 코펜하겐에서는 실질적인 합의가 아예 없었다.

화석연료에서 다른 에너지원으로 옮겨 가는 일은 비교적 간단했다. 대체 기술도 있고, 그 기술을 20, 30년간 이용하는 비용도 연간 국내총생산의 1, 2퍼센트 정도에 불과할 것이다. 이를 가로막는 것은 순전히 정치다. 대내적으로는 특정 이익 집단의 영향력 그리고 단순한 불신 탓이고, 대외적으로는 (그나마 최선의 경우는) 공정성에 집착하거나 (최악의 경우는) 상대적 우위와 편협한 자국의 이익에 집착하는 탓이다.

세계 정부라는 것이 있다면 두말할 필요 없이 위험 요소를 지목하고 필요한 법을 통과시켜 화석연료를 없애겠지만, 이런저런 이유로 세계 정부는 존재하지 않는다. 그렇다면 현재의 대단히 복잡하고 성가신 국제 시스템을 이용해 위험 요소들을 제거할 수밖에 없는데, 그러려면 우선 200개에 가까운 나라가 자국 내에서 공감대를 이끌어낸 다음, 그 불안한 기초 위에서 실천 방안을 두고 국제적 공감대를 형성해야만 한다.

아일랜드에는 길 잃은 여행자 이야기가 전해온다. 어느 여행자가 마을 사람에게 길을 묻자, 그가 대답했다. "그곳에 가야 한다면, 저 같으면 여기서 출발하지 않겠어요." 여기서 출발하지 않는 게 좋을지 몰라도, 달리 선택할 길이 없다. 따라서 우리가 마땅히 해야 할 일을 방해하는 크고 작은 정치 질서가 무엇인지 이해해야 한다. 그리고 그 점에서 본다면, 2009년 12월 코펜하겐에서 열린 기후 정상 회담은 아주 좋은 출발점이다.

코펜하겐 회의나 그 전 회의에 참가했던 여러 나라의 전략과 전술을 살펴보면 비판할 게 한두 가지가 아니지만, 꼭 기억해야 할 중요한 점은 거의 모든 참가국이 지구온난화를 진심으로 우려하고 문제를 진지하게 다룰 합의를 이끌어내고 싶어 한다는 사실이다. 더불어 코펜하겐 회의 전에, 대단히 불공평한 온실가스 배출 감축 의무와 감축 면제가 어떻게 나오게 되었는지도 기억해야 한다.

2009년까지 대부분의 유럽 국가가 감축한 온실가스 양은 최초의 온실가스 감축 국제 조약인 1997년 교토의정서에서 합의한 목표치를 달성하거나 넘어서는 수준이었다. 교토의정서가 산업화한 나라를 대상으로 설정한 평균 온실가스 감축 목표치는 1990년도 배출량의 고작 5퍼센트에 불과했지만, 교토 외교관들은 미미한 목표나마 2012년까지 달성한다면 그 이후로는 전세계가 문제 해결에 나서리라고 믿었다. 당시에도 꾸준히 증가하는 선진국의 온실가스 배출을 여전히 문제의 주범으로 여겼다. 그리고 그 증가가 감소로 돌아서면서 문제 해결의 실마리가 보이는 듯했다. 물론 2012년 이후의 후속 협의에서는 더욱 과감한 감축안이 필요했다.

비록 스페인, 이탈리아 같은 일부 국가가 목표에 다소 못 미쳤지만, 유럽이 교토의정서 이후 10년간 합의 내용을 준수한 것은 바람직한 일이었다. 그러나 유럽이 비교적 만족스러운 성과를 냈던 까닭은 오염의 주범인 동유럽의 소비에트 식 중공업이 1990년 이후로 빠르게 붕괴한 때문이기도 했다. 여기에 세계화 과정도 한몫했다. 선진국이 1990년 이후 20년간 자국의 공업생산 상당 부분을 중국과 기타 아시아 생산자들에게 넘겼고, 그러면서 이산화탄소 배출도 같이 옮겨 갔다. 어쨌거나 유럽은 전반적으로 약속을 지킨 셈이다.

다른 곳의 결과는 절망적이었다. 일본도, 유럽 외에 그 어떤 주요 영어권 국가도 목표치를 전혀 달성하지 못했다. 악동 선진국인 캐나다는 1997년 교토에서 6퍼센트 감축을 약속했지만 실제로는 2006년까지 해마다 29퍼센트씩 증가했다. 미국은 아예 교토협약을 비준하지도 않았지만(그리고 2001년에 조지 W. 부시가 대통령이 되자마자 '공식적으로' 서명을 하지 않았지만) 캐나다보다는 나은 편이어서, 1997년 이후 몇 년간은 온실가스가 17퍼센트 증가하는 데 그쳤다. 그러나 이처럼 실망스러운 결과는 해당 지역 정부가 바뀌면서 곧바로 바로잡을 수 있었고, 실제로 2009년까지 오스트레일리아 · 일본 · 미국에는 좀 더 기후 친화적인 정부가 들어섰다. 그러나 교토협약의 진짜 문제는 부자 나라의 행동이 아니라, 부자 나라와 가난한 나라에 협약을 차별적으로 적용한 것이었다.

교토에서 개도국이 주장한 내용은 그들의 온실가스 배출은 대단히 낮은 수준이라 지구온난화는 자기들 책임이 아니라는 것이었다. 그런데도 이들 국가는 온난화의 주요 피해국 또는 적어도 최초의 피해국이 될 전망이다. 인간의 활동으로 배출된 대기의 과도한 이산화탄소 가운데 80퍼센트 이상이 선진국에서 나왔고, 이 중에는 200년 동안 이산화탄소를 뿜어온 나라도 있다. 따라서 온실가스를 줄여 문제를 해결해야 하는 의무는 선진국에 있으며, 경제 성장에 안간힘을 쓰면서 비교적 적은 양의 온실가스를 배출하는 가난한 나라들은 온실가스 배출에 어떤 제한도 받아서는 안 된다.

역사적 정당성을 거론한 이 주장은 1997년 교토에서 지지를 얻었고, 선진국은 '부속서 1Annex 1' 국가로 분류되어 지구온난화를 해결할 책임을 전부 떠맡았다. 그러나 산업화한 선진국이 이에 동의했던 이유는 의무 감축량이 비교적 적은데다 1997년만 해도 중국·인도·브라질 같은 '부속서 2' 국가의 무제한적 온실가스 배출이 지구의 열평형을 결정하는 주된 요인이 되리라고는 누구도 짐작하지 못한 탓이다. 이들 개도국은 여전히 가난했고 1인당 온실가스 배출량도 매우 낮아서, 다들 계속 그 상태로 머물겠거니 생각했다.

그러나 천만의 말씀이었다. 1997년에는 반짝 성공으로 보였던 세계 인구 절반이 사는 개도국의 경제 성장은 10년 동안 빠른 속도로 지속되었다. '부속서 2'에 속한 국가가 배출하는 온실가스는 급증했고, 그 결과 인류가 대기에 내뿜은 이산화탄소는 해마다 0.5퍼센트씩 서서히 줄기는커녕 해마다 2.5~3퍼센트씩 늘어났다. 세상은 교토에서 협상자들이 예상했던 것과는 무척 다르게 변해갔고, 앞으로 인간이 배출하는 전 세계 이산화탄소의 90퍼센트는 개도국이 경제 성장을 하는 과정에서 나올 것이다. 그런데 바로 이 개도국이 교토협약에서 온실가스 억제 의무를 법으로 면제 받았고, 이후로도 그 권리를 포기하지 않으려 했다. 이들은 온실가스 억제라는 견고한 목표가 경제 성장이라는 그들의 최우선 과제와 양립할 수 없다고 여긴다.

이 점이 교토의정서의 유일한 문제는 아니다. 이른바 '청정개발체계'는 개도국의 온실가스 감축 계획에 부유한 국가의 투자를 유도할 좋은 의도에서 나온 제도로, 부유한 국가가 자국의 탄소를 줄이지 않고 개도국의 감축을 보조하는 식이다. 이를테면 독일이 석탄 화력발전소를 폐쇄하지 않고 싶다면, 인도네시아나 브라질에 삼림 파괴를 억제하는 계획에 보조금을 지원하여 (적어도 이론상으로는) 똑같은 온실가스 감축 효과를 낼 수 있다. 안타깝게도 현실에서는 개도국이 '아낀' 온실가스 배출량을 측정하기가 지독히도 어렵다는 게 증명되었고, 여기에 참여했던 많은 나라가 이 제도를 이용해 대단히 냉소적인 도박을 벌였다. 그 결과 돈은 많이 오갔지만, 온실가스 배출은 조금도 줄지 않았다.

가장 큰 문제는 교토 회의의 방법론 전반이 인간의 정치로 보면 일리가 있을지언정 자연계로 보면 어이가 없다는 점이다. 여러 나라가 온실가스 배출을 몇 퍼센트 감축하느냐를 놓고 흥정을 벌이는 모습은 여러 차례 보아온 낯익은 풍경이지만, 온실가스를 얼마나 많이, 얼마나 빠르게 줄여야 하는가를 둘러싼 객관적이고 과학적인 증거와는 하등의 관련이 없다.

지금부터 가령 2050년까지, 아니면 다른 어떤 특정일까지, 2도 상승 같은 모든 한계를 넘어 온난화로 치닫는 상황을 막으려면, 인류가 대기에 방출할 수 있는 이산화탄소 허용치가 얼마인지를 측정해 좀 더 엄격한 조치를 취해야 할 것이다. 그런 뒤라야 참가국 전원이 세계가 온실가스를 얼마나 많이, 얼마나 빠르게 줄여야 하는지 정확히 인식하고 협상을 시작할 수 있다. 하지만 온실가스 감축의 고통을 어떤 식으로 나눌지를 두고 여전히 상당한 흥정이 이루어질 테고, 과거의 온실가스 배출은 대부분 선진국 책임이되 미래의 온실가스 증가는 대부분 개도국 책임일 것이라는 혼란스러운 사실 탓에 회담은 여전히 복잡하게 전개될 것이다. 그러나 적어도 목표치만큼은 기후변화의 물리적 현실에 근거해 정해질 것이다.

　1997년 교토 협상자들을 탓할 수만도 없는 것이, 당시 기후과학자들은 기후 재앙을 피하려면 전세계가 온실가스를 얼마나 줄여야 하는지 정확한 숫자를 제시할 수 없었다. 이런 상황에서 협상자들은 전에 없던 일을 시도하는데, 세계 문명 전체를 대상으로 온실가스 배출을, 그리고 암암리에는 기본적인 경제 선택을 통제하는 일이다. 이들은 세세한 부분에서 잘못한 점도 많지만, 대기를, 나아가 생물권을 건강하게 지키기 위해 모든 나라가 '공동으로 그러나 차별적으로 책임'을 진다는 원칙을 수립하는 데 성공했다. 어느 나라도 자국의 온실가스 배출이 타국에 미치는 영향을 무시할 권리는 없다(물론 현실에서는 무시하는 나라도 있지만). 교토 회의는 결코 헛수고가 아니었으며, 참가국의 소극적 태도는 온실가스 문제의 규모와 다급함에 무지했던 탓이 크다.

　그러나 그사이 과학은 빠르게 발전했고, 이제 정확한 숫자도 제시할 수 있게 됐다. 실로 어마어마한 숫자를.

과학자 두 팀이 주요 과학 잡지 〈네이처〉 2009년 4월자에, 인간이 온실가스를 얼마나 더 배출할 수 있는지, 대략적이지만 설득력 있는 추정치를 제시했다. 포츠담 기후영향연구소의 말테 마인스하우젠이 이끄는 팀은 2050년을 종점으로 연구한 결과, 2000년에서 2050년까지 인간이 배출하는 총 온실가스가 이산화탄소로 치면(즉 모든 온실가스를 이산화탄소로 바꿔 계산하면) 1조 톤을 넘지 않아야 지구가 2도 이상 더워질 확률을 25퍼센트로 제한할 수 있다. 현재 인류가 대기에 배출하는 온실가스가 한 달에 약 20억 톤씩 늘어난다는 점을 생각할 때, 이 허용치는 2030년도 되기 전에 넘어버릴 공산이 크다.

옥스퍼드 대학 '대기, 대양, 행성 물리학과'에서 기후역학 모임을 이끄는 마일스 앨런이 이끄는 다른 팀은 더욱 장기적 안목으로, 지금부터 2500년까지 온실가스를 어느 정도나 더 배출할 수 있는지를 계산했다. 그 결과, 온난화로 치달을 위험을 최소화하려면, 인간의 문명이 현재 수준으로 온실가스를 배출할 수 있는 기간은 앞으로 500년 동안 63~75년에 불과하다. 어떤 과학적 근거를 보더라도, 2012년에 만료될 교토의정서보다 훨씬 더 대담한 조약이 필요한 것만은 분명했다.

2009년 후반에 코펜하겐에서 대회의를 열어 교토의정서 후속 조약을 만들자고 결정한 것은 2007년 발리 회의에서였다. 당시는 앨런이나 마인스하우젠의 수치가 나오기 전이었지만, 교토 협상 때보다 문제가 훨씬 커졌다는 사실은 누구나 잘 알고 있었다. 교토 협상자들은 개도국의 온실가스 배출이 선진국의 미미한 온실가스 감축을 압도하며 대단히 빠르게 늘어나리라고 예상하지 못했을 뿐 아니라, 기온이 2도 상승하면 온난화가 걷잡을 수 없이 시작된다고도 전혀 상상하지 못했다.

　최근에는 앞으로 어떤 조치가 필요한지를 더욱 현실적으로 인식하기 시작했다. 한 예로, '소 도서국가 연합ASOSIS'은 코펜하겐에 참석해 제임스 핸슨이 제안한 350ppm을 지지하면서, 만약 회의 참가국 대부분의 주장대로 450ppm, 최대 2도 상승을 목표로 정한다면, 해수면 상승으로 낮은 섬 국가 상당수가 물에 잠길 것이라고 주장했다. 아프리카 국가 대다수는 지구온난화로 가장 먼저, 가장 큰 피해를 볼 곳은 아프리카라고 생각하고 있으며, 일부 국가는 개도국으로 구성된 G77의 정책에 (은연중에) 의문을 품기 시작했다. 1997년 교토에서 온실가스 제한 면제권을 옹호했던 정책이다. 앞으로 기후변화가 닥치면, 개도국에게 그들이 저지르지도 않은 잘못으로 생긴 피해를 보상해주느라, 그리고 경제 발전 과정에서 자연스럽게 선택했던 값싼 화석연료와 앞으로 써야 하는 비싼 재생 자원의 가격 차이를 메워주느라 엄청난 돈이 들어가리라는 것도 다들 잘 알고 있었다.

　그리고 2009년 12월에 열릴 두 주간의 코펜하겐 회의에서도 서명만 하면 완성될 최종 조약 따위는 나오지 않으리라는 것도 잘 알고 있었다. 원래는 그런 최종 조약을 만들 계획이었지만, 회의가 시작될 무렵 협정 초안에는 (아직 합의되지 않았음을 나타내는) 수백 개의 괄호가 있었다. (둘이나 셋 또는 그 이상의 선택 항목을 담은) 이 괄호들을 두 주 안에 최종 문장으로 확정하기에는 일이 너무 복잡했다. 그 괄호가 품은 서로 다른 이해관계가 일시에 해결된다 해도 그러하다.

　주어진 시간에 할 수 있는 일이라고는 192개 참가국이 사소한 미합의 사항을 두 주 안에 합의하는 일이 고작일 것이다. 합의하지 못한 주요 사안이 해결되려면, 회의 막바지에 대부분 참석하기로 예정된 주요 온실가스 배출국 지도자들이 고위급 회담을 열어주길 기대해야 했다. 그런 다음 회담은 전원이 지지하는 의지를 담은 강렬한 선언문으로 끝나고, 이어 실무자 회담에서 조약 초안에 남은 빈칸이 가능한 한 빨리 채워지면, 2010년 어느 날엔가 최종 조약이 완성되어 서명만을 남겨두게 될 것이다.

12월 7일 회담이 열렸을 때, 회담장에 도착한 대표 수천 명은 대부분 의미 있는 성과가 나오리라는 낙관을 버리지 않았다. 그러나 세 가지 큰 걸림돌은 여전했다. 미국, 중국, 그리고 온실가스 배출량이 많은 부유한 개도국의 온실가스 억제 면제였다. 이 중 가장 중요한 걸림돌은 아마도 새로 취임한 미국 대통령이 온실가스를 줄이겠다는 신뢰할 만한 결단을 내릴 능력이 없다는 점이었을 것이다.

〔오바마는〕 2020년까지 온실가스를 30퍼센트 줄이겠다, 그렇게는 말하지 않을 겁니다. 그러면 혁명을 감수해야 할 테니까요. 그러니 문제를 차근차근 다룰 수밖에 없죠. —라젠드라 파차우리, IPCC 의장, 2009년 3월 11일

버락 오바마는 참혹한 기후변화를 피하는 문제가 얼마나 중요한지 잘 알지만, 그에게 표를 던진 미국인 중에 그 문제를 최우선 과제로 여기는 사람은 거의 없었다. 그들의 최대 관심사는 일자리와 의료였고, 오바마도 그 문제를 우선시할 수밖에 없었다. 그가 의회에 제출한 첫째 법안은 경제 문제에 거액을 쏟아 부어 미국 경제를 침체에서 구하는 것이었고, 둘째 법안은 의료보장을 받지 못하는 미국인 수천만 명에게 의료보장

혜택을 확장하자는 개혁안이었다. 이러다 보니 책임 있는 감축 약속을 가지고 코펜하겐에 참석하고 싶은 그의 희망과는 별개로, 미국의 온실가스를 미미하게나마 감축하자는 기후변화 법안은 3순위로 밀려났다. 2009년 가을, 미국의 의료 법안조차도 해를 넘길 공산이 커졌고, 오바마는 코펜하겐에 빈손으로 가야 할 판이었다. 그해 10월, 그는 코펜하겐 회의를 종착지가 아닌 '기착지'로 언급하기 시작했다.

의회가 발 빠르게 움직였다 해도 오바마가 코펜하겐에 가져갈 수 있는 제안은 극히 미미한 수준이었을 것이다. 선진국들은 대개 1990년을 기준으로 20, 30퍼센트 감축을 이야기했고, 일본의 새 정부조차도 40퍼센트 감축을 언급했다. 반면에 오바마의 법안은 고작 17퍼센트였인데다, 그나마도 2005년 배출량이 기준이었다. 그는 골대를 1990년에서 2005년으로 옮겨놓아 체면을 세우려 했지만, 다른 나라들처럼 1990년을 기준으로 따지면 그 수치는 고작 4퍼센트에 불과했다. 미국은, 적어도 미국 정계는, 좀 더 과감한 조치를 취할 준비가 전혀 안 됐다는 이야기다.

중국 같은 핵심 국가는 미국의 정치 여건이 허락하는 대로 오바마는 온실가스를 더 줄일 것이라고 이해해주었고, 따라서 오바마가 미미하나마 의회에서 승인 받은 약속을 들고 나타났더라면 코펜하겐에서 실질적인 합의가 이루어졌을 것이다. 그러면 코펜하겐 회의는 미국이 처음으로 온실가스 억제를 약속한 자리가 되고, 바로 그 점이 다른 어떤 수치보다도 중요할 것이었다. 그러나 그런 일은 생기지 않았다. 법안이 아직 미국 의회를 통과하지 않은 탓이다. 사실, 통과를 하기는 할지부터가 의문이었다.

미국은 사실상 정부가 둘인 셈이다. 행정부(백악관)와 입법부(의회)가 그것인데, 이 둘은 다른 어느 선진국보다 더 독립적이다. 오바마는 둘 중 한 곳의 수장일 뿐이고, 따라서 의향서 발표 외에는 달리 손쓸 방도가 없었으며, 그것만으로는 충분치 않았다. 오바마는 이런 이유로 코펜하겐에는 개회 첫날 잠깐 들러 당혹스러움을 피하고, 곧바로 노벨 평화상을 받으러 오슬로로 건너간 채, 다른 정부 수반들이 모두 덴마크 수도에 모이기로 한 폐막식 즈음에는 아예 참석하지 않을 계획을 세웠다.

중국과 관련한 문제는 성격이 사뭇 달라 보였지만, 알고 보면 무척 비슷했다. 분명한 문제는 중국이 세계 최대의 온실가스 배출국이 되었으면서도 여전히 온실가스 감축 의무를 면제받는 '부속서 2' 국가에 속한다는 사실이다(중국은 2007년에 온실가스 배출량에서 미국을 앞질렀다). 중국의 많은 지역이 여전히 가난하지만, 13개 성은 1인당 이산화탄소 배출량이 프랑스보다 높다. 중국의 초고속 성장은 역시 초고속으로 팽창하는 전력 공급에 의존하는데, 이는 풍부한 석탄 자원을 이용해 비용을 절약할 때만 가능한 일이다.

중국 정부가 지구온난화 문제를 외면하는 건 아니다. 외면하기는커녕 중국은 기후변화에 극도로 취약하다는 사실을 잘 안다. 중국은 면적이 미국과 거의 같고 위도상으로도 거의 같은 위치에 있지만, 인구는 네 배나 많고 경작지는 훨씬 적을 뿐 아니라 빙하를 수원으로 하는 강과(남부) 북동계절풍에(북부) 의존도가 높다는 취약점을 갖고 있다. 사정이 이렇다 보니 2020년까지 재생에너지 비율을 15퍼센트로 높인다는 목표를 세우고, 풍력과 태양력 발전에 막대한 투자를 하고 있다. 중국은 자동차 연비 기준이 45mpg로, 세계적으로 높은 축에 속하는데, 거리에 새로 넘쳐나는 자동차가 환경에 미치는 영향을 줄이기 위해서다(중국은 세계 최대의 자동차 생산국이다). 그러나 계속 불을 밝히려면 결국 석탄에 의존해야 하고(주요 에너지의 69퍼센트가 석탄에서 나오는데, 이는 세계 평균의 두 배에 가깝다) 앞으로도 수십 년은 여전히 석탄에 크게 의존할 것이다.

이런 상황이 온실가스 배출에 관한 국제 조약에서 중국의 정책을 결정하는 데 결정적 역할을 한다. 중국은 국민 다수가 여전히 가난한 상황에서 경제 성장을 가로막을 세계 목표치를 억지로 받아들일 마음이 없다 보니, G77이 교토에서 얻은 배출 제한 면제권을 끝까지 사수하는 데 앞장선다. 중국이 코펜하겐에 참여할 때 다짐했던 또 하나는 미국이 감축안을 받아들이지 않는 이상, 중국도 '절대' 받아들이지 않겠다는 것이었다. 그리고 미국은 어떤 감축안도 받아들이지 않았다.

그러나 한편으로 중국은 기후 문제에서 외교적으로 고립될 수 있으며, 그렇게 되면 무역 같은 다른 중요한 부문에도 영향을 받으리라고 걱정했다. 고립은 심각한 문제였다. 교토에서 중국 편에 섰으나 빠른 성장을 이루지 못한 개도국 상당수가 우선순위를 재고하기 시작했기 때문이다. 내 나라의 온실가스가 그다지 늘지 않는 상황에서 배출 제한 면제권이 무슨 소용이란 말인가? 세계적으로 온실가스가 억제되지 않아 결국 농업이 무너지고 해수면이 상승한다면 내 나라에는 어떤 위험이 닥치겠는가? 코펜하겐 회의 전까지는 G77의 와해가 가시화되지 않았지만, 이제는 명백해졌다.

결국 중국은 코펜하겐 회의가 열리기 몇 주 전 감축 목표치를 발표했다. 그러나 이산화탄소 배출 감축이 아닌 '탄소 집약도' 감축이다. 다시 말해, 단위 경제 활동당 배출되는 이산화탄소 양을 줄인다는 이야기다.

중국 정부는 2020년까지 2005년을 기준으로 탄소 집약도를 40~45퍼센트 줄이겠다고 했다. 곧이어 인도도 2020년까지 탄소 집약도를 24퍼센트 줄이겠다고 선언했다. 법적 구속력을 갖는 약속도 아니고, 실제로 탄소 배출 증가가 멈추는 것도 아니다. 하지만 적어도 탄소 배출이 경제 성장에 비해 서서히 증가해서, 중국의 경우, 경제 성장 속도의 절반 수준이 될 것이다. 산업화 중인 경제 대국으로는 최초로 탄소 배출 감소 의지를 표명했다는 점에서, 두 나라의 선언은 따뜻한 환영을 받았다.

코펜하겐 협상자들을 방해한 세 번째 걸림돌은 이번 회의가 교토의정서 재협상 수준에 머물러야 하느냐(즉, 온실가스 배출량이 높은 부유한 개도국의 배출 억제 면제권을 계속 인정해주어야 하느냐), 아니면 조약을 완전히 새로 만드는 수준이 되어야 하느냐(즉, 면제권을 없애야 하느냐)를 두고 벌어진 논란이다. 엄밀히 말하면, 여기에는 의문의 여지가 없었다. 맨 처음 이 회의를 주선한 나라들은 모두 교토 협상에 참석했던 나라들이며, 교토의정서를 파기할 마음이 전혀 없었다. 그러나 미국과 영국 그리고 회의 주최국인 덴마크를 포함한 서구 여러 나라는 자신들을 '헌신하는 자들'이라 부르며, 교토의정서 전체를 대체할 조약 초안을 비밀리에 만들고 있었다. 개도국에게 온실가스 감축을 의무화하고 그 대가로 경제 원조를 해준다는 내용이었다. 이 초안에는 2050년까지도 선진국의 1인당 온실가스 허용치가 개도국보다 두 배 가까이 높아야 하지 않느냐는 내용도 포함되었다.

이 '덴마크 문건'은 일부 제3세계 대표들의 말처럼 악마 같다기보다는, 한심하기 짝이 없었다. 예를 들어, 오랫동안 온실가스를 많이 배출한 부자 나라들은 '당연히' 개도국에 경제 원조를 해야 한다. 이 자금은 공업에서든 농업에서든 임업에서든 특히 온실가스를 줄이는 데 쓰여야 하며, 가난한 나라들이 돌이킬 수 없는 지구온난화에 적응하도록 지원하는 자금과는 별개로 취급되어야 한다. 그리고 후자의 경우는 조건 없이 지원되어야 한다. 지구온난화는 제1세계가 제3세계에 떠넘긴 짐이기 때문이다. 이 지원을 전통적으로 경제 발전을 명목으로 가난한 나라에 지원해온 해외 원조와 혼동해서는 안 된다. 그런데도 '덴마크 문건'은 이 세 원조를 사실상 하나로 묶으려 했고, 부자 나라는 이를 이용해 가난한 나라에 온실가스 감축을 강요하려 했다.

이 같은 변화가 코펜하겐에서 가난한 나라에 슬그머니 떠넘겨질 수 있다는 점을 생각하면 그 무지와 오만에 그저 치가 떨릴 따름이다. '덴마크 문건'에서 현실을 무시한 사례를 더 꼽자면, 부자 나라와 가난한 나라를 나눠 온실가스 배출권을 다르게 부여하자는, 사실상 현재의 불평등을 제도화하는 제안, 그리고 기후 관련 원조를 받을 나라를 서구 세계가 운영하는, 온갖 비난을 한 몸에 받는 세계은행이 결정하도록 하자는 제안이다. 이 문건은 회의가 끝날 즈음, 세계 정상이 모두 참석하고 협상이 교착 상태에 빠졌을 때 불쑥 발표될 예정이었으리라 짐작되지만, (당연히) 회담이 시작되기도 전에 세상에 알려지는 바람에 희생의 표적이 된 국가들 사이에서 엄청난 분노가 일었다.

회의 첫날부터 서로 대치하고 난장판이 벌어진 이유도 바로 이 때문이었다. 그리고 하나 더 있다. 회의장에 사람이 너무 많았다. 승인 받은 대표가 무려 5천 명이나 몰리다 보니, 세부 사항들을 집중적으로 논의하며 그 많은 괄호를 없애기가 불가능했다. 구제불능은 덴마크 정부였다. 행정 · 실무 · 보안을 책임져야 할 덴마크 정부가 보여준 무능은 가히 충격적이었다.

열대지방에서 곧바로 도착한 대표들은 끼어 입을 옷도 없이, 물이나 음식도 먹지 못한 채, 벨라센터 회의장 바깥에서 덴마크의 혹한에 떨며 몇 시간씩 줄을 서서 허가증을 받아야 했다. 그러느라 많은 사람이 병원에 실려 갔다. 중국 협상단 대표는 회의가 시작되고 사흘 동안 보안상의 이유로 출입이 금지됐다. 3분이면 처리됐어야 할 일이었다. 중국 대표단은 노발대발했다. 회의장 분위기는 처음부터 냉랭했다. 라르스 로케 라스무센 덴마크 총리는 개회 두 달 전에 기후에너지부 차관보 토머스 베커를 해임했다. 맨 처음 코펜하겐에 회의를 유치했던 핵심 인물이다. 2년간의 예비회담에서 주요 협상자로서 개도국 사이에서 신뢰를 얻었던 베커의 해임 소식은 충격이었다. 어쩌면 당연한 일이었다. 그것은 총리실과 기후 장관 코니 헤데고르 사이의 광범위한 갈등의 일부였고, 어쩌면 그때까지만 해도 비밀에 부쳐진 채 '헌신하는 자들'을 대표해 라스무센이 쥐고 있던 '덴마크 문건' 때문이었는지도 모른다(정신없던 회의 마지막 이틀 동안 라스무센은 의장인 헤데고르를 제쳐놓고 직접 의장 역할을 떠맡았다).

회의가 시작될 때까지 G77 국가들이 선진국의 의도와 전술을 의심하며 자리를 뜨고 회의를 방해한 탓에, 걸핏하면 몇 시간씩, 더러는 온종일 회의가 지연되기도 했다. 회의 초반에는 수많은 단체가 벨라센터 주변에서 시위를 벌였고, 회의 막바지에 경비가 더욱 강화되면서 회의장 밖은 경찰의 곤봉 세례가 더욱 빗발쳤다. 회의 기간 동안 그나마 주목할 만한 조짐이라면, 2010~12년에 선진국이 개도국에 연간 300억 달러를 제공해 온실가스 배출을 완화하고 기후변화에 적응케 하겠다고 선언한

일이다. 게다가 이 자금은 해마다 늘어 2010년대 말에는 1천억 달러에
이를 전망이다. 상세한 실천 방안은 거의 나오지 않았지만, 이렇다 할
조건 또한 붙지 않았다.

회의가 막바지에 이르자 (회의 마지막 날 돌아오도록 설득된 오바마를 포
함해) 각국 대통령과 총리가 코펜하겐에 속속 도착했지만, 서명할 문건
비슷한 것조차 여전히 마련되지 않았다. 그러나 고위급 정치인은 절대
실패자로 보여서는 안 된다는 게 정치 철학이다. 원칙과 목적을 담은 강
렬한 선언문을 반드시 만들어, 회담 실패를 위장한 채 다 함께 성공을
외치거나, 아니면 실패를 다른 쪽에 그럴듯하게 떠넘겨야 한다. 둘 다
가능하다면 더 이상적인데, 대중매체가 무식하다면 이들이 외치는 성공
을 믿을 테고, 똑똑하다면 실패의 책임을 이들이 바라는 쪽으로 떠넘길
것이다.

> 대단히 특별했어요. 대외적으로는 그게 중요하죠. 저쪽 사람들은 우리
> 처럼 기후변화에 관심을 갖지도, 그것을 잘 알지도 못합니다.
>
> ─조제 마누엘 바호주, 유럽연합 집행위원회 회장

회의 첫날 실제 상황을 보면, 교토의정서에서 감축을 전혀 약속하지
않은 온실가스 주요 배출국이, 그러니까 미국을 한 축으로 하고 인도·브
라질·남아프리카공화국의 지지를 받는 중국을 다른 한 축으로 한 나라
들(BASIC 그룹)이 문서를 틀어쥐고 자기들 입맛에 맞게 요리했다. 이들
국가가 현재 배출하는 온실가스를 모두 합하면 전세계 배출량의 40퍼센
트를 차지할 뿐 아니라 앞으로 이 비율은 더 늘어날 것이어서, 이들은 결

코 무시할 수 없는 존재다. 그러다 보니 지난 2년 동안 확고한 목표를 세우고 구속력 있는 약속을 하면서 진지한 기후 조약을 만들려고 성실하고 부지런히 노력한, 산업화가 덜 된 작고 가난한 개도국은 어떤 결과도 원치 않는 이 일시적인 연합 세력에 의해 쉽게 옆으로 밀려났다.

이 연합 세력도 알 건 다 안다. 이들 정부는 지구온난화로 비싼 대가를 치르리라는 것도 잘 알고, 세계 기온이 2도 상승하는 악몽을 진심으로 피하고 싶어 한다. 다만 자국의 여러 사정상 높은 목표치와 법적 약속을 싫어할 뿐이다. 가령 미국은 의회가 방해를 놓고, BASIC 그룹에게는 온실가스 제한 목표를 설정하면 경쟁 관계에 놓인 선진국 손에 자신들의 경제 성장을 늦출 방편을 쥐어주는 꼴이라는 두려움이 방해 요인이 된다. 인류 문명의 미래가 달린 결정에서 이처럼 지엽적이고 필시 일시적인 근심이 우선순위를 차지한다는 건 안타까운 일이지만, 인간의 정치는 곧잘 그렇게 흘러가게 마련이다. 오바마 행정부는 이런 상황은 외부에서 보기에 영 모양새가 안 좋다는 걸 누구보다도 잘 알았고, 그러다 보니 회의 마지막 날에는 미국과 중국이 서로 실패의 책임을 상대의 방해공작에 떠넘기는 싸움이 회의의 부차적 주제가 되었다.

오바마는 중국의 방해공작을 간접적으로 비난하는 연설로 포문을 열었다. 이에 중국은 부당한 누명이며 불쾌하다는 반응을 보였고, 각국 정부의 핵심 인사들이 참여하는 그날의 비공개 회담에 원자바오 총리가 참석을 거부하는 한 수 위 전략을 구사했다. 그 바람에 다른 대통령과 총리들은 중국의 실무자급 관리들과 협상을 해야 했고, 이들이 틈틈이 원자바오의 의향을 물어오는 동안 계속 기다려야 했다. 그리고 돌아오는 답은 거의 틀림없이 안 된다, 였다.

회담에 참석했던 몇 사람의 말마따나, 중국 관리들이 아예 참석하지 않았다면 상황에 맞는 원칙을 담은 강렬한 선언문을 낭독하고 간단히 끝났을 것이다. 하지만 그들은 회의에 참석했고, 칼자루마저 쥐고 있었다. 나머지 사람들이 감축안을 정해봤자 중국이 자기 책임을 어느 정도 인정하지 않는 한 말짱 헛일이었다. 특히 오바마는 중국도 감축안에 동참한다는 이야기를 꺼내지 않고는 미국 의회에서 미미한 수준이나마 감축안을 승인 받을 가능성이 거의 없었다. 결국 중국은 원하는 것을 거의 모두 챙겼다.

금요일 밤 비공개 회담에서 나온 세 쪽짜리 합의서를 보면, 교토협약은 앞으로 나올 합의의 출발점으로 남을 것이며, 완전히 새로운 조약을 체결하면서 '부속서 2' 국가의 면제권을 없애려던 서구의 시도는 완전히 실패했음을 알 수 있다. 후속 교토협약을 만들려던 2년간의 노력이 물 건너갔을 뿐 아니라, 후속 조약의 완성 시기는 말할 것도 없고 협상이 언제 재개될지도 전혀 언급이 없었다. 문건은 지구의 기온 상승이 2도를 넘지 말아야 한다는 과학적 견해를 '인정'했지만, 그것이 정책 수립의 지침이 되어야 한다고 말하지도, 특정한 감축치 또는 목표치를 설정하지도 않았다. 지구의 온실가스가 "빠른 시일에" 최고점에 이르리라고 말했지만, 그것이 언제라고는 말하지 않았다. 무엇보다도 현재로든 장기적으로든, 선진국에 해당하든 개도국에 해당하든, 목표를 전혀 세우지 않았다. 전혀.

심지어는 과거 모든 초안에 들어갔고 워낙 익숙해져 주목하지 않을 정도인 2050년 목표조차도 중국이 우기는 바람에 최종 문건에서 빠져버렸다. 세계는 더 이상 2050년까지 이산화탄소를 50퍼센트 줄이겠다고 공식적으로 약속하지 않는다. 선진국 역시 그때까지 80퍼센트 줄이겠다고 약속하지 않는다. 이에 대한 그럴듯한 유일한 설명이라면, 중국은 이때쯤이면 선진국이 될 테고, 그때 부담스러운 약속에 얽매이고 싶지 않다는 것이다.

선언적인 2050년 목표보다 훨씬 더 중요한 것은 지금부터 2020년까지 선진국이 감축할 확고한 목표였다. 2010년대의 감축은 20년대나 30년대의 감축보다 훨씬 더 중요하다. 이산화탄소는 대기에 축적되기 때문이다. 한번 배출되면 수세기 동안 그대로 존재한다(물론 그보다 10년 앞서 감축을 했더라면 훨씬 더 값졌겠지만, 그거야 이미 늦은 일이다).

그러나 12월 18일, 진짜 조약을 대체하고 코펜하겐에 참석한 지도자들의 체면을 살릴 세 쪽짜리 조약을 만드느라 정신없던 최종 협상에서, 중국은 선진국의 목표에도 찬성하지 않으리라는 게 분명해졌다. 선진국은 이미 자신의 감축안을 선언문 초안('코펜하겐의정서')에 넣은 상태였지만, 중국은 그마저 빼려 했다. 놀라움은 실망으로, 그리고 다시 마지못한 수락으로 이어졌다. 중국이 원하면 안 될 게 없었다. 앙겔라 메르켈 독일 총리는 "말도 안 된다"며 코웃음을 쳤지만, 유럽연합과 다른 선진국 정부가 이미 발표한 선진국의 퍼센트 목표치는 최종 문건에서 삭제됐다. 유럽 외교관들이 이후에 말했듯이 "중국은 숫자를 싫어했다."

마지막 날 중국의 방해공작을 보며 미국은 중국을 문제의 원흉으로 묘사했다. 중국 대표단은 왜 그처럼 강경한 입장을 택했을까? 중국은 지구온난화가 장기적으로 자국의 식량 생산에, 나아가 정권의 생존에 미칠 영향에는 관심이 없었을까? 중국도 협상을 벌여 2도 상승이라는 한계점을 피하고 싶어 한다고 확신했던 미국이 어떻게 상황을 그 지경으로 만들었을까?

흔히 묻는 질문 하나가 이겁니다. 중국과 인도를 어떻게 다룰 셈인가? 그들은 개발에만 관심이 있을 뿐이다, 이 문제에 동의하지 않을 거다, 그들의 온실가스 배출은 계속 늘어날 거다……. 저는 결코 그렇게 생각하지 않습니다. 이제까지 중국과 인도에서 많은 시간을 보냈습니다. 두 나라에서 기후변화와 그 대처 방안을 놓고 정부 조직·두뇌 집단·대학과 합동으로 연구 작업도 진행했어요. 제가 말씀드릴 수 있는 건 중국이나 인도 사람도 우리 미국이나 캐나다, 유럽 사람들만큼이나 이 문제를 잘 안다는 겁니다. 그들은 우리가 주도적으로 나서길 기다리고 있어요. 우리 선진국이 이제까지 대부분의 문제를 일으켰으니까요. 하지만 기후변화는 이미 그들에게도 해가 된다는 걸 잘 알고 있죠.

중국 사람들도 기후모델이 예견한 대로, 동아시아 계절풍이 30년간 변해왔고 (……) 그 때문에 중국 남부에 홍수가 잦아지고 북부에 가뭄이 잦아졌다는 걸 알아요. 중국 기후모델이 그 사실을 보여주죠. 중국 시도자노 알아요. 중국 정치 지도자들을 사적으로 만나보면, 중국은 기후변화로 심각한 피해를 입고 있다는 중국 기후과학자들의 연구 결과를 그대로 말해줄 거예요. 중국 강의 수원인 거대 빙하가 연간 7퍼센트씩 사라진다는 사실을 알아낸 것도 중국 사람들이죠. 10년 뒤에는 빙하가 절반으로 준다는 얘기예요. (……) 제가 보기에 미국이 마지 못해 따라가는 입장에서 주도적인 자세로 바뀌면 뒤이어 중국과 인도 사람들도 3~5년 안에 세계적인 온실가스 배출 감축에 동의할 겁니다. 우리가 나서길 기다리지만, 그들도 곧 동참할 거예요.

우즈 홀 연구소Woods Hold Research Center 소장인 존 홀드런 박사가 이 이야기를 들려준 때는 그가 오바마 대통령의 과학 수석 자문위원이 되기 전인 2008년 2월이었지만, 그는 이때 이미 미국과 중국의 비공식 지구 온난화 협상에 한동안 깊숙이 개입하고 있었다. 그렇다면 그가 중국 정부의 진짜 입장을 헛짚은 것일까? 그건 아닐 게다. 그는 "미국이 마지 못해 따라가는 입장에서 주도적인 자세로 바뀌게 되면 뒤이어 중국 사람들도 3~5년 안에" 기후 협상에 서명하리라고 말했고, 그 시기는 이 제 겨우 시작이니까.

코펜하겐에서 생긴 문제는 여러 일이 복합적으로 얽힌 결과이지, 중국이 용의주도하게 계획한 일은 아니다. 중국은 ('덴마크 문건'이 여실히 보여주듯) 서구의 강압적 수단 탓에 처음부터 방어적 입장을 취해오던 중에, 공식적으로 연합전선을 구축해온 G77이 흔들리기 시작하면서 통제권을 상실했다는 인식이 커졌다. 회담 2주째 막바지에, 미국 대표단은 회담 실패의 책임을 분담하는 것밖에 달리 할 일이 없다고 인식한 나머지, 중국을 비난하는 발언을 짤막하게 내놓기 시작했다. 그러자 중국은 당연히 그들 나름대로의 비뚤어진 행동으로 응수했다.

중국이 "자제력을 잃었다"거나 아이처럼 행동했다는 이야기가 아니다. 그보다는 서구의 비뚤어진 행동과 다소 고의적인 자극을 중국이 적극 이용해먹은 셈이다. 중국 정권은 기온이 낮게 유지되기보다는 기후 야 어찌 되든 무제한 고속 성장을 이룩해야 정권이 장기적으로 안정된다고 믿는 사람들이다. 중국 정권과 대화를 나눴던 (앞의 홀드런 같은) 외국인의 증언에 따르면, 성장제일주의를 추구하는 무리는 지도층에서 소수에 속하지만, 결코 만만한 상대가 아니다. 코펜하겐에서 이들은 바퀴살을 찌를 기회가 오자 냉큼 그 기회를 낚아챘다. 이들이 장기적으로 중국 정책을 쥐고 흔들지는 더 두고 볼 일이지만, 그럴 가능성은 없어 보인다.

코펜하겐 시는 오늘 밤, 죄인들이 공항으로 달아나는 범죄 현장입니다. 탄소 감축 목표치도 없고, 법적 강제성을 띤 합의된 조약도 없어요.

—존 소벤, 그린피스 영국 지부장

이번 회의 결과는 긍정적이었고, 모두 만족할 겁니다. 협상에서 양측은 자신의 핵심 부분을 어렵게 지킬 수 있었습니다. 우리 중국인에게는 주권과 국익이 거기에 해당합니다.

—셰전화, 중국 대표

코펜하겐에서의 마지막 날은 회의 기간 동안 온실가스를 제한하겠다는 어떤 약속도 하지 않은 나라들이 도로를 질주하며 총기를 난사한 날이었고, 그 뒤에 남은 것이라고는 곧잘 무시되던 교토의정서보다 어느 면에서는 한 걸음 후퇴한 애처로운 '코펜하겐의정서'뿐이었다. 벨라센터에 있던 사람들 수천 명은 코펜하겐에서 공정하고 효과적인 성과를 내기 위해 지난 2년간 쉼 없이 노력했고, 따라서 이들이 느낀 배신감은 대단했다. 이들은 미국과 중국이 절차를 무시하고 별도의 거래를 했다는 사실조차 몰랐고, 오바마 대통령이 그 거래가 회담의 합법적 결과인 양 발표하자 그때서야 사태를 파악할 정도였다. 2009년 12월 19일 토요일 오전 이른 시각, 죄인들이 도시를 떠난 뒤, 마지막 총회가 열려 오바마와 원자바오의 거래를 거부하는 모양새를 취했다.

이 순간, 처음으로, 중국과 인도를 비롯해 빠르게 성장하는 개도국과 절대 다수의 빈곤국 사이에 오래된 공동전선이 마침내 무너졌다. 이들은 추구하는 이익이 달랐고, 드디어 그 사실을 깨달았다. 회의 의장인 라스무센 총리는 마지막 회의에서 고작 1시간을 주고 미국과 중국의 거래를 토론하도록 했지만, 그는 이미 회담의 통제력을 상실한 상태였다. 이른바 제3세계 국가 대표들은, 나아가 중국과 긴밀한 관계를 유지해온 좌파 정부 대표들은 '코펜하겐의정서'를 협정이 없느니만 못한 의정서라고 앞 다투어 비난했고, 회의장에 있던 중국 대표단은 침묵으로 일관했다.

"국제 협정은 소수 집단이 강제할 수 없다. 당신은 유엔에 대항한 쿠데타를 지지하고 있다." 베네수엘라 대표가 분노했다. 이어 볼리비아 대표가 나섰다. "우리는 회의 진행에 모욕감을 느낀다. 거래는 음성적으로 이루어졌다. 2년 동안의 노력을 우습게 여기는 짓이다." 영국, 미국, 오스트레일리아가 막판에 휴회를 신청해 가여운 라스무센을 의장석에서 부랴부랴 내려오게 한 덕에 '코펜하겐 의정서'가 총회에서 정식으로 거부되는 일을 막을 수 있었다. 이들은 휴회 중에 간신히 막판 타협을 이루었고, 여기서 의정서는 승인되지도, 거부되지도 않았다. 단지 '언급'되었을 뿐이다. 그리고 다들 언짢은 마음으로 숙소로, 공항으로 돌아갔다.

그러나 더 냉혹한 사실은 코펜하겐 회의 마지막 날 그 난리를 치르기 전에도 애초에 2도 한계를 넘지 않는다는 계획 따위는 없었다는 점이다. 유럽연합 회원국은 2020년까지 온실가스 배출을 1990년에 비해 20퍼센트 줄이고, 나아가 다른 선진국도 기꺼이 동참한다면 30퍼센트까지도 줄이겠다고 제안했었다. 일본의 새 정부도 비록 구체적인 실천 방법은 내놓지 않았지만 2020년까지 40퍼센트 줄이겠다는 목표를 내놓았다. 게다가 미국까지도 4퍼센트를 제안했다. 오스트레일리아와 캐나다는 미국을 따르는 상황이었으니, 오바마가 뒤이어 미국에서 그 목표치를 높였다면 두 나라도 분명 더 높은 목표를 받아들였을 것이다. 이 모든 제안에다 중국과 인도의 '탄소 집약도' 감축까지 더해진다 해도 지구의 평균 기온은 여전히 3도까지 상승할 수 있었다. 유엔 사무국이 12월 17일 세계 정상들의 도착에 맞춰 비밀리에 내놓은 자료의 내용이다. 아무런 약속도 하지 않은 나라들이 마지막 날에 회의를 납치함으로써 결국 이런 제안들은 최종 문서에 전혀 담기지 않았지만, 어쨌거나 이 역시 충분치 않은 제안이었다.

회의 기간 중에 영국 기상청이 내놓은 연구 자료에 따르면, 인간이 배출한 온실가스가 2018년에 정점에 달했다가 그 뒤로 연간 4퍼센트씩 떨어져야 지구온난화가 궁극적으로 2도를 넘지 않을 확률이 50퍼센트라고 했다. 만약 2년 뒤인 2020년에 정점에 도달한다면 그 뒤로 인간이 배출하는 온실가스가 연간 5퍼센트씩 떨어져야 같은 결과를 얻는다. 기상청 기후 과학 분야 수석 과학자인 비키 포프는 "2025년까지도 계속 증가한다면, 2도 미만을 유지하기란 불가능하다고 봐야 합니다"라고 말한다. 현재 상황으로 본다면 2025년 전에 정점을 찍을 확률은 제로에 가깝다.

코펜하겐 회의처럼 인간이 하는 짓이 가관이다 보면, 많은 사람이 스스로를 비하하는 결론을 내리게 된다. 중대한 시련에 맞닥뜨렸을 때 인간이 할 수 있는 일이 고작 그게 전부라면, 우리는 망해도 싸다는 식이다. 코펜하겐에서 드러난 은밀하고 강압적인 거래처럼 서툴고 때로는 추악한 일을 용서해주기란 쉽지 않지만, 사실 인간의 정치란 그렇게 굴러가게 마련이다. 우리는 땅 위를 걷는 신에 가까운 존재가 아니다. 우리는 역사가 그리 깊지 않은 포유류이며, 수십 또는 수백 명이 무리지어 살도록 진화했고, 각각의 무리는 늘 이웃과 전쟁을 치르며 살아왔으며, 짧은 시간에 먼 길을 여행해야 했다. 그동안 우리 행적은 그리 형편없지는 않았다.

인간이 약 1만 년 전에 문명을 이루기 시작하면서 처음으로 한 일은 익숙한 수렵 채집 집단보다 1천 배나 큰 집단을 이루고 사는 법을 배우는 것이었다. 역사에 나타난 거의 모든 문명에서, 이 거대 집단을 유지하는 유일한 길은 폭정이었고, 노예와 전쟁은 도처에 흔했다. 그러나 거대 문명에서 나타나는 이 같은 고약한 특징은 영원히 지속되지 않았다. 폭정은 두 세기 남짓 원칙이 아닌 예외로 존재했고, 노예제는 거의 자취를 감추었다. 그러나 평등 원칙과 민주주의가 생겨도 정치 투쟁은 끝나지 않았다. 끝나기는커녕 국가 내에서 서로 싸우는 집단의 수는 계속 늘었고, 누가 무엇을 가질지를 결정하는 정치는 대개 볼썽사나운 광경을 연출했다. 대부분의 국가에서 이런 싸움이 도를 넘지 않도록 억제하는 장치는 정체성을 공유한다는 인식이고, 부자든 가난한 자든, 강자든 약자든, 모든 이에게 적용되는 일련의 규칙이다.

온실가스는 모든 이에게 영향을 미치기 때문에, 지구온난화를 해결하려면 국제사회가 나서야 하는데, 국제사회 역시 평등권과 준법정신이 요구된다. 국제사회에서 권리와 책임을 규정하는 법적 틀을 만들려는 노력은 국가 단위의 노력보다 훨씬 늦게 시작되었다. 그리고 그 노력은 주로 대규모 전쟁을 막을 목적으로 이루어졌고, 지금도 계속된다.

75년 전만 해도 독립국가는 전세계에 50개 정도밖에 안 되었고, 인류의 절반 이상이 다른 누군가의 제국 안에 살았다. 세계적 권위를 자처한 유일한 국제기구인 국제연맹은 이미 무너졌으며, 우리는 인류 역사상 최악의 전쟁에 돌입했다.

1960년대까지 많은 것이 변했다. 제2차 세계대전이 끝날 무렵, 그러한 전쟁을, 특히 핵전쟁을 막을 목적으로 더욱 야심찬 국제기구인 국제연합이 새로 출범했다. 이제 독립국가는 백여 개에 이르렀고, 이 중 상당수가 독재국가이긴 해도 제국보다는 자국민의 이익을 더 잘 대변했다. 세계는 이념에 따라 동과 서로 나뉘고, 감정에 따라 남과 북으로 나뉘었지만, 어느 면에서 우리는 모두 한 배를 탔다는 인식이 싹텄고, 결국 핵전쟁도 피했다.

코펜하겐 회의에는 192개국 정부가 참가했다. 거의 다 민주국가였고, 우리는 한 배를 탔다는 사실을 누구보다도 잘 알았다. 그들이 모인 이유도 그 때문이었고, (제한적이나마) 서로의 말을 경청하려 한 까닭도 바로 그 때문이었다. 기후변화 덕분에 우리는 역사상 최초로 다수가 참여한 전면적인 국제정치를 하게 되었다. 하지만 국제정치 역시 민주정치만큼이나 어느 면에서든 정신없고 일관성이 없다는 것이 증명되었다. 세상에나.

인류는 국제적 대응이 필요한 위협을 해결하는 일에 최선을 다하고 있지만, 구태의연한 정치 습관을 버리지 못했다. 그러다 보니 코펜하겐에서도 난장판이 벌어지고 회담도 실패로 끝나면서, 가뜩이나 시간이 없는 상황에서 많은 시간을 허비하고 말았다. 지구온난화와 싸울 핵심 주제를 담은 국제 협정이 앞으로 몇 년 안에는 어떻게든 만들어질 것이다. 주요 정부 모두 그 필요성을 인식하기 때문이다. 하지만 때는 늦고, 협정은 한없이 부족하고, 그 결과 안 좋은 일이 많이 일어날 것이다. 다음 세기가 되면, 국제사회가 다가오는 위협에 이성적이고 빠르게 대처할 능력을 갖출지도 모르지만, 어쨌거나 지금은 아니다.

우리는 자연이 정해놓은 마감 시한을 맞추지 못할 것이며, 자연과 타협할 수도 없다. 우리에게 지구공학 기술이 있다는 건 그나마 다행스러운 일이다. 그 기술이 필요한 날이 올 것이다.

·····

SCENARIO SEVEN: CHINA, 2042

시나리오 7
중국, 2042년

현재 영국에 있는 다소 극단적인 사회 단체나 환경 단체, 특히 동물 권리 보호 단체를 눈여겨보면, 변화가 시작되면서 이들이 환경 문제에 점점 더 과격해지는 양상을 볼 수 있어요. 직접적인 비폭력 행동도 늘어날 테고, 이 중 일부는 극단적인 경우 테러리스트 비슷한 전술을 구사할 수도 있습니다. 미국에서 이런 일을 본 적이 있는데, 많은 단체가 아마도 부당하게 환경테러리스트라는 꼬리표를 달게 됐어요. 제가 알기로, 미 연방수사국이 예의 주시하는 단체들이죠. —**크리스 애보트**, 옥스퍼드 연구집단

골수 환경운동가와 탄소발자국을 없애려는 사람들은 누구든 일본 '도바의 겨울Toba Winter'이 그들 정책 탓이라는 내색을 할 때면 당연히 펄쩍 뛴다. 그들의 목표와는 한참 동떨어졌기 때문인데, 아무리 의도하

지 않았다 해도 간접적으로 연관이 있다는 사실을 부인하기 어렵다. 그리고 그들 이름이 비난받아 마땅한 환경테러리스트와 동시에 언급될 때면 더욱 불같이 화를 내지만, 정치적으로는 역시 관련이 있다.

2030년대가 대규모 테러로 얼룩지자 많은 유럽인과 북아메리카인은 어설픈 피해망상적 세계관에 빠져, 모든 '테러리스트'를 하나로 묶어 비이성적이고 나아가 불가해한 '악마'로 규정했다. 테러로 공포에 떨었던 21세기 첫 10년 동안에도 똑같은 현상이 나타났었고 이는 특히 미국에서 심했는데, 이 때문에 명확한 사고를 할 수도, 건전한 정책을 펼 수도 없었다. 그러나 환경테러리스트의 공격과 과거 중동의 석유 부국 출신 테러리스트의 공격은 중대한 차이가 있다.

예를 들어 2031년, 사하라 태양전지판에서 유럽으로 전력을 옮기는 튀니지 터미널 폭파 사건은 분명 테러 행위였지만, 여기에는 이념이 끼어들지 않았다. 폭파범은 석유 수요가 끊기면서 경제가 황폐해진 페르시아 만 주변국 사람들이었는데, 살아남은 이들을 심문한 결과 주요 범행 동기는 이들이 기대했던 풍요로운 미래가 날아가버린 데 따른 분노였다.

그러나 2032년, 노르망디 펜리에 있는 원자로 2호기를 공격했던 12명으로 구성된 폭파단은 명백한 환경테러리스트였다. 이들은 교육도 제대로 받고 안락한 삶을 누리는 순수한 프랑스 시민(한 명은 벨기에 사람)으로, 이들의 동기에는 특히 생태와 이념이 자리 잡고 있었다.

불타는 원자로에서 올라오는 방사선 연기 기둥이 파리를 뒤덮자 사람들은 공포에 질렸고 이들 머릿속에는 폭파단이 괴물로 각인되었지만, 심문 결과 밝혀진 동기는 기후변화 대처법에 대한 깊은 반감이었다. 이들은 다양한 분야에 반감을 품었고, 원자력이 화석연료 대체재로 확산되는 상황에서 생긴 적개심은 그 반감을 상징적으로 보여주는 한 예에 불과했다(아이러니하게도 40년 넘게 꾸준히 가동된 펜리 원자로는 이들이 공격한 날로부터 석 달 뒤에 원자로 수명을 마치고 폐쇄될 예정이었다).

둘의 차이는 중요하다. 중동의 과거 석유 부국 출신 테러리스트들은 정체가 파악되기 쉽고, 중무장한 국경을 통과해야 하며, 신무기를 휴대할 수 없다. 이들은 터키·북아프리카·파키스탄 이민자들의 후손으로 이루어진 유럽의 이슬람 사회에서도 동조 세력을 찾기가 쉽지 않다. 그러다 보니 대개 유럽을 직접 공격하기보다 이집트·리비아·마그레브 사람들을 공격한다. 유럽연합에 태양력을 팔아 고수익을 올린다는 이유로, 현재 가난하고 황폐해진 과거 석유 부국 사이에서 분노의 대상이 된 사람들이다.

그러나 환경테러리스트는 이미 유럽 국경 안에 존재하며, 이들의 동기는 일반적인 정치적 동기와는 상당한 거리가 있어서, 누구든 테러리스트가 될 가능성이 있다. 다른 테러리스트들과 달리 이들 중에는 여성도 남성 못지않게 많다(이념은 달라도 정신은 비슷한 과거 바더마인호프단처럼). 게다가 이들은 기술이 발달한 사회에 살다 보니 고성능 무기를 소지할 수도 있다. 펜리 공격에 사용한 무기는 적외선 은신 장비, 원자로 경비망을 교란하기 위해 반대 방향에 띄운 무인항공기, 사정거리가 2천 미터인 고성능 휴대 미사일이었다. 게다가 이들에게 동조하는 사람들이 도처에 널렸다. 이들의 무기는 군대 내 지지자들에게서 나왔을 테고, 펜리 내부에도 공모자가 있어서 공격 10분 전쯤 동작감지기를 껐을 것이다(통제실에는 생존자가 없어서 이 부분은 확인되지 않았다).

시나리오 7: 중국, 2042년

환경테러리스트는 단지 원자력에 반대하는 극단주의자들이 아니다. 이들은 2010년대와 20년대에 서구 사회를 갈라놓은 대토론에 뿌리를 두고 있다. 한쪽 사람들은 과거 삶의 방식을 가능한 한 그대로 유지한 채, 탄소포집격리와 원자력 이용 같은 기술적 해법에다 절약을 결합해 '기후변화 문제'를 해결하려는 사람들이다. 다른 쪽 사람들은 과거 삶의 방식 자체가 문제이고 더욱 급진적인 변화가 필요하다고 주장하는 사람들이다.

'우파'(어쩔 수 없이 그리 불린다) 사람들을 고집불통 기술 추종자라고 몰아붙이는 건 옳지 않다. 이들 대부분은 전기 자동차로 바꾸거나 아예 자동차를 굴리지 않았고, 필요할 경우 항공 여행을 자제하는 등 급진적인 절약을 받아들였으니까. 이들은 단지, 방대한 양의 에너지 없이는 현재의 과밀 인구가 살아남을 수 없으니 에너지 분야에 기술적 해법이 반드시 필요하다고 주장했을 뿐이다.

'좌파' 역시 기술이라면 무조건 반대하는 러다이트(19세기 초반 영국 섬유업계에서, 기계에 일자리를 빼앗긴 뒤 기계를 부수며 저항하던 노동자—옮긴이)들은 아니었다. 이들 대다수는 보존을 훨씬 더 강조하고 싶었을 뿐이다. 아무리 탄소포집격리를 한다 해도 석탄 화력발전소는 더 이상 가동하지 않았으면 했고, 원자력이라면 치를 떨었다. 여기에는 합리적인 이유가 있었으며, 반대 주장을 펴는 사람 중에도 원자력이 마냥 마음이 편한 사람은 거의 없었다. 그러나 20세기의 반전운동으로 거슬러 올라가보면, 그때도 감정적인 요소가 강했다. 원자력 반대는 각양각색의 좌파들을 한데 묶는 한 가지 주제였고, 그러다 보니 그 유형도 매우 다양했다.

석탄·원자력·가스를 사용하는 중앙집중발전소가 모두 시장의 힘이라는 치유불능의 공격으로 죽어가고 있어요. (……) 현실을 간단히 이야기하면, 중앙집중발전소는 비용이 너무 많이 들고 재정상 위험 부담이 커서 민간 자본을 끌어들이기가 힘들어요. (……) 2006년에 〔원자력 산업에서〕 전세계적으로 새로 늘어난 발전 용량이 태양전지 추가분보다 적은 이유도 그 때문이죠. 새로 늘어난 풍력발전의 10분의 1 수준이었고, 모든 형태의 소규모 발전보다 30, 40배 적었어요. 이제 막 분배된 재생에너지는 560억 달러의 민간 위험자본을 끌어들였지만 원자력은 한 푼도 못 끌어들였죠. 원자력발전소를 사들인 사람은 중앙의 기획자들뿐이었어요. 미국에서는 정부가 〔원자력〕발전소 총 비용에 맞먹거나 그보다 많은 지원금을 준대도 사겠다는 사람이 없어요.

—애머리 로빈스, 로키마운틴연구소 공동창립자이자 회장 겸 수석 과학자

에너지부 사람들은 온갖 수단을 동원해 권력 분산을 막았어요. 이들 공무원은 은퇴하면 영국핵연료공사British Nuclear Fuels에 이사 자리가 보장된다는 걸 잘 알죠. 그린피스는 그런 한심한 이사회에 일주일에 이틀 참석하는 대가로 연봉을 4만 파운드씩 주지는 않아요. 그래서 이 사람들은 앞날을 생각해 몸을 사리면서 장관들에게 적당히 자문을 해줍니다. 〔그린피스도 똑같은 돈을 준다면〕 이들의 한심한 자문 내용도 분명 달라질 겁니다.

—켄 리빙스턴, 전 런던 시장(2000~2008), 〈옵저버〉(2008년 3월 23일자)와의 대담에서

유럽과 북아메리카를 갈라놓은 약 2015년부터 이어진 긴 토론에서 사실상 패자는 없었다. 보존이든 기술을 이용한 해결이든, 둘 다 서구

시나리오 7: 중국, 2042년

주요 국가의 온실가스 감축 전략에서 큰 역할을 했으니까. 그러나 좌파는 패자가 된 기분이었다. 거대 국가 대부분이 2010~15년에 원자로를 새로 건설하는 주요 사업을 시작했기 때문일 수도 있고, 어쩌면 탄소포집격리를 도입한 석탄 화력발전소가 원자력발전소보다 더 비쌀 것이기 때문일 수도 있으며, 아니면 다른 이유 때문일지도 모른다('다른 이유'는 좌파가 무척 즐겨 사용한 대답이었고, 이들은 그래서 무척 참담했다). 2030년대 초까지 원자로를 냉각할 물이 있는 곳이라면 어디든 원자력발전소가 생기다보니 소수의 극단주의자만이 폭력에 호소했고, 이들은 상당수의 좌파에게서 어느 정도 공감을 얻었다.

이 공감은 펜리 재앙이 일어난 뒤에 일시적으로 사라졌지만, 기후변화에 대처하는 서구의 전략이 효과가 없다는 증거가 축적되면서 되살아났다. 21세기 초 정점에 달했던 석유 소비는 그때보다 5분의 1 수준으로 떨어졌고, 수많은 석탄 화력발전소가 원자력발전소로 대체되었으며, 수많은 사람이 기후변화와 싸우면서 많은 수익을 올렸다. 하지만 이산화탄소는 2035년에 이미 480ppm에 도달한데다, 앞으로 더 높아질 테고, 여름마다 살인적인 폭염이 유럽과 미국 중서부, 남서부를 수시로 강타했다. 영구동토층에서는 메탄이 뿜어져 나오고, 이산화탄소를 빨아들일 대양의 흡수력은 2005년에 비해 70퍼센트나 떨어졌으며, 그린란드 빙하는 바다로 워낙 빠르게 흘러들어 그 움직임이 육안으로 보일 정도였다.

여러 해 전에, 서구가 온실가스 감축 목표를 더 높여야 신흥공업국을 설득해 국제 협정을 맺을 수 있다고 주장했던 사람들이 옳았음이 증명되었다. 그들은 대부분 좌파였다. 하지만 물은 이미 오래전에 엎질러져서 예전의 그 해결책으로 돌아가기에는 너무 늦어버렸다. 일련의 기후 임계점을 넘지 않으려면 빨리 응급조치를 취해야 했다. 따라서 서구의 정치 투쟁은 다음 단계로 옮겨 갔다. 우파 중 다수가 이제는 '지구공학'이라는 최후 수단에 의지해, 지구 표면에 닿는 태양복사의 양을 줄여 기온을 낮출 때라고 주장하자 좌파 다수가 아연실색하며 거부 반응을 보였다.

특정 지구공학을 끌어들여 지구의 기온을 1도 정도 낮추는 방안은 이미 '다수 세계'(아시아·아프리카·라틴아메리카 대다수) 국가에서, 영원한 해결책이 아니라 인류가 온실가스를 낮추려고 애쓰는 동안 기후가 임계점을 넘지 않도록 하는 임시방편으로 지지를 얻었다. 이러한 움직임에 앞장선 나라는 과거 제3세계 국가들이다. 적도와 가까워 이미 폭풍·기온 상승·농업 황폐화로 심각한 손실을 입은 탓이다. 그러나 대기는 단일한 공유 자원이라 서구 사회가 동의하지 않는 한, 기후계에 직접 관여할 수 없었다. 그리고 서구 사회는 동의하지 않았다.

과학기술계에서는 다양한 지구공학 계획의 전면적인 효과가 제대로 알려지지 않았다고 우려하는 사람이 많다. 야심찬 '생물권2'(미국 애리조나 주에 건설한 밀폐된 거대한 생태계 실험장-옮긴이) 시설의 실패는 과학자들이 지구계가 어떻게 통합적으로 돌아가는지 아직도 확실히 이해하지 못했음을 보여주는 복잡한 연구 작업의 한 예다. 세계적 규모의 연구 작업 실패가 암시하는 바는 충격적이고, 그러다 보니 정책 입안자들은 다양한 지구공학 계획을 이용해 지구온난화와 싸우기를 주저한다.

또 다른 비난은 지구공학 작업을 기후변화의 진짜 원인을 다루는 수단이 아니라 지구온난화가 일으키는 현상에 대처하는 수단으로 보는 사람들에게서 나온다. 지구공학은 지구온난화와 관련한 위험을 관리하는 형태를 띠기 때문에 도덕적 해이라는 문제가 발생한다. 즉, 지구공학이 있다고 생각하면 기후 이상이 가져올 파장을 심각하게 여기지 않을 수 있고, 이렇게 되면 온실가스 배출을 줄이려는 의지가 약해질 수 있다. 지구공학 해법을 추구하다 보면, 삶을 보존할 똑똑한 기술만 있다면 인간은 지구와 조화를 이루지 않고도 계속 살아갈 수 있다는 인상을 주기 쉽다. 이처럼 지구 생태계와 자연환경의 전반적 건강을 무시하는 태도는 지속 가능한 발전을 주창하는 사람들에게는 모욕이다.

—위키피디아, '지구공학Geoengineering'에서(2008년 6월 3일 현재)

서구 사회에서는 많은 사람이, 어쩌면 대다수가, 이제는 무슨 수든 써야 할 때라고 동의했다. 그러나 서구에서 좌파와 우파가 기후 문제를 놓고 그런대로 점잖은 대화를 나누려면, 지구공학 문제를 거론하지 않는다는 기본 원칙에 합의해야 했다. 미국·영국·스페인의 일부 정치인들이 2037년에 과감히 이 금기를 깨자, 한동안 잠잠했던 장거리 여객기를 겨냥한 테러리스트의 소규모 폭파가 갑자기 다시 고개를 들었다. 정치인들은 부랴부랴 다시 입을 닫았다. 상황이 급박하기는 했지만, 서구의 여러 정부는 지구공학을 공개적으로 토론하면 미미한 수준이나마 내전이라도 일어나지 않을까 바짝 긴장해, 아무 행동도 취하지 않았다.

'다수 세계'는 기다릴 수 없었다. 그동안 서구 정부가 내부 분열을 정리한 뒤에, 국제 토론장에 나와 어떤 종류의 지구공학을 어느 정도나, 얼마나 빨리 도입할지 논의하기를 점잖게 기다려준 이들은 이제 독자적인 행동에 나섰다. 2039년 3월 25일, 인도네시아와 필리핀은 하늘 높이 기구를 띄우기 시작했다. 황을 연간 약 1메가톤씩 성층권에 뿌려 지구 표면의 온도를 2도 낮추기 위해서다.

이 광경은 그리 극적이지는 않았다. 두 섬나라가 각각 전국 백여 곳에서 약 5톤을 실을 수 있는 거대한 기구를 하루에 대여섯 개씩 띄웠고, 기구는 순식간에 하늘로 올라가 사라졌다. 두 나라가 위도상으로 적도 남북에 걸친 탓에 아황산가스는 북반구와 남반구 양쪽으로 열대지방 성층권에 퍼졌다. 몇 달 안에 세계 각지의 성층권에 고루 퍼지겠지만, 지금은 화학 과정을 거쳐 크기가 1마이크로미터(0.001밀리미터)도 안 되는 황산 방울로 쪼개져 햇빛을 다시 대기권 밖으로 반사해 지구의 표면을 식혔다. 이 작전이 시작되고 어느 정도 시일이 지나서야 비로소 서구 세계도 이 작전의 규모를 눈치 채게 되었다.

이 작전에 돈줄을 대고 상당한 장비를 제공한 곳은 물론 중국이었다. 적어도 인도네시아는 단독으로 이 일을 해낼 능력이 있긴 했다. 그렇게 어려운 기술이 필요한 것도 아니고, 비용도 연간 약 250억 달러면 충분했다. 하지만 중국은 열대지방의 이 두 나라보다도 기후변화에 더 큰 피해를 보고 있던 터라 사정이 급해 이 일에 앞장섰다. 게다가 서구나 일본이 무력을 동원해 반응할 경우 중국은 상대적으로 작은 이 두 나라를 보호할 군사력이 있었다.

사실 서구 정부가 겉으로는 아시아의 일방적 행동에 거세게 항의했지만, 중국과 그 동맹국의 결단력 있는 행동 덕에 서구의 이념 분열로 전 세계가 정체된 상황을 타개하게 되었다는 사실을 내심 반가워했다. 중국은 다량의 황을 성층권에 투입했을 때의 결과를 예의 주시하는 중이며, 예상치 못한 역효과가 난다면 즉시 이 작업을 중단해 약 일 년 안에 대기를 원상태로 되돌려놓겠다며, 사람들을 안심시켰다. 사실 이들은 자연적 화산 폭발이 유발하는 냉각 효과를 모방할 뿐이었다. 화산이 폭발해도 어차피 똑같은 물질이 상당량 성층권에 유입된다. 그렇다면 문제될 게 없지 않은가?

서구 여러 국가의 좌파들은 자국 정부를 향해 무력을 동원해 '위험한 실험'을 중단시키라고 요구했지만, 좌파가 집권한 어떤 국가에서도 중국과의 전쟁을 진지하게 고민하지 않았다. 중국은 과거 10년간 기후변화로 타격을 입어 심각한 불구 상태가 되었지만, 그래도 여전히 거인이었다. 게다가 좌파에서도 이런 식의 지구공학이 삶을 지배하고 미래를 위협하는 문제를 해결할 수 있을지 자못 궁금해하는 사람이 많았다.

1년 반 동안 기구는 날마다 하늘로 올라갔고, 2040년 후반이 되자 지구 전역에서 냉각 효과가 뚜렷이 나타났다. 20세기 후반의 '정상적' 상태까지는 아니었지만, 2020년대로 돌아간 것 같았다. 그리고 도바 산이 폭발했다.

7만 1천 년 전에 도바의 초대형 화산이 마지막으로 거대한 폭발을 일으켰을 때에 비하면 그저 트림에 지나지 않았다. 당시에는 3천 세제곱킬로미터에 해당하는 화산재가 성층권에 뿌려져, 3~6년간 '화산 겨울'이 지속됐다. 수마트라 북부 중심에는 지름이 100킬로미터에 이르는 칼데라(화산 폭발로 땅이 꺼져 생긴 거대한 지역-옮긴이)가 생겼다. 그에 비하면 이번 화산 폭발은 단지 목을 가다듬는 정도였다. 화산재는 고작 550세제곱킬로미터가 성층권에 뿌려졌고, 1815년에 오늘날의 인도네시아에서 도바의 반대편 끝에 있는 탐보라 산이 폭발했을 때보다 기껏해야 세 배 정도 많은 양이다. 하지만 그 정도로도 충분했다.

1815년은 탐보라 폭발로 '여름이 없는 해'가 되었고, 전세계적으로 작황이 줄어 수십만 명, 어쩌면 수백만 명이 굶주렸다. 이 폭발로 지구의 평균 기온은 채 1도도 떨어지지 않았는데도 그러했다. 2041년 도바 폭발은 온대지역의 기온을 2도 가까이 떨어뜨렸는데, 그 직전에 중국과 동맹국이 지구공학으로 이미 2도를 떨어뜨려놓은 상태였다. 물론 도바가 폭발하자 그 일을 곧바로 멈추었지만, 효과까지 곧바로 되돌릴 수는 없었다. 그러다 보니 2041년에는 지구 표면의 온도가 그 전해보다 평균 4도 낮아졌고, 1990년보다는 전반적으로 2도 낮았다. 농사는 어느 곳에서나 실패했다.

도바 산이 1990년에 이 정도 규모로 폭발했다 해도 심각한 식량난이 발생했겠지만, 이후 반세기 동안 기후가 변하면서 농작물도 더운 날씨에 잘 견디는 품종으로 바뀌었고, 그렇게 바뀐 품종이 별안간 4도나 낮아진 환경에 제대로 적응할 리 없었다. 세계 식량 생산은 35퍼센트 줄었고, 그해 여름 인간이 소비할 식량을 확보하느라 가축을 대량 도살했지만, 북반구에 겨울이 닥치자 90억 인구가 하루에 필요한 최소 열량을 섭취하기에도 부족했다.

무려 3~4억 인구가 굶주리다 사망했고, 이들 대부분은 열대와 아열대지방의 가난한 나라 사람들이었다. 그러나 이 극한의 비상사태로 촉발된 정치 폭력과 사회 붕괴는 가장 안정되고 부유한 나라에까지 영향을 미쳐, 세계 인구의 약 3분의 1이 사는 지역이 '파탄 국가'로 전락했다. 지구의 평균 기온은 이듬해에 정상으로(즉, 새로운 정상으로) 돌아갔지만, 이후 5년 동안 '도바의 겨울'이 닥치면서 그 2차적 결과인 내전·

대량 이주·대량 학살로 적어도 기아 사망자만큼이나 많은 사람들이 죽어갈 것이다.

서구에서는 2040~42년에 일어난 재앙으로 기존의 이념 분열이 더욱 깊어졌다. 좌파는 자기네가 전적으로 옳았음이 증명되었다고 주장했다. 즉, 지구공학은 위험한 기술이며 결코 다시 사용되어서는 안 된다. 우파는 그것은 단지 불행한 우연의 일치이며, 세계가 인류 앞에 던진 문제에 대처하려면 지구공학 기술이라는 배터리가 필요하다고 주장했다(당연히, 이 재앙에서 인류 개입이 초래한 피해는 어느 정도이고 화산 폭발이 초래한 피해는 어느 정도인지를 놓고 격렬한 논쟁이 벌어졌다). 그러나 재앙의 여파로 좌파는 날개를 달게 되었고, 서구의 여러 정부는 좌파의 손에 넘어갔다.

그리고 이제 교착 상태에 빠졌다. 지구온난화로 기온은 2050년까지 3도 이상 올라갈 테고, 모든 우파와 많은 좌파가 생각하기에, 우리는 다양한 임계점을 코앞에 두고 있으며, 어쩌면 이미 넘었는지도 모른다. '파탄 국가'에 새로 편입한 일부 국가에서 온실가스 감축을 지키지 못함에 따라 새 정부들이 온실가스 의무 감축 수준을 급격히 높인다 해도 기온 상승을 재빨리 막아 그 임계점을 넘지 않기는 힘들어 보인다. 그런데도 지구공학에 대한 신뢰는 땅에 떨어지고, 서구 주요 열강은 기후 문제에 독단적으로 개입하려는 국가가 있다면 핵공격을 감수해야 할 것이라고 선전한다.

신이여, 우리 모두를 구하소서.

온실가스 감축을 게임이론의 관점에서 볼 때의 문제는 모든 사람을 거기에 따르도록 해야 한다는 겁니다. 지구공학은 문제가 그 반대예요. 모든 사람이 거기에 일제히 뛰어들지 '않도록' 해야 한다는 거죠.

　지금 지구공학을 떠올리면 우리는 으레 미국처럼 거대하고 부유한 기술 관료 사회가 그 일을 하겠거니 생각하지만, 어떤 지구공학은 지구상에서 가장 돈 많은 개인도 할 수 있고, 아주 가난한 나라의 중앙정부도 쉽게 할 수 있어요. 그러니까 가령 방글라데시 같은 나라가 물밑으로 가라앉게 생겼을 때, 그곳 중앙정부가 당신네 부자 나라의 훈계 따위는 관심 없어, 할 수 있는 일이죠. 우리는 어쨌거나 열을 식혀야 하고, 지금 '당장' 해야겠어, 라고 말이죠. 열을 어떻게 식혀야 하는가는 사람마다 의견이 다를 테고, 방글라데시가 동의를 받든 못 받든, 그 문제는 국제적 논쟁을 불러일으킬 수 있어요.

　이제 국제적 통제 기준을 고민하는 문제가 있을 겁니다. 우리에게 국제 조약 같은 게 필요한지 생각해봐야 하는데, 이 문제는 상황에 떠밀려 고민하기보다는, 그리고 어떤 나라가 일방적으로 어떤 결정을 내린 뒤에 부랴부랴 고민하기보다는 그 전에 미리 생각해두는 게 좋을 거예요.

　　　　　　　　　　—데이비드 케이스, 캘거리 대학 캐나다 에너지환경 책임연구원

7장

비상 대책

Emergency Measures

최근 연구에서, 이산화탄소와 다른 온실가스 농도 증가에 따른 지구온
난화가 (……) 구름 응결핵(대기의 수증기가 응결해 구름이 될 때 응결 중심
이 되는 입자-옮긴이) 역할을 하는 황산염 입자로 부분적으로 상쇄되었다.
(……) [인간이 유발하는] 황산염 입자가 모여 이처럼 지구를 식히면서,
[인간이 유발하는] 온실가스로 인한 온난화를, 정확한 양은 몰라도, 어느
정도 상쇄하는 것인데 (……) [따라서 산업공해와 아황산가스 배출을 없
애면] 대부분의 대륙에서 10년마다 지구 표면의 평균 온도 상승을 0.8도,
북극에서는 4도로 유지할 수 있다. 더 자세한 연구를 보면, (……) 21세기
지구의 평균 온난화는 IPCC에서 예상한 지구온난화 범위인 1.4~5.8도의
최고치를 뛰어넘을 수도 있다.

정책 입안자들의 딜레마를 풀 방법으로 지금까지 가장 선호되는 것은

온실가스 배출을 줄이는 방법이다. 그러나 이제까지 그러한 노력은 대실패였다. 이산화탄소를 안정화하려면 현재 인류가 배출하는 이산화탄소를 60~80퍼센트 줄여야 하지만, 2001년에서 2002년까지 이산화탄소는 세계적으로 되레 2퍼센트 증가했는데, 이러한 추세는 앞으로도 바뀔 듯싶지 않다. (……) 따라서 최선책은 결코 아니지만, 지구의 알베도[빛을 반사하는 능력]를 인위적으로 높이는 방법이 이러지도 저러지도 못하는 현 상황을 타개하고 (……) 이산화탄소 배출 증가를 막을 수단으로 다시 검토, 논의될 수 있다. 이를 위해서는 황이나 황화수소를 기구에 넣어 성층권에 띄워 태우거나 대포로 아황산가스를 내보내는 방법이 있다.

—파울 크루첸
'성층권에 황을 주입하여 알베도 높이기: 정책 딜레마를 해결한다?Albedo Enhancement by Stratospheric Sulfur Injections: A Contribution to Resolve a Policy Dilemma?', 〈기후변화〉 2006년 8월호

파울 크루첸은 노벨상을 수상한 대기화학자로, 2006년 〈기후변화〉 잡지에, 당시에 그의 명성을 송두리째 흔들 수 있는 글을 실었다. 대기에 아황산가스를 뿌려 지구의 알베도를 높이고 걷잡을 수 없는 기후변화를 피하는 것이 바람직하고도 필수적인 조치가 될 수 있다는 내용이었다. 이를 위해 그는 이제까지 금기시된 지구공학이라는 주제를 다분히 의도적으로 다시 공론화했다. 그는 대단한 전략적 기술을 구사하며, 이 문제를 정면으로 다루기보다는 후진하는 식으로 접근했다.

그의 지적에 따르면, 인간은 산업혁명 이후 줄곧 대기에 이산화탄소를 지나치게 배출해 온난화를 초래했지만, 화석연료를 태웠던 바로 그 산업공정에서 아황산가스와 다른 오염물질도 함께 배출했고, 그것들은 햇빛을 대기권 밖으로 반사해 기온을 내렸다. 이 '다행스러운 우연의

일치'는 이산화탄소가 일으키는 온난화 효과를 아황산가스가 상쇄한다는 사실을 보여준다. 2003년 크루첸이 계산해보니 그 양은 25~66퍼센트였지만, 같은 해 앤더슨의 계산으로는 그보다 더 높을 수도 있었다. 그러나 그런 날은 이제 끝나간다. 거의 모든 선진국이 산업 전반에서 아황산가스 배출을 금지하는 법을 제정했다. 세계보건기구WHO는 전세계에서 해마다 50만 명이 아황산가스로 때 이른 죽음을 맞이한다고 했다. 사정이 이렇다 보니 아황산가스 오염으로 나타나는 '지구 혼탁화'는 냉각 효과에도 불구하고 점점 사라지고, 이산화탄소는 변함없이 뿜어져 나온다. 이는 지구온난화가 빨라지는 주된 요인이다.

크루첸은 잃어버린 아황산가스를 인간의 건강에 해를 주지 않는 방법으로 되돌려놓는다면 이 궁지에서 빠져나올 수 있으리라고 했다. 아황산가스를 사람들이 숨 쉬는 하층대기(대류권)가 아닌 상층대기(성층권)에 주입하면 된다. 게다가 작은 입자는 성층권에서 매우 오래 머무는 성향이 있어서, 끔찍했던 그 옛날 (아황산가스 입자가 기껏해야 일주일 정도 머무는) 하층대기에 대책 없이 다량 배출되던 아황산가스의 고작 몇 퍼센트만 주입하면 그만이다. 그러나 지난 1세기 동안 무심코 대기에 뿌려댄 대단히 위험한 물질을 그보다 훨씬 덜 위험한 물질로 대체하자는 식으로 조심스럽게 내놓은 제안이었는데도, (오존 구멍 연구로 받은) 노벨상이 어느 정도 방패막이가 되어주지 않았더라면, 크루첸은 아마 린치를 당했을지도 모른다.

지구공학 제안이 특정 지역에서 일으킨 분노는 원자력 확산 제안이 (대개 앞의 지역과 동일 지역에서) 일으킨 분노와 맞먹었고, 크루첸은 그 대가를 톡톡히 치렀다. 이 지뢰밭에 과감히 발을 들여놓은 과학자들이 모두 그랬듯이, 그가 〈기후변화〉에 조심스럽게 제안한 것도 지구온난화가 통제 불능으로 치달을 경우 그것을 멈출 최후 수단으로 지구공학을 쓰자는 내용이었다.

여기서 다시 강조할 점은 알베도 증가 계획은 순이익이 있다고 증명될 때만, 특히 기후온난화가 빠르게 진행될 때만 실행되어야 하고, 여기에는 역설적으로 전세계 공기의 질을 높이려는 의도도 있다. 중요한 점은 이 계획이 미비한 기후 정책을 정당화하는 수단이 되어서는 안 되며, 앞으로 닥칠 끔찍한 기온 상승과 싸울 대비책으로만 사용되어야 한다는 것이다.

그러나 무슨 말을 해도 먹히지 않았다. 상당수의 동료 과학자를 비롯해 다른 사람들이 보기에 그는 단지 '도덕적 해이'를 일으킬 뿐이었다.

도덕적 해이는 금융계에서, 그릇된 판단으로 무일푼이 될 지경에 놓인 투자자들이 아무리 정치권에 압력을 넣어도 정부는 그들을 구제해서는 안 된다는 주장에서 나온 말이다. 구제할 경우 다른 투자자들도 투기성이 강한 무모한 투자를 하면서, 잘못되면 정부가 구해주겠거니, 기대하기 때문이다. 기후변화 과학계에서 말하는 도덕적 해이는 사람들이 (그리고 정부가) 기후변화를 풀 수 있는 과학적 마법이 있다고 믿으면, 온실가스를 줄여가며 힘들게 문제를 해결할 의욕이 없어진다는 뜻이다. 지구공학은 어린애들 앞에서 토론해서는 안 된다. 어린애들이 지구공학을 알면 못된 짓을 할 테니까. 하지만 저명한 기후과학자 몇 사람은 사뭇 다른 방식으로 이 문제에 접근한다.

인간이 화석연료를 태우는 것부터가 지구공학입니다. 숲을 가꾸고, 생물 숯을 사용하고, 탄소를 토양에 저장하자고 하는 것들이 다 지구공학이에요. 하지만 지극히 자연스럽고 이점도 많아서, 누구도 반대하지 않습니다. 우리가 할 수 있는 좀 더 극단적인 다른 지구공학도 있어요. 물론 가능한 다른 수단부터 죄다 동원해야겠죠. 하지만 빙상이 곧 녹아내릴 것 같은 순간이 올 수 있잖습니까. 그럼 지구공학을 생각해볼 수밖에 없어요.

파울 크루첸과 몇 사람이 아황산가스를 성층권에 뿌려 황산 물방울을 만든다, 그러니까 결국 인공 화산을 만든다고 한 건 재미있는 발상이라고 생각합니다. 위험한 짓이라고 할 수도 있겠죠. 어떤 일이 일어날지 모르니까요. 어느 정도는 맞는 말입니다. 아무리 크루첸의 제안이라도 말이죠. 하지만 자연은 이미 그 실험을 했어요. 1991년 피나투보 산 폭발은 흥미로운 사건이죠. 일 년 동안, 폭발이 일어난 뒤 무려 일 년 동안, 1제곱미터당 약 4와트의 에너지가 대기권 밖으로 반사되었으니까요. 이산화탄소를 두 배, 그러니까 560ppm〔을 없애는 효과〕예요. 대단한 마이너스 힘이죠.

여기서 한 가지 재미있는 점은 우리가 자료를 갖고 있는 기간에 일어난 그린란드 해빙을 보면, 그러니까 위성 관측이 시작된 1978~79년부터 현재까지 30년간의 자료를 보면, 해빙이 가장 적었던 해가 1992년인데, 이때가 그러한 연무질의 광학적 두께가 최대에 이른 해였어요. 햇빛은 연무질을 비스듬히 통과해 이 고위도 빙상에 닿아야 했고, 빙상은 햇빛을 많이 반사해 해빙을 최소화했죠. 그러니까 빙상에, 그리고 빙상이 해수면에 미치는 영향에 특히 관심이 있다면, 그 점을 진지하게 고민해야 할 겁니다. 하지만 솔직히 문제를 일으키는 원인을 줄이는 게 더 타당하겠죠.

―**제임스 핸슨**, 나사 고더드 우주연구소 소장

지구공학은 사실 조심스럽다. 그도 그럴 것이 도덕적 해이는 괜한 말이 아니다. 이산화탄소 농도가 꾸준히 올라가는 상황에서 지구의 기온을 안정되게 유지하기 위해 오랫동안 지구공학에 의존하다 보니, 물에 녹아든 이산화탄소 수치가 높아진 탓에 해양생물에 치명적인 결과를 낳게 생겼다(이산화탄소는 물에서 탄산으로 변하는데, 청량음료를 너무 많이 마시면 이가 썩는 것도 탄산 때문이다). 산이 너무 많아지면, 먹이사슬 밑바닥에 있는 작은 해양생물이 껍데기를 만들기가 점점 어려워진다.

　지구온난화의 장기적 해결책으로 지구공학을 이용해 기온을 낮게 유지하는 것은 시한폭탄이다. 시간이 지날수록 대기에 이산화탄소가 계속 쌓이고, 지구공학으로 인위적으로 낮춘 실제 평균 기온과 현재 이산화탄소 농도가 의미하는 정상적 기온 사이의 차이는 점점 커져가기 때문이다. 이 모든 기술에는 고도로 조직화된 사회의 꾸준한 관리와 지속적인 에너지, 원료 주입이 필요하다. 만약 전쟁이나 역병, 기타 어떤 사건으로 사회가 붕괴되어 이 서비스에 문제가 생기면, (지구공학에 얼마나 오래 의존했느냐에 따라) 지구의 기온이 갑자기 3, 4도, 심지어 5도까지도 뛰어오르고, 동시에 농업 전반도 돌연 무너져버릴 것이다. 이 정도 기온 변화에 견딜 작물은 거의 없으니까.

　하지만 누구도 지구과학 해법을 온실가스 감축 대안으로 제시하지는 않는다. 지구공학 옹호자들도 대개는 그것을 일시적 방편으로 여겨, 지구공학으로 시간을 벌면서 기온이 위험 수준으로 올라가 통제불능의 피드백이 일어나는 것을 막고, 동시에 온실가스를 안전한 수준까지 끌어내리는 노력을 계속하자는 생각이다. 이 기술을 어린애들 앞에서 토론한다면 도덕적 해이가 생길 수 있지만, 그걸 고려하기에는 이미 너무 늦었다. 어린애들도 이제는 알 만큼 안다. 진짜 위험은 지구공학 기술의 능력을 과신한 나머지 어리석은 짓을 그만두지 못할 수 있다는 점이다.

우리가 가장 보고 싶은 건 온실가스를 하루빨리 줄여, 기후변화를 그런 대로 견딜 수준까지 줄이는 겁니다. 하지만 지금처럼 온실가스를 배출한 다면 기후변화가 어느 정도나 일어날지 여전히 불확실해요. 지난 40년 동안 불확실했어요. 제가 어렸을 때, 존슨 대통령이 처음으로 기후 문제에 관해 명확한 보고를 받았는데 지금까지도 불확실하니까요. 기후 위협이 얼마나 심각한지 깨달았을 때는 이미 늦었을 겁니다. 이미 이산화탄소를 대기에 다 배출한 뒤겠죠.

가령 그게 2050년이라고 해봅시다. 열심히 노력해서 온실가스를 상당히 줄였고, 이후로 계속 줄어드는 중일 수도 있겠죠. 〔이산화탄소〕 농도는 어느 수준에서 이미 정점을 찍었고요. 하지만 우리는 여전히 그린란드 빙상을 녹이고 있어요. 얼마든지 일어날 수 있는 일이에요. 그러면 그걸 멈추고 싶겠죠. 이때 바로 지구공학 기술을 쓰는데, 온실가스 감축 '대신' 쓰는 게 아니라 온실가스 감축과 '함께' 쓰면서 최악의 결과를 최소화하게 됩니다. (……)

지구공학 문제를 꺼내야 하는지 말아야 하는지, 지금 그 연구를 해야 하는지 말아야 하는지를 놓고 고민하는 가장 큰 이유는 지구공학이 가능하다는 걸 알기만 해도 온실가스를 지금 당장 줄이려는 의욕이 꺾일 수 있다는 겁니다. 이 우려에 한 마디로 대답하면, 알 사람은 다 알아요. 현실을 외면해서는 좋은 정책을 내놓지 못합니다. 지구공학을 둘러싸고 지금 일종의 '블로그권'이 형성되어 있어서, 엄청나게 많은 사람이 지구공학을 이야기하는데, 제대로 연구하는 사람은 거의 없어요. 우리가 갖고 있는 지구 공학 기술 중에 실제로 효과가 있는 건 하나도 없을지도 몰라요. (……)

자, 이제 분명히 합시다. 지구공학 기술 중에 이산화탄소를 배출하지 않는 것만큼 좋은 기술은 없습니다. 지구의 열평형을 조작하겠다고 했을 때, 현재 우리가 가진 기술은 전부 어느 정도는 부정적인 결과를 가져올 겁니다. 아주 심각할 수도 있고, 그렇게까지 심각하진 않을 수도 있어요. 그러니까 지구공학을 어떻게 사용해야 하고 그 결과가 어떨지를 연구하는 건, 지금처럼 지구공학을 입에 담는 건 정치적으로 부적절하다고 생각하면서 지구공학이 가능하다는 건 모르는 사람이 없고 어쩌면 그 가능성을 과장해 알고 있는 것보다 낫습니다. 진실을 아는 것보다 그게 더 위험하다고 생각해요.

—데이비드 케이스, 캘거리 대학 캐나다 에너지환경 책임연구원

사태는 어쨌거나 일어날 기회만 엿보는 중이었지만 그 시동이 된 건 2006년 파울 크루첸이 쓴 기사였고, 그 뒤 약 5년이 지난 지금, 지구공학이라 불러 마땅한 여러 제안이 상정된 상태다. 이 제안은 크게 두 부류로 나뉘는데, 지구 표면에 닿는 태양에너지의 양을 직접적으로 줄이는 빠른 기술적 해법이 하나이고, 대기에서 이산화탄소를 빼내는 느린 해법이 다른 하나다. 우리가 이산화탄소를 갑자기 다량 배출하지 않고 이 지식을 다룰 수 있다고 가정하고, 이 분야를 간략하게 살펴보자.

화산 활동을 모방해 황을 다량으로 성층권에 주입하자고 제안한 사람은 크루첸이 결코 처음이 아니지만, 그의 제안은 두 가지가 새로웠다. 하나는 대략의 비용을 계산한 점인데, 그는 현재 미국 국방비의 5~10퍼센트, 그러니까 연간 250~500억 달러가 들어가리라고 계산했

다. 또 하나는 이 기술을 장기적으로 사용하면 오존층이 파괴되지 않을까 하는 걱정에 어느 정도 위안을 제공했다는 점이다. 아황산가스는 오존을 직접 공격하지는 않지만, (오존층에 구멍을 내는 가장 직접적 원인인 클로로플루오르카본에서 뽑아낸) 염소화합물을 만나면 촉매제가 되어 성층권의 오존을 빠르게 파괴한다. 그러나 크루첸이 추정하기에, 앞으로 몇 십 년쯤 지나 이 긴급 조치가 필요하다고 느낄 때면, 상층대기에 있는 클로로플루오르카본은 점차 줄어들어, 비록 아황산가스가 있어도 오존 농도를 크게 위협하지는 않을 것이다. 1987년에 몬트리올의정서에 이미 이 문제를 다루었고, 지금은 클로로플루오르카본이 거의 배출되지 않는다.

크루첸은 성층권에서 오존의 화학 성질을 연구해 노벨상을 받은 터라 그의 예상은 과학계에서 상당한 비중을 차지했다. 게다가 그는 성층권에 원초적인 탄소(그을음)를 살포해 햇빛을 차단하자는 약간은 불분명한 대안을 내놓았는데, 이렇게 되면 성층권의 기온을 높여, 해마다 늦겨울에 방대한 양의 오존을 파괴하는 빙정구름(얼음 결정으로 형성된 구름—옮긴이) 형성을 방해할 수 있다. 뒤이어 다른 사람들이 아황산가스를 왜 번거롭게 기구(아마도 거대한 기상 관측용처럼 생긴 기구)나 대포로 살포하느냐고 지적했다. 제트기 연료에다 0.5퍼센트 황 용액을 섞어 성층권에 뿌리면, 비용을 대폭 줄일 수 있다. 이 방법을 지지한 사람은 시드니에 있는 매쿼리 대학의 팀 플래너리 교수로, 대표적인 기후과학자이자 2007년 '올해의 호주인'으로 뽑힌 인물이다. 그는 2008년 5월에, 기후변화가 워낙 빠르게 진행되어 5년 안에 이 기술이 필요해지리라는 의견을 내놓았다. 항공기 엔진에 의존하는 어려운 방법 말고 황을 뿌리는 다른 방법으로는 미 공군의 'KC-10 익스텐더' 같은 대형 공중급유기를 이용해, 탱크에 아황산가스나 황화수소 가스를 압축해 채우는 방법이 있다. 플래너리 교수가 계산하기로는 하루에 이런 급유기 아홉 대가 세 차례 출격하면 된다. 러트거스 대학의 앨런 로보크는 해마다 성층권에 황을 100만 톤 뿌리면 충분하다고 했다. 비용은? 20억 달러 정도.

성층권에 황을 뿌린다는 생각은 자연현상을 모방했다는 타당성을 갖고 있고 신기술이 필요 없는 방법으로, 태양에너지를 줄이는 여러 제안 가운데 단연 으뜸이다. 최근 계산에 따르면, 성층권에 황을 1킬로그램 잘 뿌리면 대략 이산화탄소 수십만 킬로그램이 일으키는 온난화를 상쇄하는 효과를 낼 것으로 보인다. 이런 제안들은 모두 물리적으로 햇빛 가리개를 형성하는 것인데, 이를 위해서는 작고 반짝이는 기구를 성층권에 무수히 띄울 수도 있겠고, 빛을 굴절시키는 초소형 우주선(지름 60센티미터, 무게 1그램 정도)을 지구와 태양 사이에 안정된 궤도로 떼 지어 띄울 수도 있다. 후자의 방법은 다음다음 세대나 가능한 흥미로운 제안이며, 만약 기술적 자만도 병이라면 애리조나 대학 천문 적응제어 광학 센터Center for Astronomical Adaptive Optics 로저 앤젤 소장은 아마 죽었을 것이다.

지구와 태양을 잇는 축에서, 지구에서 약 160만 킬로미터 떨어진 곳인 라그랑주 점L1에, 새털처럼 가벼운 우주선 16조 개로 편성된 함대를 띄우자는 게 앤젤의 생각이다. 이 지점은 어느 면에서는 정지궤도(지구를 도는 인공위성의 궤도가 지구 자전 궤도와 일치해, 인공위성이 정지한 듯 보이는 궤도-옮긴이)에 해당한다. 다른 점이라면, 태양 궤도의 라그랑주 점에 쏘아올린 물체는 더 이상의 에너지 소모 없이 지구와 태양 사이에 머문다는 점이다. 우주선이 무려 16조 개라니, 엄청난 수 같지만, 각 우주선은 기본적으로 투명한 필름 같아서, 지름이 1미터도 안 되며, 작은 구멍이 뚫렸는데, 생산 단가가 무척 낮다. 무게는 나비처럼 가볍고, 적도 부근 산꼭대기에 설치된 전자기 발사대에서 100만 개씩 우주로 쏘아 보내게 된다. 총 20대에 이르는 전자기 레일건railgun(두 레일 사이에 전류를 흘려보내 생긴 전자기력으로 탄환을 빠르게 발사하는 장치-옮긴이)이 20년 동안 5분마다 이 비행 물체를 한 무더기씩 발사하면 16조 개를 모두 발사할 수 있고, 이것들은 라그랑주 점에 도착하자마자 무리에서 떨어져 나가, 지름은 지구 절반 정도에다 길이는 지구의 열 배인 거대한 원기둥 구름을 형성한다.

이 원기둥은 지구와 태양을 잇는 축을 따라 길게 배치되어, 지구로 들어오는 햇빛의 상당량이 투명한 비행 물체로 된 길이 6만 킬로미터의 이 구름을 통과하게 된다. 각 비행 물체는 그것이 받는 햇빛의 약 10퍼센트를 지구 밖으로 돌려보낸다. 나머지 빛은 구름을 통과해 계속 지구로 들어오는데, 이때 태양복사가 약간의 압력을 넣고 미세한 거울이 돛 역할을 하는 덕에 각 비행 물체는 구름 속에서 제 위치를 유지한다(사실 구름의 밀도는 그다지 높지 않아서, 비행 물체 사이의 거리는 평균 1킬로미터 정도다). 그리고 대형 무인 통제선이 명령을 보내, 비행 물체 구름이 원기둥 모양을 유지하게 한다.

그 결과 지구 전체에서 햇빛을 2퍼센트 정도 줄이는데, 그 정도면 지구 대기에 이산화탄소가 두 배 늘었을 때 유발하는 온도 상승을 상쇄할 수 있을 것이다. 그러나 지구 환경이 바뀌고 태양에너지가 더 필요하게 되면, 통제선이 비행 물체를 원기둥에서 흐트러뜨려 납작한 렌즈 대열로 만들어 햇빛을 거의 모두 흡수할 수도 있다.

대단히 야심찬 기술이며, 앤젤은 1조 달러를 들여 약 25년 안에 해낼 수 있으리라 계산한다. 지구공학 연구자들이 다 그렇듯이, 그 역시 이를 최후 수단으로 생각한다. 그는 2008년 5월 29일 〈가디언〉과의 대담에서 말했다. "지구공학의 잠재적 부작용도 있고, 우주에서 이 작업을 할 때 드는 비용도 있어서, 아주 절망적이라고 느끼지 않는 한 이 일을 추진하지 않을 것이다." 유일한 문제라면 크루첸의 제안보다 비용이 네 배나 많이 들고, 완성까지 시간은 25배나 더 걸리고, 현재는 불가능한 기술에 의존한다는 점이다. 하지만 이 기술은 24세기에 필요한(그때까지 인간이 존재한다면) 바로 그 기술일 수도 있다. 만약 화성과 금성을 지구처럼 만들기로 결정한다면, 금성의 기온을 낮추고 화성의 기온을 올리는 가장 효과적인 방법일 테니까.

한편 다시 지구로 돌아가, 대기의 이산화탄소를 다량 없애는 문제만 놓고 보면 이제까지 제시된 방법은 많다. 가장 싸고 가장 효과적인 방법은 당연히 열대지방에 조림 사업을 대대적으로 추진하는 것이다(현재 인간이 내뿜는 탄소로 해마다 숲의 20퍼센트가 파괴된다고 추정된다). 그러나 이 문제가 정치적으로 대단히 어려운 사안이다 보니, 탄소를 격리하는 좀 더 기술적인 사업에도 관심을 호소해야 하는 실정이다. 이제까지 적어도 대중의 관심을 끌기에 가장 효과적인 주제는, 해양에 소량만 존재해 대개 미생물의 성장을 제한하는 희소 미량원소(생물이 자라는 데 미량이지만 반드시 필요한 원소-옮긴이)를 해수면에 인위적으로 공급해 해양을 비옥화하는 작업이었다.

캘리포니아의 신생 업체인 '클리모스Climos'와 '플랑크토스Planktos'가 사업을 시작하면서 주목한 희소 원소는 철이었다. 극소량의 철은 식물성 플랑크톤(미소식물) 성장에 필수적인데, 식물성 플랑크톤은 해양 먹이사슬의 기초이기도 하지만, 먹히지 않고 바닥에 가라앉을 경우 탄소를 심해에 영구적으로 또는 아주 오랫동안 격리하는 주요 수단이기도 하다. 대개 해안 지역 바다에는 육지에서 흘러내린 물이 철을 충분히 공급하지만, 드넓은 해양의 해저분지에는 바람에 날린 먼지에 드문드문 섞인 철이 유일한 공급원이다. 식물성 플랑크톤 중에 여러 종이 이따금씩 불어오는, 철이 풍부한 이 먼지를 재빨리 흡수하도록 진화했고, 이 플랑크톤은 이따금씩 바다에 갑자기 불어나 약 60일 동안 번식했다 사라지곤 한다.

그러나 농업 방식이 바뀌면서 1980년 이후로 바람에 실려 해양으로 들어오는 먼지 양이 급격히 줄었다는 주장이 제기됐다. 미국 항공우주국NASA과 미국 국립해양대기청NOAA의 연구에 따르면, 그러한 변화로 이 기간 중 태평양의 플랑크톤이 25퍼센트(세계적으로는 6~9퍼센트) 줄었다. 앞의 두 회사는 미세한 철가루를 드넓은 해양에 두루 뿌려 줄어든 철을 보충해 식물성 플랑크톤의 번식을 인위적으로 늘리자고 제안했다 (플랑크토스는 1만 제곱킬로미터당 50톤이면 충분하리라고 했다). 최근의 해양 실험에서, 미세한 철 입자(0.5~1마이크로미터) 1킬로그램을 뿌려 생성된 플랑크톤의 생물량(단위 면적당 존재하는 해당 생물의 총량-옮긴이)이 10만 킬로그램이 훨씬 넘었다.

식물성 플랑크톤은 자라면서 엄청난 양의 이산화탄소를 흡수하는데, 60일이라는 수명을 끝까지 견딘 플랑크톤은 탄소를 수백만 톤이나 흡수한 채 그대로 바다 밑으로 가라앉는다. (일단 번식하면 식물성 플랑크톤

만큼이나 빠르게 증가하는) 동물성 플랑크톤에 먹혔을 때도 이 유용한 역할은 계속되는데, 식물성 플랑크톤을 잡아먹은 동물성 플랑크톤이 다시 갑각류나 어류에게 잡아먹혀 전체 해양의 생물량이 증가하기 때문이다.

세계적으로 탄소 고정(대기의 이산화탄소가 유기화합물로 바뀌는 과정–옮긴이)의 상당 부분이 해양에서 일어난다. 플랑크토스는 자사 웹사이트에 '해양 숲' 형성을 대대적으로 홍보하면서, 현재 '해양 철 비옥화OIF'라고 알려진 기술을 활용하면, 1980년 이후로 바람에 실려 오는 먼지 유형이 바뀌면서 사라진 식물성 플랑크톤을 되살려 탄소를 연간 30억 톤 격리할 수 있다고 주장했다. 인간이 산업 활동과 차량 이용으로 해마다 배출하는 온실가스의 약 절반에 해당하는 양으로, 플랑크토스의 주장이 사실이라면, 대단히 유용한 기술이다. 플랑크토스가 웹사이트에서 자랑하는 내용은 이렇다. "플랑크톤 개체 수를 1980년 수준으로 되돌리면 산업 사회에서 배출하는 온실가스를 약 50퍼센트 줄이는 효과가 생깁니다. 우리가 자초한 기후 전쟁에서 단일 생태계에 의존해 우리가 할 수 있거나 해야만 하는 유일한 방법이라고 생각합니다."

그렇다면 이익은 어디서 생길까 하는 궁금증이 들게 마련이다(이들 기업은 벤처자금을 지원받으니까). 그 답은 이렇다. 만약 이들의 기술이 식물성 플랑크톤을 자연에서는 불가능할 정도로 다량 번식케 한다고 증명된다면, 만약 이 기술이 해양의 다른 화학적 · 생물학적 기능에 전혀 해가 되지 않는다고 증명된다면, 만약 식물성 플랑크톤 증식 결과로 대기 순환에서 이산화탄소가 장기간(100년 이상) 상당히 줄어든다고 증명된다면, 만약 이산화탄소를 어느 정도나 해저로 옮길 수 있는지 구체적 자료와 수치를 내놓는다면, '그렇게만 된다면' 이들은 격리한 이산화탄소 양을 '탄소 배출권'으로 팔 수 있다. '만약'이라는 조건도 많지만, 수익성은 탄소에 꽤 높은 값을 쳐주는 전세계 탄소 배출권 거래 시장에도 달렸다(클리모스 창립자이자 최고경영자인 댄 훼일리는 2007년에, 클리모스가 이산화탄소를 1톤 격리하는 데 3~7달러가 들 것이라고 예상했다).

그러나 이제까지 다양한 지구공학으로 '해양 철 비옥화'를 실험했으나 해당 기술의 유용성, 비용, 환경에 미치는 영향을 단정적으로 말할 수 있을 정도로 장기간 광범위하게 실시된 실험은 없었다. 배 뒤에서 철가루를 잔뜩 뿌려 해당 지역의 식물성 플랑크톤이 늘어난 적도 있지만, 이를테면 식물성 플랑크톤의 몇 퍼센트가 대기에서 이산화탄소를 흡수해 해저로 가라앉고 몇 퍼센트가 먹히는가, 하는 진짜 자료를 내놓을 만한 실험은 없었다. 아마도 돈이 없어서 그랬을 터이고, 지금도 그럴 돈은 없다.

실제로 플랑크토스는 2008년에 해양 실험에서 손을 떼겠다고 발표하고는 회사의 배를 집이라고 부르더니, 직원을 거의 다 배 밖으로 밀어냈다. 클리모스는 과학계의 유명 인사들을 어렵게 자문위원으로 끌어들이면서, 해당 기술의 장기적 전망을 여전히 낙관하지만, 당분간은 힘을 쓰기 어려운 게 사실이다. 2008년 5월, 유엔 생물다양성협약Convention on Biological Diversity에 서명한 191개국이 아홉 번째 회의를 열어, 해양 영양소 첨가를 일시 중단하자고 결의함으로써 환경 단체 연합의 요구에 부응한 탓이다. 법적 강제성은 없는 결정이지만 그러한 실험을 하기는 한동안 대단히 어렵게 됐다.

또 다른 방식으로 해양 비옥화를 실험한 곳은 오스트레일리아 기업인 '오션 너리쉬먼트 코퍼레이션Ocean Nourishment Corporation'으로, 이 회사는 자사 웹사이트에 "세계 해양 가운데 질소가 부족한 지역에서 식물성 플랑크톤을 늘려, 자연적으로 일어나는 유기적 탄소순환에 포함되는 탄소 양을 늘리겠다"고 했다. 대개 대륙붕 가장자리 부근이 질소가 부족하기 쉬운데, 이 회사는 이런 곳에 질소를 기반으로 하는 요소 비료를 대단히 묽게 희석해 물밑 관으로 조금씩 꾸준히 흘려보내 식물성 플랑크톤의 번식을 촉진하겠다고 했다. 조류가 지나치게 번식하지 않고 대략 5분의 1에서 10분의 1 정도만 증가하도록 요소를 지나치게 투입하지는 않되, 식물성 플랑크톤의 개체 수가 확실히 늘고, 그 결과로 먹이사슬 위에 있는 다른 해양 생물도 모두 늘어날 정도는 투입할 것으로 알려졌다. 이렇게 되면 생물량이 전반적으로 늘고, 따라서 이산화탄소 흡수량과 궁극적으로 해저에 격리되는 탄소의 양이 늘어난다. 오션 너리쉬먼트는 이 과정을 자세히 보여준 뒤에, 대기에서 추가적으로 제거한 이산화탄소 양만큼 탄소 배출권을 주장할 것이다.

오션 너리쉬먼트는 2008년에 필리핀과 보르네오 사이의 바다에서 첫 실험을 실시할 예정이었지만, 클리모스와 마찬가지로 일시 중단 결의에 부담을 느껴 실험을 보류했다. 그러다가 이 문제가 런던회의London Convention에 상정됐다. 국제해사기구International Maritime Organization를 대신해 해양 폐기물 투기를 규제하는 모임이다. 2008년 후반에 열린 런던회의에 참석한 단체들은 앞서의 일시 중단 결의를 뒤집고, '해양 철 비옥화' 연구가 더 진행되어야 한다고 강조하면서, 해양 비옥화 기술을 합법적이고 과학적으로 연구하는 문제를 오염물질 투기와 분리했다. 이런 혼란한 상황에서, 인도와 독일의 연합 탐사대가 2009년 초에 (300제곱킬로미터 바다 위에 철 분진 20톤을 뿌리는) 소규모 해양 철 비옥화를 실험하러

남대양으로 떠났다가 환경 단체의 거센 압력으로 독일 환경부가 이를 취소했으나 2주 뒤에 독일 조사부가 다시 실험을 허가했다.

다른 지구공학 실험도 비록 소규모일지언정 비슷한 반대에 부딪히리라는 현실적 예상을 해볼 수 있다. 그러한 실험을 억제하려는 시도가 옳은지는 사뭇 다른 질문이고, 그 답도 분명치 않다. 언뜻 느끼기에, 해양철 비옥화보다 비용 대비 효율이 더 높으면서 피해도 적은 탄소 격리법이 있을 것 같지만, 과학적 해법을 찾을 때는 그런 느낌에 의존하기보다 가능한 일과 불가능한 일을 좀 더 분명히 하는 게 좋다.

그런 '느낌'의 단점을 보여주는 좋은 예가 공기 중에 있는 이산화탄소를 직접 빼내는, 더러는 '인공 나무'라고 불리는 기계를 만들겠다는 황당한 생각이다. 공기 중에 이산화탄소 농도가 아무리 낮아도 그것을 분리하려면 에너지 소모가 워낙 커서, 기계의 경제성은 꽝이다. 그런데 캘거리 대학의 데이비드 케이스는 꼭 그렇지는 않다는 점을 보여주었다.

전세계 여러 단체처럼 저도 결국에는 비교적 진지하게 연구를 하게 되었죠. 산업 장비를 만들어 공기 중에 있는 이산화탄소를 직접 빼내 계속 농축시키는 기술이에요. 처음에는 그 어려운 걸 한다는 게 말이 되나, 생각할 수 있을 겁니다. 화력발전소 배기가스에 포함된 이산화탄소는 10퍼센트나 15퍼센트가 넘는데 반해, 공기에 포함된 이산화탄소는 1퍼밀(‰, 천분의 일-옮긴이)의 절반이니까요. 게다가 문제도 많고 돈도 많이 들어요. 그런데 기본 열역학을 살펴보면 의외로 그 일이 그렇게 어렵지만은 않아요.

그러다 보니 이 주제에 관심이 집중되는데, 클라우스 래크너라는 미국인도 그 대표적인 사람이죠. 우리도 특허를 내려고 한창 준비 중인 기술이 있는데, 경쟁력이 제법 있을 겁니다. 전에는 공기 중에 있는 이산화탄소를 빼내어 땅에 묻어주고 그 대가로 탄소 배출권에 해당하는 값을 받을 수 있는 사업모델을 구상했었죠. 그런데 진짜 사업가들과 이야기를 해보면, 이산화탄소를 땅에 묻을 게 아니라 그걸로 상품을 만들고 싶다고 하더군요.

—데이비드 케이스, 캘거리 대학 캐나다 에너지환경 책임연구원

타이밍 한번 끝내준다. 여기까지 대담을 하던 중에 대학 주차장에서 전화가 한 통 걸려왔다. 데이비드 케이스가 고안한 기계의 시제품을 실은 작은 트레일러가 이제 막 도착했다는 전화였다. 그가 어디에 그걸 내려놓을까? 우리는 아래층으로 내려갔고, 그가 상황을 처리하는 동안 나는 기계를 바라보았다. 트레일러를 꽉 채울 만큼 제법 큰 기계였다. 내가 말할 수 있는 것이라고는 녹색 페인트를 칠한 다소 복잡하게 생긴 쇳덩이인데 꼭 히스 로빈슨(별난 기계 그림을 잘 그리던 만화가-옮긴이)이 설계한 것처럼 묘하게 생겼다는 거다. 데이비드 케이스는 기계가 특허 출원 중이라 작동 원리를 말해주지는 않았지만, 공기 중에 있는 이산화탄소를 빼내는 작업이 얼마나 경제적인지를 신나게 이야기했다.

선생이 리처드 브랜슨(항공사를 비롯해 사업 영역이 다양한 버진 그룹 회장인 영국 사업가-옮긴이)이라 칩시다. 선생이 항공사를 운영하는데 이산화탄소 제한 때문에 회사가 문을 닫게 생겼어요. 그렇다고 전기 항공기나 수소 항공기를 만들 수도 없고, 생물연료도 가망이 없어 보여요. 이때 생각해볼 수 있는 게, 탄소 중립적인 표를 파는 건데, 이건 공기 포집으로 가

능해요. 비행기에서 석유를 태우되, 이때 나오는 이산화탄소와 똑같은 양을 공기 중에서 흡수해, 이걸 공인된 방법으로 땅에 묻는 거예요. 그러면 사람들은 선생이 대기에 이산화탄소를 더 보태지 않았다거나 아니면 대기에서 이산화탄소〔를 흡수해 그걸〕로 에너지를 만들었다고 생각할 수 있고, 그게 수소 연료보다 비용 대비 효율이 훨씬 높을 겁니다.

선생이 이산화탄소를 발생하지 않는 수소의 원천을 갖고 있고, 그걸 이용해 지구의 운송 문제를 해결하자고 제안했다 칩시다. 그 수소가 태양력에서 왔건 원자력에서 왔건, 그건 일단 생각하지 말고요. 당장은 내 문제가 아니니까요. 이때 내 손에 있는 한 가지 방안은 우리가 익히 아는 것이에요. 내 차에 있는 작은 수소 탱크에 수소를 넣고 그 연료전지로 운전하는 거죠. 그런데 이 방법은 문제가 아주 많아요. 수소는 밀도가 아주 낮고 문제가 많은 연료거든요. (……)

다른 방안은 수소를 모으고 공기 중에서 이산화탄소를 포집해 둘을 섞는 건데, 그러면 아주 쉽게 연료를 만들 수 있어요. 원하면 옥테인도 만들 수 있죠. 그렇게 탄소 중립적인 탄화수소를 파는 거예요. 전세계 기존 차량에 그대로 쓸 수 있고 또 여기에 포함된 탄소는, 그러니까 가솔린처럼 쓰는 옥테인은 공기에서 끌어온 겁니다. 음료를 마시고 빈병을 돌려주는 거나 마찬가지죠. 선생은 연료를 팔고 사람들은 그걸 태워 공기 중에 탄소를 내보내지만, 선생은 다시 그만큼의 탄소를 포집해 사람들에게 되팔죠. 기후 문제에서 가장 난공불락인 부분이 세계 운송 시장인데, 거기서 한번 해볼 만한 사업 모델이에요.

컬럼비아 대학의 물리학자 클라우스 래크너가 이끄는 또 다른 경쟁

팀은 몇 가지 숫자를 제시한다. 이들은 자신들이 만든 기계는(케이스의 기계와 크기가 비슷하다) 제작비가 처음에는 20만 달러 정도 들지만 대량으로 생산하면 줄어들 거라 했다. 이 기계는 대기에 있는 이산화탄소를 하루에 약 1톤(런던에서 뉴욕까지 가는 만석 비행기에서 승객 한 사람이 배출하는 양)을 '세정'할 수 있다. 따라서 비행기 한 대가 평일 하루에 대서양을 두 번 횡단한다고 가정할 때, 이 기계 5, 6백 대면 비행기가 배출하는 이산화탄소를 상쇄할 수 있다. 이런 식으로라면 경제성은 전혀 없어 보이지만, 꼭 그렇지도 않다. 만약 운항을 멈출 수밖에 없는 상황이 되면 리처드 브랜슨은 기계 구입비와 운영비를 표 값에 얹어 어쨌거나 승객을 실어 나를 테니까.

결국 문제는 돈이다. 대기에서 그 정도의 이산화탄소를 세정하려면 전력과 비용이 어느 정도나 들까? 1톤당 비용이 탄소 배출권 시세보다 낮다면(그리고 그 이산화탄소를 격리할 장소가 있다면), 또는 연료 제조업자가 이산화탄소 추출보다 세정에 돈을 더 쓰려고 한다면, 그 기술은 쓸 만하다. 이것도 죄일까? 물론이다. 하지만 도덕적 해이라는 비난은 받지 않을 수 있다고 래크너는 주장한다.

우리는 기후변화에 서둘러 대처해야 하고, 450ppm에 도달하기 전에 기차를 멈춰야 하는 큰 압박에 시달릴 겁니다. 이 방법이 기차를 멈추는 데 도움이 될 거예요. 저는 차라리 지구를 파괴하지 않으면서 화석연료를 사용하는 방법을 택하겠어요. 여하튼 사람들은 화석연료를 쓸 테니까요.

—⟨가디언⟩ 2008년 5월 29일자 대담에서

이 방법을 대규모로 추진해, 대기에 이산화탄소가 갈수록 빠르게 축적되는 상황을 획기적으로 막을 수 있을까? 인간이 해마다 이산화탄소를 60억 톤씩 배출한다는 걸 생각하면 가능성은 없어 보이지만, 만약 세정기가 약속대로 제 기능을 수행한다면, 2천만 대만 있으면 그 많은 이산화탄소를 모두 처리할 수 있다는 이야기다. 미국에 있는 대형 트럭(차축이 두 개가 넘거나 타이어가 네 개가 넘는 트럭)의 약 세 배에 해당하는 수다. 엄청난 수지만, 상상 못할 수는 아니다. '탄소포집격리' 기술에서처럼, 문제는 그 많은 이산화탄소를 다 어떻게 처리하느냐다. 인간이 배출한 이산화탄소를 20년 동안 포집하고 격리하면 미시간 호를 채울 정도가 된다.

현재 토론 중인 지구공학 기술에 검증되지 않은 부분이 많다 해도 황산염 성층권 주입, 해양의 철 비옥화, 이산화탄소 '공중 포집'을 어림잡아 계산해보는 것도 가치 있는 일이다. 지구상에 사는 사람들이 앞으로 20, 30년 안에 할 수 있는 보존과 완화 수단은 피드백이 대규모로 일어나기 전에 지구온난화를 멈추기에는 하나같이 충분치 않을 가능성이 크기 때문이다. 래크너의 대표적인 동료 과학자인 월리스 브로커는 2008년 5월 24일 〈가디언〉과의 대담에서 말했다. "우리가 450ppm에서 멈출 수 있다고 말하는 사람도 있지만, 말도 안 되는 소리예요. 600ppm에서 멈추기도 아주, 아주 어려울 겁니다. 그리고 앞으로도 지금처럼 거의 손을 놓고 살아간다면, 800이나 900ppm까지도 갈 거예요."

대기에서 이산화탄소를 비교적 천천히 빼내는 기술이 환경에 해가 없고 경제적으로도 가능하다면, 전세계에 급박하고 중대한 기후 위기가 닥치기 전에라도 위기를 늦추거나 나아가 피할 목적으로 그 기술을 도입할 수 있다. 반면에 태양복사를 막아 기온을 낮추는 극적인 방법은 중대한 위기가 실제로 닥치지 않은 한 결코 도입해서는 안 된다.

아황산가스를 성층권에 주입하는 일은 미룰 때까지 미뤄야 부작용이 없다. 냉각 효과가 비교적 빠르게 일어나는 탓이다. 이 방법은 환경에 부작용을 초래할 수도 있어서 대단히 다급한 상황이 아니라면 어떤 경우에도 쓰고 싶지 않을 방법이다. 그러나 태양복사를 줄일 다른 제안도 있다. 성층권이 아닌 해수면 200미터 위에 개입하는 방법이다. 이 방법은 콜로라도 볼더의 국립대기연구소National Center for Atmospheric Research 소속인 영국 과학자 존 래섬의 발명품이다.

대양 위의 구름이 원래보다 더 많은 햇빛을 반사하도록 하는 방법이에요. 이 발상을 처음 연구한 건 1990년쯤인데, 본격적으로 연구할 마음이 생긴 건 20년 전, 웨일스의 어느 산허리에서 아일랜드 해를 바라볼 때였어요. 그때 여덟 살짜리 아들 녀석하고 멋진 일몰을 보고 있었는데, 군데군데 햇빛이 유난히 눈부셨어요. 우리는 구름보다 더 높이 있었는데, 아들 녀석이 왜 저렇게 눈이 부시냐고 묻더군요. 그래서 상황을 설명해줬더니, 녀석이 웃으면서 "구름은 축축한 거울이네" 하더라고요.

구름 중에는 지구상의 다른 어떤 구름보다 넓게 퍼진 특별한 구름이 있어요. 해양 층적운이라 부르는 구름이죠. 해수면에서 기껏해야 몇 백 미터 위로 아주 낮게 형성되고, 두께도 고작 몇 백 미터로 아주 얇은데, 해수면의 약 4분의 1을 덮고 있어요. 그러면서 햇빛을 대기권 밖으로 반사하는데, 구름 맨 위에 닿는 햇빛은 약 50퍼센트가 반사됩니다. 엄청난 자연 냉각 효과를 내는 거죠. 만약 그 반사율을 50퍼센트에서 55퍼센트로 끌어올릴 수 있다면, 대기의 이산화탄소 농도가 두 배가 되었을 때 생기는 온난화 효과를 상쇄할 수 있을 거예요. 그러니까 이 구름의 햇빛 반사율을 높이자는 제안이에요.

결코 완전한 해결책은 아니다. 만약 북극해를 덮은 얼음이 없어지고, 햇빛을 덜 받게 된 물이 열을 더 흡수하느라 지구의 열평형이 더욱 기울어진다면, 물방울을 가진 층적운을 많이 뿌려 또 그만큼의 햇빛을 반사하는 식으로 열평형을 바로잡을 수도 있을 것이다. 하지만 안타깝게도 층적운은 대개 적도 부근에 나타나기 때문에 정작 지구에서 냉각이 가장 필요한 북극은 식히지 못한다. 그러다 보면 양쪽 모두 최악의 결과를 초래해, 적도 부근은 냉각 과정에서 날씨 유형이 심하게 교란되고 북극은 기온이 빠르게 상승한다.

고의로 이런 교란을 초래했을 리는 없지만, 북극 얼음이 이미 사라졌다면, 그린란드의 빙모마저 녹아버리지 않도록 그린란드로 흘러드는 북대서양 해류('멕시코 만류')의 아열대 부분을 식히는 일에 집중해야 할 것이다. 하지만 지나치게 식혀서도 안 된다. 자칫 전체 해류를 멈추게 해, 서유럽을 애초 기대보다 훨씬 더 차갑게 만들 수 있으니까. 지구공학이란 게 그렇게 까다로운 일이다.

래섬의 생각은 지구 기후계에 미치는 영향이 비교적 적고 통제 가능하다는 이유로 선택되었다. 그는 인공위성으로 통제하는 무인 선박 함대를 띄워, 층적운 밑으로 공중에 미세한 바닷물 물방울을 뿌리자고 제안한다. 전력 소모도 많지 않다. 미세한 물방울을 공중으로 수 미터만 띄워주면, 상승기류가 그중 절반 정도를 몇 백 미터 위 구름까지 알아서

운반해준다.

그러고 나면 구름의 반사율이 높아진다. 반사율은 구름이 품은 물방울의 크기로 결정되는데, 물방울이 작을수록 반사율이 높아진다(물의 양이 일정할 때, 그것이 더 작은 여러 개의 물방울로 쪼개질수록 표면적이 더 넓어지기 때문이다). 배에서 뿌리는 물방울은 구름 안에서 자연적으로 형성된 물방울보다 대개는 훨씬 더 작기 때문에 구름의 반사율을 5퍼센트 정도 높이고, 여기에 덤으로, 이 작은 물방울을 품은 구름은 더 오래 흩어지지 않는다.

에든버러 대학 공학설계학 교수 스티븐 솔터도 풍력으로 움직이면서 물을 분사하는 배를 설계한 적이 있다. 길이 약 40미터에, 배수량은 고작 200톤 정도의 먼 바다용 대형 요트 크기의 비교적 작은 선박이었고, 적당한 가격에 대량 생산이 가능했다. 전통적인 돛이 아닌 플레트너 회전자rotor가 바람에 회전하면서 배를 앞으로 민다(이 회전자는 천으로 된 돛보다 바람을 거슬러 가기가 더 수월하다). 이 원통형 회전자를 돌려 바닷물을 공기 중에 분사할 때 들어가는 전력은 물속에서 터빈 역할을 하는 초대형 프로펠러가 생산하기 때문에, 별도의 연료가 필요 없으며 장시간 육지의 지원 없이 작동할 수 있다.

기후 회복 분야에서 일하는 사람이라면 누구나 탄소를 쓰지 않고 지구 온난화 문제를 해결하고 싶어 할 것이다. 그러나 교토협약이 서명되고 14년이 지나는 동안 대기의 이산화탄소는 더욱 빠르게 늘어났다. 따라서 현재 제시된 방법들이 신통치 않았다면, 기온을 안정시킬 가능한 모든 방법을 하루빨리 고안하고 시험해야 한다.

바닷물을 아주 소량으로 해양 경계층 안에 뿌려주어 해양 층적운의 반사율을 높이는 방법은 기술적으로 가능하다. (……) 현재 바다 한복판에서 공기 중에 떠 있는 응결핵의 농도와 물방울의 수명을 바탕으로 적절히 추정해보면, 전세계적으로 1제곱미터당 1와트를 반사하려면 처음에는 1초당 총 5세제곱미터의 물을 분사하면 된다. 그러나 나중에 이산화탄소가 두 배가 될지언정 기온을 안정시키기 위해서는 1제곱미터당 반사량을 2.7와트에서 3.7와트로 늘려야 하는데, 이때는 수확체감 탓에 1초당 바닷물을 30세제곱미터 더 분사해야 한다.

필요하다면 1제곱미터당 5와트를 상쇄할 물을 지구 표면 전체에 뿌릴 수도 있다. 북극으로 흘러드는 물길에서 작업을 한다면 북극을 덮은 얼음을 회복하고 시베리아 영구동토층에서 흘러나오는 메탄을 줄이는 부수적인 이익도 얻을 수 있다. 멸종 위기에 처한 산호를 겨냥한 작업이 될 수도 있다.

—스티븐 솔터, 존 래섬
'해양 층적운의 알베도를 높여 지구온난화 되돌리기The Reversal of Global Warming by the Increase of the Albedo of Marine Stratocumulus Cloud', 〈엔지니어 온라인〉

인공위성에서 명령을 내려 분사 함대를 해양에서도 층적운이 많은 지역으로 보내고, 여름철을 따라 북반구와 남반구 사이를 오가게 할 수도 있다(층적운 꼭대기에 태양복사가 많이 닿을수록 이 방법은 더욱 효과적이다). 함대는 빙산이 많은 항해로를 피하고, 육지 근처를 지날 때는 바람이 부는 쪽을 피하면서 혹시라도 함대의 활동으로 강우량에 변화가 생겨 피해를 보는 곳이 없게 한다. 이런 식으로 이 함대가 작업할 수 있는 지역은 전세계 대양의 최소 80퍼센트에 이를 것이다.

래섬과 솔터는 한 대당 건조 비용이 몇 백만 달러가 드는 20년 수명의 분사 선박 50대를 배치하면, 대기의 이산화탄소가 현재 수준으로 증가할 때 1년 동안 지구온난화를 충분히 상쇄할 수 있다고 추정한다. 그리고 해마다 50대를 추가 배치하면 그해 배출된 이산화탄소로 생긴 열을 식힐 수 있는데, 그렇다면 연간 투자비용이 그다지 높지 않은 셈이다. 행여 이 기술이 예상치 못한 부정적 결과를 낳는다면, 분사를 즉시 중단해 수일 내로 '정상' 상태로 되돌릴 수 있다. 그리고 메탄 배출이 빠르게 늘거나 다른 피드백이 예상보다 일찍 시작되는 등 세계 기후가 통제 불능에 빠진다면, 선박 수를 더 빠르게 늘려 기온 급상승을 막을 수 있을 것이다.

지나친 장밋빛 전망이라 진실인지 의심스럽고, 어쩌면 진실이 아닐지도 모른다. 그러나 그 가능성을 적극 탐색해보지 않는다면 무책임한 일이다. 우리는 현재 그 어떤 안전망도 없는 상태에서 이산화탄소가 다량 배출되는 바람에 계획에도 없는 지구 기후 변경을 실험하게 되었다. 온실가스 감축 약속이 어느 하나도 실현되지 않을 경우에 대비해 하나쯤 기댈 여지를 남겨둔다면 위로가 되지 않겠는가. 잘 알다시피, 과거의 온실가스 감축 약속 중에 실현된 것은 하나도 없다. 교토협약이든, 그 협약의 자식이든, 사돈의 팔촌이든, 그러한 협약이 제때 제 역할을 못한다면, 차라리 실험을 거쳐 검증된 서너 가지 방법을 동원하는 편이 훨씬 낫지 않겠는가.

도덕적 해이고 뭐고, 웃기는 소리다. 상황은 심각하다.

SCENARIO NINE: KOREA, 2056

한국, 2056년

돌이켜보면 2019년은 한국인들에게 마지막 호시절이었다. 적도에 가까운 나라들은 이미 심각한 식량난에 허덕였지만, 2019년까지는 국제 곡물시장에서 여전히 상당량의 식량이 거래되고 있었고, 한국은 필요한 식량을 사들일 여유가 있었다. 한국은 아닌 게 아니라 제법 호황을 누렸고, 이는 폐허와 가난을 딛고 일어서려는 여러 세대에 걸친 노력과 희생의 당연한 결실이었다. 그러던 어느 날, 지붕이 조금씩, 조금씩 무너져 내리기 시작했다.

첫 번째 타격은 아이러니하게도 한국인들이 75년 동안 꿈꿔온 일이 실현된 것이었다. 북한에 석유를 수출하던 중국은 1993년부터 석유 대금을 경화로 결제해달라고 요구했고, 이즈음부터 북한은 식량 생산이 해마다 꾸준히 줄어 마침내 바닥에 이르렀다. 이 기근 사태는 1990년대 말처럼 심각하지는 않았지만, 이미 최악에 이른 인구는 이번 사태로 또 한 차례 심각한 타격을 받았다. 이 기근이 3년째 막바지에 이른 2020년 4월, 북한 정권이 갑자기 붕괴했다. 누구도 이 나라를 통제할 마음이 없었으니, 딱히 혁명도 아니었다. 사람들은 더 이상 중앙의 명령에 귀 기울이지 않았다. 걸어서 며칠 만에 휴전선에 닿을 수 있는 북한 지역 주민들이 대량으로 남한으로 넘어와 도움을 요청했다.

이들은 물론 도움을 받았고, 남한은 북한의 가장 먼 지역까지 식량과 연료를 긴급 지원했다. 5월 말이 되자 북한 주민은 더 이상 배를 곯지 않게 되었다. 그러나 사회 기반 시설이 완전히 무너진 탓에 북한의 어느 지역에서도 한동안 식량을 재배할 수 없었다. 이듬해에도 남한 인구 5천만 명은 식량 자급이 전혀 안 되어 굶어 죽다시피 하는 북한 주민 2천5백만 명을 먹여 살려야 했다.

북한을 21세기로 끌어내리려는 20년에 걸친 노력이 시작된 셈이다. 1990년에 통일을 이룬 독일이 그랬듯 통일 비용은 예상을 훨씬 뛰어넘었다. 그러나 독일에서는 서독 사람 셋이 동독 사람 하나를 먹여 살렸다면, 한국에서는 남한 사람 둘이 북한 사람 하나를 먹여 살려야 했다. 그리고 동독은 비록 공산정권 아래 경제가 망가졌다 해도 높은 생활수준과 우수한 교육제도를 갖춘 현대 산업사회였던 반면에, 북한은 사회 기반 시설이 거의 없다시피 해 처음부터 다시 시작해야 했다. 교육제도는 쓸모가 없다는 말도 과분할 정도였고, 산업 부문에 남은 것이라고는 형편없는 구식이었다. 토양 상태마저 말이 아니었다. 중앙 정권이 비료는 주지 않은 채 식량 생산에만 열을 올린 탓이다. 토양을 대대적으로 정비하고 보존해 상황을 호전시킬 계획이 필요했다.

결국 식량 공급이 가장 큰 문제였다. 한국도 식량 자급자족이 불가능해진 지 오래였다. 21세기 초만 해도 쌀은 그럭저럭 자급자족이 가능했다. 쌀은 워낙 상징성이 컸기 때문이다. 하지만 2010년까지도 밀은 95퍼센트, 옥수수는 99퍼센트를 수입했다. 곡물 전체로 볼 때는 73퍼센트를 수입에 의존하는 실정이었고, 이즈음 세계 식량 가격은 본격적으로 상승하기 시작했다.

이 시기 가격이 상승한 주된 까닭은 그 어느 때보다 경제 사정이 좋아진 중국이 식량 수입 경쟁에 뛰어들었기 때문이었다. 중국 역시 식량 자급자족이 불가능해졌다. 미국의 농업경제학자 레스터 브라운이 2011년에 예견한 대로, 2020년이 되자 중국의 콩 수입은 미국의 총 생산량과 맞먹는 수준으로 커졌다. 기존의 콩 수입국들도 여전히 콩을 수입했고, 이 중 일부는 수요가 크게 늘었다. 콩도 다른 곡물과 마찬가지로, 2008년과 2010년에 일어난 가격 폭등은 일시적 상황이 아니라, 새로운 국제 가격 제도의 탄생을 예고하는 출발점이었다. 많은 선진국의 평균 가정에서, 총 수입 가운데 식비가 차지하는 비율이 20세기 말의 15~20퍼센트에서 35퍼센트 또는 40퍼센트까지 뛰어올랐다.

엎친 데 덮친 격으로, 아직 식량 자급자족이 가능한 나라가 자국의 식량 가격 안정을 위해 식량 수출을 금지하는 바람에 국제 곡물시장에 나오는 물량이 줄어들기 시작했다. 한국 같은 나라에서는 이런 상황이 단지 심각한 외화 유출만을 의미하지 않는다. 터무니없이 비싼 값을 주고라도 장기적으로 꾸준히 식량을 수입할 곳을 찾아야 했다. 그래야 물량은 가파르게 줄고 가격은 더욱 치솟는 국제시장에 의존하지 않을 수 있었다. 이는 북한 주민 2천5백만 명을 끌어안기 전에도 대단히 어려운 일이었다.

게다가 아프리카의 농경지를 대량으로 사들이거나 빌려 식량을 공급한다는 '외주' 전략마저 흔들리기 시작했다. 2009~10년께부터 토지에 비해 인구가 지나치게 늘어난 많은 부자 나라가, 특히 중동과 산업화한 동아시아 여러 국가와 남아시아 또는 동남아시아 일부 국가가 아프리카에서 거대한 농경 사업을 벌이기 시작했다. 좀 더 싼 값에 자국에 식량을 공급하기 위해서였고, 많은 아프리카 정부가 이들과 기꺼이 협력했다(외국 투자자들이 내놓은 돈이 어디로 흘러가는지는 불투명했지만). 그러나 이 정책은 초기부터 거센 정치 반발에 부딪히곤 했다. 한국도 그런 경우로, 마다가스카르에서 경작지 절반을 빌리려던 계획은 2009년 마다가스카르에서 일어난 군부 쿠데타로 무효화됐다.

2020년까지 아프리카의 총 경작지 가운데 5분의 1이 이런 식으로 외국인 손에 넘어갔고, 더러는 아프리카에 외국 노동자가 거대한 집단 거주지를 형성하기도 했다. 한 예로, 중국 농부 300만 명이 3년에서 5년 계약으로 아프리카에 거주했다. 그러나 아프리카 인구도 빠르게 늘었고, 아프리카 국가 중에 국제 곡물시장에서 심하게 부풀려진 가격으로 식량을 수입할 수 있는 나라는 없었다. 이를테면 한국이 막대한 투자를 한 수단은 1956년에 독립을 이룬 뒤로 약 60년 동안 인구가 네 배로 늘었지만 수단 농부가 농사를 지을 땅은 동아시아의 외주 경작 탓에 오히려 줄어들었다.

2023년에 불 보듯 빤히 예상된 기근이 닥치자 성난 수단 사람들은 외국인이 경작하는 농장에 분노를 표출했다. 이곳에서는 트럭과 기차가 아시아 소비자에게 보낼 식량을 싣고 홍해로 향했다. 수단 정부는 살아남기 위해, 외국인이 소유한 모든 경작지를 보상 한 푼 해주지 않고 재빨리 국유화했고, 한국은 속수무책으로 당해야 했다. 주권은 언제나 계약법에 우선하는 법이다. 2030년까지 아프리카에서 농업에 투자한 외국인들은 모두 비슷한 일을 겪었지만, 새삼 놀랄 일도 아니었다. 외주 경작으로 식량 문제를 장기적으로 해결할 수 있으리라고 믿은 사람들이 정치적으로 순진했을 뿐이다.

2025년에 한국은 자국 소비 식량의 40퍼센트를 수입했고, 국제 시장가격을 지불했다. 순탄하고 자신감에 찬 2010년대의 번영은 이제 옛말이 되었고, 한국 사람들은 '실질인구밀도'라는 용어의 의미를 깨닫기 시작했다. 국토 1제곱킬로미터당 인구수가 아니라 '경작 가능한 땅' 1제곱킬로미터당 인구수를 뜻하는 말이었다. 기후와 지형의 여러 변수가 작용하기는 해도, 실질인구밀도야말로 한 나라의 식량 생산 자립도를 가늠해보는 가장 적절한 수치다.

한국의 실질인구밀도는 2005년에 1제곱킬로미터당 2,988명으로 이집트보다 높고, 선진국으로 인구밀도가 높다고 여겨지는 네덜란드나 이스라엘보다도 50퍼센트나 높았다. 독일이나 인도의 실질인구밀도보다는 4배 높고, 미국보다는 무려 16배나 높다. 선진국 중에 실질인구밀도가 한국만큼 높은 나라는 일본과 타이완뿐이었다.

북한의 실질인구밀도는 한때 대단히 낮았다(농경지 1제곱킬로미터당 849명). 남한보다 인구가 절반 수준이고 경작지도 훨씬 넓기 때문이다 (북한은 2만 7천 제곱킬로미터, 남한은 1만 6천 제곱킬로미터). 그러나 북한은 마지막 몇 십 년 동안 형편없는 농업 경영과 통제불능의 홍수로 좋은 농경지 상당 부분이 망가진 탓에 2025년에는 생산성 있는 농경지당 인구 비율이 남한보다 나을 게 없었다. 북한의 대규모 토지 개간 사업은 상황을 호전시키고 장기적으로는 한국의 식량 수입 의존도를 어느 정도 낮추리라 기대됐지만, 이내 지구온난화가 몰아닥쳤다.

한국은 2020년대 중반부터 점점 확연히 드러나기 시작한 지구온난화의 피해를 바로 입지는 않았다. 그러다가 2035년에는 지구 평균 기온이 무려 2도나 상승했다. 그렇다면 거대한 대륙의 내륙에 위치한 지역은 상승폭이 이보다 훨씬 크다는 뜻이다('지구 평균 기온'은 지구 표면의 3분의 2를 덮은 해양 위쪽의 비교적 낮은 온도와 나머지 3분의 1에 해당하는 지표면의 높은 온도의 평균치다). 이를테면 바다에서 150킬로미터 이상 떨어진 중국은 전 지역에서 평균 기온이 3, 4도 오른 셈이고, 이는 농작물 생산에 심각한 타격을 주었다. 그러나 한국은 일본과 마찬가지로 농경지가 바다에서 150킬로미터 이상이나 떨어지지 않았고, 따라서 기후도 주변을 둘러싼 바다의 낮은 온도에 크게 영향을 받는다. 게다가 지구에서 비교적 북쪽에 위치한 덕에 부산도 일본 인구의 절반보다, 중국 인구의 5분의 4보다 적도에서 더 멀리 떨어져 있다.

그러다 보니 지구 평균 기온이 2도 높아졌을 때, 중국은 평균 3.5도 상승한데 비해 한국은 1.8도 상승에 그쳤다. 한국은 강우량도 아직 그런대로 넉넉했고 비가 오는 시기도 적절해서, 식량 생산은 2030년대까지도 전반적으로 안정적이었다. 그러나 불행하게도 적도에 가까운 나라는 사정이 그렇지 못한데다, 바다에서 멀리 떨어진 나라는 특히 더했다.

인도는 2도 상승으로 곡물 생산량이 25퍼센트 줄었고, 이란·터키·멕시코·브라질도 마찬가지였다. 이들 국가는 경제 사정이 좋아 국제 시장에서 식량 부족분을 사들였다. 그러자 2010년에 비해 이미 2배가 오른 국제 곡물 거래가가 고작 몇 년 사이에 다시 2배로 뛰었다. 기온이 지구 평균보다 2도나 더 올라간 중국은 식량 생산이 무려 38퍼센트나 줄었다.

생산량 감소는 지구온난화가 아닌 중국의 초고속 성장 탓도 있었다. 중국은 21세기 초 이후로 도시 팽창과 도로, 주차장, 기타 자동차 관련 시설 증가로 해마다 농경지가 0.5퍼센트 넘게 줄어들었다. 중국에서 팔린 신차 수는 2011년에 벌써 연간 2천만 대를 기록해 세계 어느 나라보다도 높은 수치를 보였고, 이로써 해마다 토지 중에서도 질 좋은 농경지가 4천 제곱킬로미터씩 포장되었다. 중국에서는 사막화도 빠르게 진행 중이다. 식량 자급자족에 목을 매다 보니 목초지로 남겨두어야 할 건조한 땅마저 다량으로 갈아버린 탓이다. 21세기가 되면서 중국은 해마다 역시 4천 제곱킬로미터를 사막으로 만들었고, 그 뒤로 베이징 같은 도시에서는 모래폭풍이 연례행사가 되었다. 그 결과 2000년과 2035년 사이에 중국은 총 경작지의 5분의 1을 잃었다.

식량 생산의 다른 어려움들은 대부분 심각해지는 물 부족과 관련된다. 중국 북부 평원 지대 아래 대수층도 말라버렸다. 관개용수를 퍼 올린 지 고작 두 세대 만의 일이다(한국도 대수층에서 물을 지나치게 끌어 올렸지만, 대수층 의존도는 상대적으로 낮았다). 그러나 중국 물 문제는 거의 다 기후와 관련됐다. 중국 북부 평원 지대에 비를 뿌리는 북동계절풍이 1980년대 이후로 서서히 약해지더니, 2035년에는 강우량이 과거의 절반에도 못 미쳤다. 거의 모든 지역에서 밀은 더 이상 재배가 불가능했다. 논농사를 중심으로 하는 중국 중부와 남부에서는 강물이 농업용수를 충분히 공급해주지 못했다.

중국의 주요 강은 대부분 티베트 고원 동쪽 경사에서 시작하는데, 이곳은 여름에 강우량이 극히 적다. 여름에 강물이 불어나는 건 겨울에 저장한 눈을 여름에 녹여 흘려보내는 빙하 덕분이다. 빙하는 수천 년 동안 질량균형을 유지하면서, 겨울에는 물을 모아두고 여름에는 그만큼을 모두 흘려보냈다. 그러나 지구온난화가 진행되면서 빙하의 질량이 빠르게 줄어들기 시작했다. 그러다가 2035년에는 빙하 일부가 아예 사라져버렸고, 나머지도 크게 줄었다. 그 결과 여름에는 강물의 유량이 기존의 논에 물을 대기에도 부족했고, 쌀 생산은 밀만큼이나 빠르게 무너지기 시작했다.

2030년대 초에 이 모든 요인이 한데 어우러져 거대한 폭풍을 형성했고, 이 폭풍은 2035년에 마침내 중국을 강타했다. 그해 중국은 인구가 16억 명으로 정점에 이르렀지만 식량은 이들을 먹여 살리는 데 필요한 양의 3분의 2밖에 생산하지 못했고, 국가는 상당히 부유해졌지만 자급자족이 안 되는 5억 인구를 먹일 식량을 해외에서 넉넉히 사들일 정도는 못 된 탓에 사람들은 배고픔에 시달리기 시작했다. 그래도 배급을 엄격하게 실시했더라면(이를 좋아할 사람은 없겠지만) 굶어 죽지 않고 겨울을 넘길 수 있었을 것이다. 그러나 이 세상에 마지막으로 남은 경직된 공산정권은 식량이 떨어지자 신뢰를 완전히 잃었고, 배고픈 성난 군중은 베이징에서 피비린내 나는 '12월 사태'를 일으켜 공산정권을 무너뜨렸다. 중화인민공화국은 구소련보다 더 오래 버텼지만 종말은 훨씬 더 비참했고 여파는 훨씬 더 지독했다.

공산정권을 대체할 강력한 중앙권력은 나타나지 않았고, 배급제도는 결국 무너졌다. 식량을 차지한 사람은 힘 있고 돈 있는 자들이었고, 가난하고 약한 자들은 굶주림에 시달렸다. 그해 겨울에 굶어 죽은 사람은 1959~61년의 '대약진운동' 때 죽은 사람(3천5백만~4천5백만 명)보다 많지 않았겠지만, 그 뒤에 이어진 무정부 상태에서는 그보다 훨씬 많은 사람이 죽어갔다. 2036년에는 산업 생산과 농업 생산이 모두 급격히 쇠퇴했고, 아직 (간신히) 버틸 만한 식량이 있는 지역은 다른 지역에 식량을 나눠주려 하지 않았다. 특히 해안 대도시들이 당시 상당한 외화를 벌어들여 식량을 다량 수입하면서도 비축만 해둘 뿐 내륙의 굶주린 도시와 나누려 하지 않아 거센 분노를 샀다. 2036년 여름이 끝날 무렵, 그해 겨울은 과거 어느 때보다 식량 부족이 심각할 게 확실해 보였고, 공공질서는 완전히 무너져버렸다.

이어진 사태는 엄밀히 말해 내전이라 할 수 없었다. 내전은 비교적 확실히 구분되는 양자 사이의 무력 충돌을 의미한다. 당시 상황은 그보다 훨씬 더 심각했다. 새롭게 떠오르는 지역 군벌 세력(주로 전 공산당 사병 출신) 사이에 권력 투쟁이 끊이질 않았고, 여기에 더해 무자비하고 대개는 지도 세력도 없는 농민 반란이 이어졌다. 19세기 이후로 중국에서 자취를 감춘 광경이었다.

한국은 올바른 판단 때문이라기보다는 행운 덕에 그런 운명을 피해갔다. 나라 전체가 바다로 둘러싸이다시피 해서, 중국 농업을 황폐시킨 극단적 기온 상승에 맞닥뜨리지 않았다. 그리고 좋은 농경지를 적잖이 보유한 덕에 이후 거의 한 세대가량 '개발'을 지속했어도 큰 무리가 없었다. 생산과 소비 차이에서 오는 식량 부족분을 (심하게 부풀려진 가격으로) 수입하느라 외화를 거의 다 써버렸지만(국민 대다수에게 해외여행은 이제 추억일 뿐이었다) 적어도 그 외화를 벌어들일 산업 기술과 과학 기술이 있었다. 사람들은 예전처럼 육식을 많이 하지 못했지만, 아직 먹을 거리는 충분했다. 이들은 서해 건너에서 일어나는 일들을 지켜보며 몸서리쳤고, 그 거대한 이웃나라를 집어삼키는 대혼란이 언제 자신에게도 닥칠지 궁금해했다.

그러나 그런 혼란은 닥치지 않았다. 2037년 초에 만주가 중국에서 독립을 선언한 덕분이기도 했다. 물론 한족이 다수 거주하는 (그리고 조선족도 상당수 거주하는) 만주 지역에 민족주의 따위는 없었다. 그러나 만주의 공산정권은 자구책으로 중국의 다른 지역과 관계를 끊기로 했다. 그러면서 자기들은 더 이상 공산주의자가 아니며, 어느 누구와도 관련이 없다고 선언했다. 이들의 유일한 문제는 생존이었다. 만주는 꽤나 북쪽에 위치한 덕에 지구온난화의 피해를 거의 받지 않았고, 2020년대에는 재산업화로 많은 외화를 벌어들이며 '녹슨 공업지대'라는 오명에서 벗어났다. 그러다 보니 수입에 약간만 의존하면 그럭저럭 먹고살 수 있었다. 중국의 다른 지역과 식량을 나누지만 않는다면.

새로 들어선 만주 정권은 대단히 비우호적이었고, 기근에 시달리는 다른 지역에서 몰려드는 수많은 굶주린 난민을 막기 위해 중국과의 국경을 폐쇄하기로 결정했다. 한국으로 중국 난민이 흘러드는 것을 막아줄 의도까지는 없었지만, 어쨌거나 결과는 그러했다. 전세계가 점점 어지러워지는 상황에서 한국은 여러모로 운이 좋았다.

이제 2056년이 되었고, 상황은 더 심각해질 전망이다. 지구 평균 기온은 두 세대 전보다 4도 가까이 올랐고, 이는 중국 내륙 지역에서는 평균 6, 7도가 올랐다는 뜻이었다. 그러나 대륙의 가장자리 지역은 바다 덕에 4도 상승에 그쳤다. 덕분에 여전히 먹고살고, 세계 다른 지역에 만연한 폭력과 혼란도 용케 피해갔다. 한국인 대다수에게 일상은 21세기 초 황금시대에 그들의 조부모가 살았던 일상과 몰라보게 달라지지는 않았다. 자세히 들여다보면 분명 다르지만.

그러나 불행의 조짐이 하나 있었다. 과학자들은 최근에, 그린란드의 빙모가 돌이킬 수 없을 정도로 불안정해졌고 다음 몇 세기에 걸쳐 거의 다 녹아내릴 것이라고 했다. 해수면 상승은 아직 채 1미터가 안 되었지만, 빙모가 녹으면 6, 7미터 더 상승할 것이다.

불행의 조짐은 또 있었다. 평균 기온은 이미 4도 상승을 지나 계속 올라갔다. 인간이 배출하는 온실가스는 크게 줄었지만, 영구동토층과 따뜻한 해양에서 배출되는 온실가스로 지구온난화는 이제 자체적으로 상승효과를 냈다. 21세기 말까지 적어도 6도는 상승할 테고, 한국인이 아무리 재주가 좋고 운이 좋다 해도 6도 상승을 견딜 재간은 없을 것이다.

시나리오 8: 한국, 2056년

8장

유년기의 끝

Childhood's End

지구의 생물량 가운데 인류가 차지하는 비율이 커질수록, 그리고 우리가 먹고사는 데 필요한 동물과 농작물의 비율이 커질수록, 우리는 전체 계에서 태양에너지와 다른 에너지를 더 많이 끌어오게 된다. 에너지를 우리 인간 쪽으로 끌어오면서, 우리가 의식하든 안 하든, 지구의 항상성을 유지해야 하는 우리 책임은 더 커진다. 우리가 자연의 규제를 일부 심각하게 변형하거나 새로운 에너지원이나 정보를 도입할 때마다, 그러한 변화가 전체 계의 안정성을 약화시킬 가능성을 높이는 셈이다. (……) 양성 피드백이 걷잡을 수 없이 진행되거나 변동이 지속되는 통제불능의 재앙을 피하려면 우리는 조심스럽게 발을 내디뎌야 한다. (……)

가이아(그리스 신화에 나오는 대지의 여신-옮긴이)가 제 기능을 발휘할 능력을 인간이 심하게 침해해, 가이아를 무능하게 만들었다면 (……) 그런 상황이 초래될 수 있다. 그럴 경우 인간은 어느 날 돌연 지구 정비 기술자라는 평생 직업을 갖게 될 것이다. 가이아는 진창으로 후퇴하고, 지구의 모든 순환에 균형을 유지하는 복잡한 임무는 우리 몫이 된다. 그러면 우리는 마침내 '지구 우주선'이라는 요상한 장치에 올라타야 하고, 생물권이 어떤 식으로 길들고 사육되었든 그 생물권은 우리의 '생명 유지 장치'가 될 것이다. (……) 현재 1인당 에너지 사용량으로 추측하건대, 〔인구가〕 100억 명이 안 되면 우리는 여전히 가이아 세계에 살 것이다. 그러나 이 수치를 넘으면, 특히 에너지 소비가 늘면, 지구 우주선이라는 거대한 감옥에서 영원히 노예로 살지, 무수한 죽음을 감수하며 가이아 세계를 회복해야 할지, 최후의 선택을 해야 한다.

—제임스 러브록, 《가이아: 살아 있는 생명체로서의 지구Gaia: A New Look at Life on Earth》(1979)

소속 없이 독자적으로 연구하는 과학자 제임스 러브록은 30년 전에 그의 첫 번째 중대 저서를 내놓았다. 오늘날 과학계에서 '지구계 과학'이라 부르는 것에 관한 이야기였지만, 그는 대담하게 '가이아'라는 이름을 붙였다. 당시 나는 그가 '지구 정비 기술자'라는 운명을 언급하며 결론을 맺은 것에 강한 충격을 받은 터라 이후로도 그 용어를 잊지 않고 옮길 수 있었다. 우리 인간이 문명을 구현한 세계는 흔히 안정되고 우리를 환대하는 듯 보였고, 그러한 안정은 노력 없이, 심지어는 눈에 띄지 않게 유지되는 듯해서, 인간이 언젠가는 지구계를 떠맡아 관리할 지식과 힘을 획득하리라고 상상한 사람은 있을지언정, 지구 정비 기술자라는 달갑지 않은 역을 맡게 되리라고는 과거 어느 누구도 꿈꾸지 않았다. 그러나 우리는 초보적 형태나마 이미 그러한 능력을 획득하기 시작했고, 언젠가는 그 능력이 필요해질 것으로 보인다.

러브록이 그의 첫 저서를 쓴 이후 30년 동안 출생률은 급격히 줄었다. 러브록은 인구가 100억 명이 넘으면, 지구의 기온과 대기의 화학 조성과 기타 지구 평형을 유지하는 주요 요소들을 통제하는 자연계가 힘을 쓰지 못하리라 예상했다. 다행히 인구는 여전히 100억 명을 한참 밑도는 수준이고, 지구를 풍요로운 삶을 누리기에 적당한 장소로 만드는 데 (대개는) 성공한 셈이다. 인구는 절대 100억 명을 넘지 않을지도 모른다. 그리고 거기에 못 미칠수록 상황은 더 좋아질 것이다. 그러나 1인당 에너지 소모량은 1970년대에 상상했던 수준을 훨씬 웃돌았다. 당시에는 아시아가 오늘날처럼 빠르게 산업화하리라고는 누구도 예상치 못했으니까. 그러다 보니 결과는 매한가지였다. 우리는 자연계를 압도하고, 러브록이 오래전에 걱정한 대로 '걷잡을 수 없는 양성 피드백'으로 빠르게 치닫는 중이다.

2007년 IPCC 발표에 따르면, 만약 우리가 기온 상승을 최대 2도로 유지한다면 (그래서 걷잡을 수 없는 기온 상승을 유발할 피드백을 막을 수만 있다면) 전세계 온실가스 배출은 2015년에 정점에 이를 전망이다. 같은 해, 국제에너지기구International Energy Agency는 세계 에너지 사용량이 2030년에 50퍼센트 증가하고 그중 77퍼센트는 화석연료에서 나올 것이라고 예상했다. 주요 개도국과 선진국이 동시에 동원되어 전시 수준의 제재를 가해야만 2015년까지 온실가스 배출 증가를 막을 수 있을 것이다. 하지만 그런 일은 일어나지 않으리라는 걸 우리는 잘 안다. 따라서 그 한계도 무너지기 쉽다. 우리를 덮쳐오는 물음은 가족이 차를 타고 먼 길을 갈 때 뒷자리에서 10분마다 묻는 질문과 똑같다. "다 왔어?" 이 경우에 도착지는 우리가 '지구 정비 기술자' 역할을 일시적으로나마 받아들여야 하는 순간이며, 내 생각에 "다 왔어"가 그 대답이다.

30년 전이라 해도 그 역할을 거부하기에는 때가 너무 늦었을 것이다. 물론 그때는 우리가 이룩한 산업 체계에 내재된 힘을 이해하지 못한 탓에 늦은 줄도 몰랐겠지만. 그러나 지금은 늦은 게 확실하다. 지구상에서 가장 지각 있는 생물체가 가이아의 활동을 통제할 약간의 능력을 획득하기 시작했다는 사실이 전적으로 나쁜 것만은 아닐 것이다. 무엇보다도 우선 우리 자신을 위해서도, 그리고 잠재적으로 전체 계를 위해서도.

쉽게 역정을 내는 사람이라면 이 발언에 곧장 발끈할 테고, 인간의 문명이 채 1만 년도 안 되는 세월 동안 지구에 저질러놓은 짓에 치를 떠는 더 많은 사람들은 이 발언에 경악할 것이다. 이들은 말한다. 인간의 역사를 통틀어 보면, 인간은 육지를 황폐화하고 바다 생물을 전멸시키면서 지구에는 한낱 해악을 끼쳤을 뿐인데, 그런 인간을 어떻게 생물권의 관리자로 삼을 수 있겠는가? 인간이 해야 할 일은 모든 것을 그대로 놔두어 자연적으로 치유되도록 하고, 지구를 가급적 사뿐히 밟는 것이다. 우리는 인간의 개입을 신뢰할 수 없다. 우리의 과거 행적을 보라.

다시 말하지만, 이제는 너무 늦었다. 1800년만 해도 그런 방법이 가능하겠지만, 지금은 아니다. 인구는 70억 명에 육박하고, 85억 명이 되기 전에 인구 증가를 멈출 방법은 없어 보인다. 1인당 에너지 사용량은 엄청나고, 적어도 앞으로 두 세대 동안은 사용량이 계속 늘어날 것이다. 인구가 수세기 안에 좀 더 '지속 가능한' 수준으로 내려갈 유일한 방법은 기근 · 전쟁 · 질병에 따른 떼죽음이다. 얼마든지 일어날 수 있는 일이지만, 그런 상황을 보고 싶지는 않다. 그때는 목숨뿐 아니라 많은 것을 잃게 된다. 만약 '전멸' 시나리오가 우리 상황과 조금이라도 관련이 있다면, 우리는 첨단 기술 문명을 그대로 썩히지 않을 것이다. 현재 인간의 행위가 빚어낼 최악의 결과인 대량 멸종 사태를 피할 유일한 수단이 기술 문명이기 때문이다.

물론, 엄밀히 말하면, 우리는 인간의 이익을 위해 지표면의 상당 부분을 점령한 것만으로도 이미 멸종을 촉발했다. 현재 종이 사라지는 속도는 '정상' 수준보다 적어도 10배, 어쩌면 100배나 빠르게 진행 중일 것이다(멸종 속도를 이보다 더 정확히 꼬집은 발언은 사실 좀 의심스럽다. 현재 종의 수가 얼마나 되는지도 아무도 모르니까). 매정하게 들리더라도 한 가지 꼭 짚고 넘어가야 할 것이 있다. 종은 나타났다 사라지는 법이며, 이제까지 존재한 종의 99퍼센트는 인간이 진화하기도 전에 이미 멸종했다는 사실이다. 미적인 이유로 육지와 바다에 남은 비교적 큰 동물들을 대량으로 없애는 행위를 멈춰야 하겠지만, 우리가 가장 우선시해야 할 일은 생물권 유지에 필수 기능을 담당하는 종을 보존하는 일이다(이런 종은 대개 아주 작고 결코 귀엽지 않다). 그게 어떤 종인지 확실치 않다는 점에서도 무척 까다로운 일이다. 그러나 북극곰을 구하는 것보다 훨씬 중요한 일이다.

생물권은 인간이 개입하지 않아도 지금의 기후평형을 유지하면서, 우리가 문명을 이룩한 1만 년 동안 따뜻하고 안정된 기후를 유지했다는 점을 생각하면, 개입하지 않는 게 상책이다. 그러나 우리 한번 솔직해보자. 우리가 유지하려 애쓰는 특정 기후는 빙하기부터 온실가스 멸종 기후에 이르기까지 여러 기후 중 하나일 뿐이며, 특별히 그 기후를 유지하려는 이유는 그것이 우리의 필요와 취향에 맞기 때문이다. 이제는 꼭 필요한 일을 현실적으로 고민해야 한다. 우리는 과거(화석연료를 태우던 200년간) 무심코 기후평형에 끼어들어 대단히 바람직한 평형 상태를 교란시켰지만, 현 상황을 고려할 때, 기후계에 의도적이고 대대적으로 개입하지 않고서는 평형 상태를 회복할 가망이 거의 없다. 우리는 기후계가 어떻게 그런 평형 상태를 안전하게 유지하는지 아직 정확히 파악하지 못했지만, 앞으로도 파악하지 못하리란 법은 없다. 우리는 서둘러 기후계를 더 많이 연구해, 더욱 안전하게 기후평형을 '달성할 수 있어야' 한다.

우리는 지구가 기후와 그 조성을 통제한다는 사실을 알아보지 못한 탓에 우리가 마치 책임자인 양 직접 통제하려는 실수를 저질렀다. 그 바람에 우리는 자신을 최악의 노예 상태로 만들어버렸다. 우리가 지구 관리자를 자처한다면, 대기와 해양과 지표면을 생물체가 살기에 적합하도록 유지할 책임이 있다. 그리고 그것은 불가능한 일이라는 걸 곧 깨닫게 된다. (……)

그것이 얼마나 불가능한 일인가를 이해하려면, 우리 체온이나 혈액 조성을 우리가 어떻게 통제하는가를 생각해보면 된다. 신장병을 앓는 사람은 평생토록 물·소금·단백질 섭취를 날마다 조절해야 하는 어려움이 있다. 투석 기술의 도움을 받을 수는 있지만, 그것이 살아 있는 건강한 신장을 대체하지는 못한다. **—제임스 러브록,** 〈인디펜던트〉 2006년 1월 16일자

나는 제임스 러브록을 지난 반세기 동안 생명과학과 기후과학 분야에서 가장 중요한 인물로 꼽는다. 앞으로 100년 뒤에도, 만약 그때까지 인간이 많이 살아남는다면, 그는 과학계의 영웅으로 찰스 다윈과 동등한

반열을 유지하지 않을까 싶다. 그리고 〈인디펜던트〉가 인용한 앞의 글에서, 그는 내가 지금 추천하는 행위를 해서는 안 된다고 말한다. 이에 대한 내 대답은 이렇다. 내가 신장병을 앓는다면 당연히 투석 치료를 받겠다고. 그러면 좀 더 영속적인 치료법이 개발될 때까지는 살 수 있을 테고, 적어도 사랑하는 사람과 몇 년은 더 살 수 있을 테니까.

남은 21세기에 러브록이 예언하는 걷잡을 수 없는 온난화로 빠지지 않으려면 2도 상승이라는 한계를 넘지 말아야 한다. 그리고 내가 이야기를 나눈 기후과학자들은 거의 다 1.5도 상승을 절대 넘지 않는다면 그 가능성은 한결 높다고 했다. 대기의 이산화탄소 농도를 비교적 안전한 수준으로 낮추려면, 가령 제임스 핸슨이 현재 일시적 목표로 삼자고 주장하는 350ppm으로 낮추려면, 훨씬 오랜 시간이 걸릴 것이다. 1980년대에 이미 그 수치를 넘었으니까. 시간만 많다면 우리 경제에서 탄소를 완전히 제거할 수도 있지만, 한계를 넘지 않기 위해 주어진 일정에서 그 목표를 달성하기는 어려워 보인다. 2013년까지는 이산화탄소가 400ppm을 넘고, 2020년대 후반에는 450ppm에 이를 것으로 전망되는 상황에서, 우리가 형세를 뒤집기 전에 500ppm에 도달하지 않는다면 가히 기적이다.

지나친 기온 상승을 막을 수 있다면, 단기적으로 대기의 이산화탄소 농도가 어떻게 되든, 우리는 (그리고 현 상황에서의 생물권은) 막대한 손실 없이 이 위기를 간신히 넘기기는 할 것이다. 우리는 한동안 지구 정비 기술자라는 비참한 직업을 받아들이게 되겠지만, 그 목적은 그 직업에서 벗어나는 것이 되어야 한다. 다시 말해, 지난 수십억 년간 지구를 수많은 생명체가 살기에 적당한 곳으로 훌륭히 유지해온 자연계를 되살리는 일이다. 워낙 다급한 일이라 우리가 개입해야만 하며, 그렇지 않으면 러브록의 예언이 모두 실현될 것이다.

현재 제시되는 방법들은 광범위한 개입이 아니다. 예를 들어 해양 플랑크톤이 공짜로 제공하는 생태계 서비스를 우리가 직접 떠맡자고 제안하는 사람은 없다. 그보다는 해수면의 온도를 낮춰 플랑크톤이 번식하게 해야 한다고 말한다. 우리는 미세하게나마 자연을 조정할 정도로 지구계를 잘 알지 못하지만, 450ppm이라는 한계를 넘었을 때 앞으로 50년 또는 75년간 기온을 2도 넘게 올리지 않으려면 어떻게 해야 하는지는 분명 알고 있다. 그걸 모른다면, 상황은 정말 꼬여버린다.

그러나 당장 항의가 들어온다. 기온을 인위적으로 낮춘다고 해서 이산화탄소 증가로 해양이 점점 산성화하는 것을 막지는 못한다고. 당연히 막지는 못한다. 그렇다면 당신은 산성화를 멈출 뾰족한 대안이 있는가? "온실가스 배출을 일찌감치 대폭 줄이면 된다"고 말하지는 말라. 나는 '기후 요정' 따위는 믿지 않으니까. 하지만 이 논쟁을 지금 당장 해결할 필요는 없다. 5년이나 10년 더 기다려보고, 그래도 "온실가스 배출을 일찌감치 대폭 줄이"지 못하면 그때 다시 논의하면 된다. 그럴 시간은 충분하니까.

하지만 그 사이에 모든 지구공학 기술을 활발히 연구한다면 좋겠다. 언젠가는 필요할 날이 올 테니까. 대기의 이산화탄소 농도가 높아지면서 바람직하지 못한 결과가 일어나고 있고, 기온을 낮추는 것만으로는 그것을 멈출 수 없다. 그러나 지구의 평균 기온을 낮추어, 통제불능의 대대적인 자연적 피드백을 피할 수 있다면, 그것도 큰 도움이 될 것이다. 기온을 낮추면, 대규모 전쟁을 비롯해 인위적 대재앙도 피할 수 있다. 이러한 대재앙은 우리가 어질러놓은 자리를 우리 손으로 청소하려는 노력을 허사로 만들 수 있다.

남은 21세기에 해야 할 일은 지난 200년간 산업화 과정에서, 항상성을 유지해온 가이아 계에 미친 피해를 바로잡는 것이다. 우리는 인간이 가이아 계에 의존한다는 사실을 비교적 최근에 알게 되었다. 그렇다고 해서 탈산업화하자는 이야기가 아니다. 지구촌 사회는 어차피 고에너지 기업으로 살아가거나 죽을 테니까. 그보다는 우선 우리가 이용하는 에너지·운송수단·산업에서 탄소를 완전히 제거해야 한다. 그런 다음 지난 200년간 베어낸 숲에 다시 조림 작업을 해야 하고, 어업 금지구역을 설정해 해양을 되살려야 한다. 그리고 식량을 재배하려고 자연 순환에서 떼어낸 토지가 현재 지표면의 40퍼센트를 차지하는데, 이를 30퍼센트 이하로 줄여야 한다. 충분한 시간을 갖고 재앙에 정신을 팔지만 않는다면, 이러한 피해를 대부분 복구하기에는 지금도 늦지 않다.

그렇다면 경작지와 어업을 줄이면서, 21세기 중반에 85억(또는 90억이든 95억이든) 세계 인구를 먹여 살릴 방법은 무엇일까? 현대는 첨단기술 문명 사회이며, 나는 거기에 답이 있다고 생각한다. 한 예로, 앨버타는 캐나다의 다른 어느 지방보다도 밀과 고기를 많이 생산하는데, 지금은 이용 가능한 물이 한계에 다다르고 있다. 그러다 보니 그러한 1차 상품을 생산할 비전통적 방식을 모색한다.

특정 부분만 우리에게 일차적 가치를 지닌다면, 식물 전체를 재배하거나 소 전체를 기르는 걸 넘어서야 합니다. 밀을 생각해보면, 우리에게 일차적으로 중요한 건 밀알입니다. (……) 분자생물학과 세포생물학은 상당한 진전을 이뤘어요. 의학 분야에서는 인공 피부를 자라게 할 정도로 큰 발전을 이루었죠. 진짜 피부를 소량 떼어내 크게 만드는 겁니다. 그 기술이 인간의 다른 신체 부위에 적용되지 말란 법은 없죠. (……) 그렇게 된다면, 세포 몇 개에 적절한 영양소를 공급해, 육류나 어류의 살코기를 만들지 못할 것도 없잖습니까?

이 문제를 연구하게 된 계기는 물 문제라고도 볼 수 있어요. 쇠고기 1킬로그램을 얻으려면 물 1만 3천 리터, 1만 3천 킬로그램이 필요합니다. 식물도 마찬가지예요. 밀알이나 그걸 구성하는 녹말만 인공적으로 재배하는 걸 상상해볼 수 있을 겁니다. (……) 밀가루 1킬로그램을 만들려면 물 1천 리터가 필요해요. 1리터짜리 우유팩으로 치면 밀가루 한 팩을 생산하는 데 물이 욕조로 3통 필요하다는 이야기예요. 대단한 물 낭비죠. 게다가 곧 기후변화까지 닥쳐 가뭄을 걱정해야 하면, 대체까지는 아니더라도 보완할 방법을 찾을 수밖에 없습니다. 저는 현대 과학이 지금 그걸 가능케 한다고 생각해요. (……)

산업에서 전통적 변종에 뿌리를 두고 현대적 변종을 만드는 건 부자연스러운 일이 아닙니다. 따라서 앞으로 몇 년 안에, 어쩌면 서로 다른 시장을 겨냥해, 농부가 밀이나 쇠고기를 그 두 가지 방법으로 동시에 생산할 날이 오리라고 얼마든지 예상할 수 있습니다.

—액셀 메이슨, 앨버타 연구위원회 미래전망 회장

많은 사람이 이 제안에 그저 경악할 테고, 또 많은 사람이 "어쩌면 서로 다른 시장을 겨냥해"라는 죄 없는 짧은 문구를 세계 식량 체계가 두 층으로 나뉘어 진짜 쇠고기는 부자에게, 인공 쇠고기는 가난한 사람에게 돌아갈 것을 예시한다고 해석할 것이다. 둘의 맛과 질감이 아주 똑같다면, 고급이라는 문제가 시장을 두 층으로 나눌 것이다. 그래도 이건 영화 〈소일렌트 그린〉보다는 훨씬 낫고, 인간의 식량 생산을 전통적인 농법에서 분리할 방법을 제시할 수 있다. 전통적인 농법은 전세계 지표면의 40퍼센트를, 그것도 생산성이 가장 높은 40퍼센트를, 생물권 유지에 기여한다는 본연의 기능에서 멀어지게 한다. 이 같은 제안은 앞으로 더 나올 것이고, 그것을 단번에 무시할 수는 없을 것이다.

여기서 잠깐, 인류가 무척 영리해서 걷잡을 수 없는 온난화와 인구의 대량 감소를 촉발하지 않고 21세기를 무사히 넘긴다는 대담한 가정을 해보자. 한 발 더 나아가, 첨단 기술 문명을 유지했고(그렇지 않으면 21세기를 무사히 넘길 가망은 아주 희박해질 테니까), 우리가 의존하는 자연계를 존중할 필요성을 경험으로 터득했다고 가정해보자. 그럴 가능성은 아주 낮다고 볼 수 있지만, 적어도 가능성을 아예 부정할 수는 없다. 그렇다면 다소 다소곳해진 21세기 말의 지구촌 사회는 어떤 모습일까?

오래전부터 부유했던 국가와 '다수 세계' 사이에 상당한 부의 평등이 달성되었을 것이다. 그것은 위기를 넘길 전제 조건이기도 하니까. 인구 제한이 더욱 엄격해졌어도 세계 인구는, 비록 감소 추세일지라도, 여전히 50억 또는 60억 명을 유지할 것이다. 이들 대부분이 완전히 산업화한 생활방식을 누리는 탓에, '지구에서 가볍게 살기' 학습을 크게 강조해야 한다. 적절한 기술 덕에, 사람들은 대부분 어떤 종류든 여전히 개인 운송 수단을 소유하고, 장거리 여행도 변함없이 소수 특권층을 넘어 더 많은 사람이 누리고, 원하면 고기를(대개는 윤리적으로 생산된 인공 고기를) 먹을 가능성도 없지는 않다. 이는 희망사항이 아니라 우리가 시험을 무사히 통과하면 얻을 수 있는 것들이다.

현재 우리 상황을 나타내는 은유로 여러 가지가 떠오르지만, 그중에서도 정말 가슴에 와 닿는 비유는 기말고사다. 인간은 1만 년 이상 문명을 이룩했고 그 문명은 현재 전세계에 퍼졌지만, 사실 이 기간 대부분 동안 야만 상태에 가까운 아이에 머물렀다. 200년 전만 해도 노예제는 거의 보편적이었고, 여성은 어디서든 열등한 계층이었으며, 전쟁은 보편적인 사업 수단이었다. 자원은 늘 부족해서 흔히 경쟁이 협동보다 더 나은 전략이 되곤 했다. 그리고 이 시기 막판까지도 우리가 사는 지구가 어떻게 돌아가는지 제대로 이해하지 못했다.

그러면서 화석연료를 태우기 시작하고, 자원은 풍부해졌다. 인구와 소비는 당연히 급증했지만, 과학과 지식 역시 크게 발달했다. 우주에서 우리 위치를 이해하기 시작했고, 그것은 대단히 놀라웠다. 우리가 사는 세계는 보육원이며, 절반은 놀이터이고 절반은 전쟁터이지만, 특별히 인간을 위해 설계된 늘 변치 않는 곳이라는 생각은 환상임이 드러났다. 현실 세계는 아득히 오래되고, 우리를 전혀 돌봐주지 않고, 상상도 못한 여러 방법으로 우리를 해칠 수도 있었다. 1만 년 동안의 화산 재앙, 100미터나 되는 해수면 변화, 빙하기와 소행성 충돌, 걷잡을 수 없는 온실가스 온난화, 지구를 불모지로 만들 수도 있는 100광년 떨어진 곳의 초신성. "우리 아래 지옥도 없고, 우리 위에는 하늘뿐"이라는 존 레넌의 가사처럼, 우리는 스스로 서고, 이제 어른이 되어야 할 때였다.

우리가 한 일들이 그렇게 형편없지만은 않았다. 우리 사회 안에서 서로에게 예의 바르게 행동하려고 애쓰기 시작했고(위대한 민주혁명·무상보통교육·복지국가 발명), 이 200년 세월의 끝 무렵에는 어느 정도 제 기능을 하는 국제기구까지 만들었다. 당시에는 누구도 이런 식으로 이야기하지 않았겠지만, 지나고 보니, 우리 시야 너머에 있는 사람과 사건에도 책임을 질 줄 아는 능력을 키워왔음을 알 수 있다. 우리 앞에 기다리고 있는 것을 생각하면 다행스러운 일이다. 그러나 이런 일들이 가능했던 이유는 수많은 사람이 마침내 앞을 내다보며 생각하고 행동하는 여유와 안정을 확보했기 때문임을 명심해야 한다. 여기에는 화석연료의 공이 크다.

산업 문명, 과학 문명의 출범이라는 점에서는 화석연료를 대체할 것이 없었다. 당시 사회는 기술 수준이 낮아 다른 에너지 자원이 없었던 탓이다(그리고 화석연료는 일회성이었다. 우리는 손쉽게 얻을 수 있는 화석연료를 다 써버렸고, 우리 후손이 산업혁명을 다시 시작한다면 우리 같은 운은 따르지 않을 것이다). 우리는 200년 가까이 석탄·석유·가스를 아무 생각 없이 연신 태웠고, 화석연료에 장기적으로 의존하는 행위는 일종의 동반자살임을 깨닫지 못했다. 여기에 약간의 기적이라면, 우리에게는 우리 몫의 행운 그 이상이 아직 남았다는 점이다. 그건 바로, 화석연료를 쓰지 말아야 한다는 사실이 분명해진 바로 그 순간에 다른 에너지를 만들 다양한 기술이 쏟아져 나온 것이다. 정말이지 행운이 아닐 수 없다.

그렇다면 이제 연료를 바꾸는 작업을 해야 하는데, 우리에게 주어진 시간은 반세기 정도다. 이 작업은 앞으로 20년 안에 거의 다 마무리되어야 하고, 2050년까지는 우리 경제에서 탄소를 완전히 없애야 한다. 그 사이에 우리는 대기의 이산화탄소 농도가 어떤 상황이 되든 일단 지구의 평균 기온 상승이 2도를 넘지 않도록 해야 하고, 장기적으로는 이산화탄소 농도도 350ppm까지 낮춰야 한다. 쉽지 않은 일이지만, 이 일은 산업사회가 잘하는 일종의 특기다.

우리는 지난 20세기에 중간고사를 간신히 통과했다. 우리에게는 전쟁으로 문명을 직접적으로 파괴할 능력이 생겼고, 그 능력을 간신히 자제했다. 이제는 우리 문명을 좌우하는 환경 전체가 걸린 기말시험을 통과해야 한다. 단순히 지식과 기술만을 보는 것이 아니라 자제력과 협동심도 함께 보는 시험이다. 성숙한 가치관의 시험이라 해도 좋다. 우리 역사에서 적어도 시험을 통과할 가능성이 있는 이 시점에 그러한 시험을 치르게 된 것이 얼마나 다행인가. 만약 시험을 통과한다면 그 이후 펼쳐질 기나긴 미래는 또 얼마나 흥미롭겠는가.

. . . . .

SCENARIO EIGHT:
WIPEOUT

시나리오 9

전멸

이 마지막 시나리오를 앞선 시나리오와 같은 방식으로 쓰려 했다면, 날짜는 2175년 정도로 하고 지구 평균 기온은 지금보다 9도 높게 잡은 다음(물론 극지방은 이보다 훨씬 높다), 이렇게 시작했을 것이다.

지구촌 사회는 이제 한결 단순해졌다. 3억 인구가 주요 언어로는 고작 영어와 러시아어만을 사용하면서, 북극해 해안에 무리지어 산다(해수면이 70미터 상승한 탓에 이들의 증조부모라면 이 해안을 알아보지 못했을 것이다). 이보다 남쪽에 있는 영국제도·뉴펀들랜드·브리티시컬럼비아 내부 산악 지대 같은 곳에도 사람들이 흩어져 살고, 열대지방의 일부 해안 지대에도 아직 강우량이 넉넉한 덕에 사람들이 거주했지만, 대륙 안쪽은 사막으로 타들어갔다. 남반구에서는 뉴질랜드 대부분에서 여전히 인구가 밀집해 있

고. 파타고니아도 그러하다. 남극 해안 지대에 정착지를 건설하려는 시도
도 있었지만, 그저 시도일 뿐이었다. 일부 사람들은 거대한 지구공학 사업
이 실시되어 기온을 내리고 사람들이 다시 지구 곳곳에 살 수 있기를 꿈꿨
지만, 새로운 사회는 그 옛날처럼 자원을 갖고 있지 않을뿐더러 더 급한
문제가 있었다. 대양이 심각했다. 계란 썩는 냄새가 날 정도로 심각했다.

하지만 여기서는 그런 식으로 시나리오를 쓰지 않을 작정이다. 지나
치게 극적이고 지나치게 종말론적이기 쉽다. 현재 기후 위기가 초래할
결과에 극적인 요소가 적어야 더 현실성 있어 보인다. 우리 앞에 벌어진
일을 엉망으로 만들면 어떤 일이 벌어질지 알아야 하건만, 그걸 아는 사
람은 거의 없다. 과학자들도 모르는 사람이 많다. 증거가 이제야 나오는
탓이다. 그렇다면 이제, 지구 역사의 '5대' 대멸종 가운데 네 가지 대멸
종의 원인을 설명하는 새로운 가설을 살펴보기로 하자.

이 가설을 생각해낸 사람은 기후과학자가 아니라 까마득한 옛날을 연
구하는 고생물학자들, 특히 지난 5억 년간 새로 나타나고 멸종된 동식
물에 관심을 두는 사람들인데, 이 시기를 보여주는 화석 증거가 제법 많
은 덕분이다. 새로운 대멸종 가설을 유일하게 책 한 권 길이로 쉽게 설
명한 것이 피터 워드가 쓴 《녹색 하늘 아래Under a Green Sky》다. 피터 워드
는 대멸종 가설이 형성되기까지의 연구와 논쟁에서 유명했던 고생물학
자다. 나는 2007년에 출간된 그의 책에 크게 의존해 글을 전개해보려
한다.

사람들은 이미 19세기 중반부터, 비교적 짧은 지질학적 시기에 생물
종의 절대 다수가 죽어버린 대멸종 사건으로 지구상의 생명의 역사가

간간이 끊겼다고 생각했다. 1840년대 초, 다양한 시대의 퇴적물에 존재하는 해양종의 수를 헤아리던 영국 박물학자 존 필립스는 생명의 역사는 거대한 대멸종을 기준으로 크게 세 시대로 구분된다는 의견을 내놓았다. '고생물'이 살다가 약 2억 5천만 년 전에 대멸종으로 막을 내린 고생대, 그리고 6천5백 만 년 전쯤에 다시 거대한 멸종으로 끝이 난 중생대('중간 생물'), 마지막으로 현재까지 이어지는 신생대('새로운 생물')다.

이 시대 구분은 오늘날까지도 여전히 사용되지만, 후대의 고생물학자들은 여기에 총 다섯 번의 대형 멸종 사건을 추가하는데, 5억 3천만 년 전 '캄브리아기 대폭발' 시기에 지구상에 골격을 갖춘 유기체가 나타난 이후로 일어난 사건이다(캄브리아기 전에도 대멸종이 일어났을 수 있지만, 그 시기 생명체는 존재를 증명할 화석을 거의 남기지 않았다).

1982년에 처음 제시되어 지금까지 고생물학자들 사이에서 널리 인정되는 범주인 5대 대멸종은 오르도비스 말기(4억 4천4백만 년 전), 데본 말기(3억 6천만 년 전), 페름 말기(2억 5천1백만 년 전), 트라이아스 말기(2억 년 전), 백악 말기(6천5백만 년 전)에 일어났다. 이 가운데 최악의 사태는 페름 말기 또는 페름기-트라이아스기P-T에 일어난 멸종으로, '거대 죽음'이라고도 불리는 이 멸종에서 해양종의 96퍼센트, 식물·곤충·척추동물을 포함한 육지종의 70퍼센트가 화석 기록에서 사라졌다. 가장 최근에 일어난 백악 말기 또는 백악기-제3기K-T에 일어난 멸종에서는 모든 종의 50퍼센트만 사라졌지만, 우리에게 대단히 중요한 의미를 갖는다. 공룡 시대가 끝나면서 지표면을 포유동물과 조류[새]에게 넘겨주었기 때문이다. 인류도 대대적인 멸종이 일어난 이 지구에, 약간 더 늦게 나타나 살고 있다 보니, 그러한 멸종을 불러온 원인에 큰 관심을 갖게 된다. 1980년대까지는 이 모든 사건이 점진적인 기후변화로 일어났다는 가설이 지배적이었다.

여기서 '가설'은 지나치게 너그러운 용어일 수도 있다. 그 많은 종이 어쩌다 죄다 사라졌는가를 설명하기보다는 설명을 회피하는 쪽에 가깝기 때문이다. 그 가설은 멸종을 설명할 소멸 경로를 전혀 제시하지 않았다. 점진적인 기후변화가 왜 대멸종을 일으킬까? 그 기후변화는 수백만 년까지는 아니더라도 적어도 수천 년에 걸쳐 일어났다는 데 모두 동의한다. 지구는 거대한 행성이고, 수천 년은 대단히 긴 시간이다. 그렇다면 각각의 종은 더 나은 기후 조건을 찾아 이동하면 그만이다.

현재 빙하기의 기록은 불과 260만 년 전부터 나온다는 점을 생각하면 전통적 가설이 앞뒤가 맞지 않는다는 걸 분명히 알 수 있다. 약 260만 년 전부터 대규모 빙하작용이 스무 번 정도 일어났는데, 이때 북아메리카와 유라시아 상당 부분이 빙상으로 뒤덮였고, 지구의 기후는 건조하고 바람이 많고 지금보다 기온이 5도 정도 낮았으며, 중간 중간에 지금과 같은 짧은 간빙기가 끼어들었다. 비교적 짧은 시기에 반복적으로 일어난 엄청난 기후변화이지만, 이 시기에는 대멸종이 일어나지 않았다 (고작해야 인류가 과거 두어 세기 전부터 일으키기 시작한 멸종이 전부다). 동물과 식물은 더 나은 기후대를 찾아 극지방으로 옮겨 가거나 적도로 되돌아오는 정도였다.

그런데도 '점진적 기후변화'라는 가설이 워낙 오랫동안 성서 같은 존재로 굳어진 탓에, 물리학자 루이스 앨버레즈와 지질학자 월터 앨버레즈 부자가 한 팀을 이뤄, 정확히 6천5백만 년 전의 K-T 경계기까지 거슬러 올라가는 점토층에 소행성에는 흔하지만 지구에는 극히 드문 이리듐이 풍부하다는 사실을 발견했을 때, 그에 대한 저항은 엄청났다. 두 사람은 1980년에 내놓은 유명한 논문에서, 6천5백만 년 전에 거대한 소행성이 지구를 강타해 공룡이 전멸했을 가능성을 제기했다. 이때부터 이 급진적 주장을 단숨에 거부한 구세대 고생물학자들과 그 가능성을 받아들인 젊은 층 사이에서 벌어질 10여 년간의 전쟁이 시작되었다.

1982년, 전세계 40여 곳에서 숨길 수 없는 그 이리듐이 K-T 경계층에서 다시 발견되었다. 이때 '충격 석영' 결정이 함께 발견되었는데, 여기에는 유성 충돌로 생긴 구덩이와 지하 핵실험 장소를 제외하고는 지구 어디에서도 발견되지 않는 '충격 박막층'이라 불리는 얇은 줄이 여러 층 박혀 있었다. 더불어 반짝이는 구슬 같은 작은 알갱이도 다량 발견되었는데, 앨버레즈를 지지하는 과학자들은 유성 충돌 시 대기권 밖과 지구 전체로 퍼져나갔던 물질이 다시 들어오면서 열에 녹아 구슬 형태가 되었다고 해석했다. 그리고 K-T 경계층에서 함께 발견된 미세한 숯 입자는 전세계적으로 숲과 관목에 불이 났었다는 증거였다.

1982년까지, 6천5백만 년 전에 지름이 최소 10킬로미터인 거대한 소행성이 지구와 충돌했다는 데 별다른 이견이 없었다. 그러다가 1990년대 초, 드디어 실제 충돌 지점을 찾아냈다. 멕시코 유카탄 반도 해안에 있는 폭 180킬로미터의 칙슐룹 구덩이Chicxulub crater다(충돌 뒤 오랫동안 퇴적물로 채워졌다). 그러나 공룡과 다른 여러 종이 멸종하던 바로 그 시기에 전세계에 영향을 미친 거대한 충돌이 일어났다고 해서, 오래된 점진적 기후변화 가설이 틀렸다는 뜻은 될 수 없다. 소행성 충돌은 단지 (다소 특별한) 우연의 일치일 수 있으니까. 젊은 고생물학자들은 이후

1980년대 내내, K-T 멸종은 점진적이 아니라 번성하던 생물권을 한순간에 무너뜨린 갑작스러운 멸종이라는 것을 증명하는 데 매달렸다.

이들은 백악기 후반부터 K-T 경계 사이에 존재한 전형적인 종들을 모두 포함한 화석층을 그 증거로 제시했다. 그 뒤로 이 종의 대부분이 한꺼번에 갑자기 사라졌다. 점진적인 소멸 따위는 없었다. 1990년대 초에 K-T 멸종을 둘러싼 논쟁이 종결되면서, 고생물학자들의 의견은 빠르게 반대 방향으로 이동했고, 대멸종의 원인을 모두 지구 밖에서 찾게 되었다. 이를 입증할 증거는 없지만, 적어도 거대한 유성이 충돌했었다는 사실은 믿을 만한 소멸 경로를 제공해준다. 과학자들은 다른 5대 대멸종의 증거가 될 만한, 이리듐이 풍부한 암석을 찾아 밖으로 나갔다.

그리고 10여 년 동안 증거를 찾아 헤맸지만 허사였다. 오르도비스 말기, 데본 말기, P-T기, 트라이아스 말기에 이르기까지, 이 멸종의 시기에 거대 소행성이 충돌했다는 증거는 어디에도 없었다. 게다가 멸종이 불과 수개월 또는 수년 사이에 일격에 끝난 K-T 멸종과 달리, 다른 대멸종은 수백만 년에 걸쳐 맥박이 뛰듯 규칙적이고 연속적으로 일어난 듯싶다. 물론 대멸종이라고 규정할 만한 대규모 종 손실이 한 차례 일어났을 수도 있다. 가령 트라이아스 말기 멸종의 경우, 1억 9천9백만 년~2억 년 전에 대규모 종 손실이 일어났다고 추정할 수 있다. 그러나 사실은 그보다 1천만 년 전부터 그 뒤 수백만 년 사이에도 소규모 멸종이 여러 차례 일어났다. 마치 치명적인 어떤 사건이 꾸준히 일어나기라도 한 듯.

그러나 마침내, 충돌과 관련 없는 대멸종 사건들을 이어줄 두 가지 공통점이 나타났다. 하나는 그 사건들이 모두 대기의 이산화탄소 농도 상승과 관련이 있어 보인다는 것이다. 하지만 그것으로는 부족했다. 결국 날이 따뜻했다는 건데, 그래서? 그것이 어떻게 대멸종을 일으킬 수 있을까? 또 하나의 증거는 당시 심해는 산소 결핍(산소가 대단히 적거나 아예 없는) 상태였다는 점이다. 사실 멸종이 일어나는 중대 시기에는 '캔필드 해양'이었다.

아주 오래전에는 바다가 오늘날과는 사뭇 달랐다고 알려져 있다. 오늘날에는 바다 밑에 산소가 풍부하지만, 아주 옛날에는 대개 바다에 층이 있어서, 위층은 산소가 풍부해 익히 잘 알려진 다양한 해양생물이 익히 잘 알려지지 않은 방식으로 생존했고, 아래층은 산소가 희박해 유기체가 거의 살지 못했다(지질학 기록을 보면, 이런 바다의 한 가지 특징은 해저가 아주 잔잔하고 안정되어 있다는 점인데, 그 이유는 층을 이루지 않은 해양에 사는, 침전물을 휘저으며 굴을 파는 작은 물고기들이 없기 때문이다). 그러나 '지구 진화 노르딕 센터Nordic Center for Earth Evolution' 소장이자 서던덴마크 대학 교수인 지질학자 도널드 캔필드는 심해에 산소가 완전히 없어지면 산소를 피해 침전물에 숨어 있던 황세균이 밖으로 나와 그곳을 장악한다는 사실을 처음으로 지적했다.

황세균은 신진대사 결과 황화수소를 노폐물로 내놓기 때문에, 황세균이 존재하는 심해는 산소를 기반으로 살아가는 생물에게는 치명적인 곳이 된다. 이 산소 결핍 층은 산소가 공급되는 해수면 층과 분리되는데, 이 두 곳을 가르는 경계는 수심이 채 200미터도 안 되는 곳에 존재하는 '화학약층chemocline'이다. 큰 바다 가운데 현재도 이 같은 현상이 일어나는 곳은 흑해가 유일하며, 이곳의 화학약층은 수심 150~200미터 지점에 있다. 그러나 아주 오래전에는 드넓은 해양도 오랫동안 이런 상태였다는 게 캔필드의 주장이다. 그가 이 주장을 펴면서, 그러한 해양을 '캔 필드 해양'이라 부르게 되었다.

황화수소가 해양생물에만 치명적인 것은 아니다. 황화수소는 대기에 까지 높은 농도로 퍼져 육지 동식물에게도 치명적이다. 21세기 초, 고 생물학자들 대부분이 대멸종은 소행성 충돌 때문이라는 가설을 버렸고, 대멸종을 설명할 다른 소멸 경로를 찾아 헤맸다. 모호하고 낡은 '점진 적인 기후변화' 가설을 신뢰하는 사람은 이제 없었다. 소행성 충돌이 아 니라면 대체 무슨 이유일까?

2005년 5월, 펜실베이니아 주립대학 리 쿰프 교수, 그리고 그의 동료 알렉산더 파블로프, 마이클 아서는 캔필드 해양이 그 주범이라는 획기 적인 논문을 발표했다. 〈지올로지Geology〉에 발표한 논문에 따르면, 산 소 결핍 층인 저층에서 한껏 농도가 높아진 황화수소가 화학약층을 뚫 고 나가 공기 중으로 퍼졌다는 이야기다.

간단한 계산으로 알 수 있는 사실은 지구 역사에서 해양에 산소가 결핍 된 시기에 심층수의 황화수소 농도가 중대한 한계점을 넘었다면, 황화수 소가 존재하는 심층수와 산소가 공급되는 표층수를 분리하는 화학약층이 돌연 해수면 쪽으로 올라갔을 수 있다(화학약층 상승 이탈). 대기 광화학 모형을 보면, 황화수소가 대기로 유입될 경우 (근래에 화산에서 유출되는 소량의 황화수소보다 2천 배 이상) 독성을 띠기 쉽다. 여기에다 오존 보호막 도 파괴되고, 메탄 수치도 100ppm이 넘었을 것이다. 따라서 우리는 화학 약층 상승 이탈을 페름 말기, 데본 후기, 세노만기-튜로닌기에 일어난 멸 종의 소멸 경로로 제안한다. (······)

캔필드 해양은 대기에 이산화탄소 수치가 높을 때 생성됐다. 페름 말기 멸종 때 '시베리아 트랩스'에서, 그리고 백악 말기 멸종 때 인도 남부 '데칸 트랩스'에서, 화산 폭발과 현무암 홍수가 오랜 기간 대규모로 일어나면서 가스가 다량 배출되었던 사건도 이런 식으로 설명이 가능하다('트랩스Traps'는 스웨덴어로 계단 또는 층을 뜻하며, 최고 2천 미터 깊이로 드넓은 지역을 덮은 용암층이다. 원래 면적이 약 150만 제곱킬로미터에 이르렀던 데칸 트랩스는 6천6백만 년 동안 침식을 거쳤어도 여전히 50만 제곱킬로미터에 이른다). 우리는 이제 이산화탄소가 어디서 왔는지, 그리고 그것이 지구온난화의 주범이라는 사실을 잘 안다(물론 그것을 깨닫기까지는 오랜 시간이 걸렸다. 화산에서 해마다 배출되는 양은 오늘날 산업문명이 배출하는 양보다 훨씬 적기 때문이다). 그런데 지구온난화와 캔필드 해양 출현이 어떤 관계가 있을까?

하강해류가 산소가 풍부하고 신선한 표층수를 심해로 꾸준히 공급하지 않는다면 심해 밑 부분에 있는 산소는 시간이 지나면 모두 소모될 것이다. 해수면의 죽은 유기물이 끊임없이 아래로 쏟아져 내려오고 그것이 썩으면서 바다 밑 산소를 소모하기 때문이다. 대륙이 계속 이동해 오늘날의 형태를 이룬 이래로, 이 하강해류는 북대서양 북부('멕시코 만류' 북쪽 끝), 그리고 남대서양과 남극 대륙 사이의 남대양에 줄곧 위치했었다. '자오선 역전 순환Meridional Overturning Circulation'이라 알려진 이 두 곳의 해류가 차갑고 산소가 풍부한 물을 다량으로 대서양 심해로 내려보내면, 심층해류가 이 물을 다시 인도양과 태평양으로 흘려보낸다('역전' 현상). 이 해류가 심해로 내려가는 지점이 고위도에 머물러 있는 한, 만사가 순조롭고 산소는 해양 아래까지 고루 퍼진다.

그러나 지구온난화의 주요 현상들이 일어나면, 표층해류가 지금처럼 고위도까지 가지 않고 그보다 훨씬 아래 위도에서 심해로 내려오기 시작할 수도 있다. 북대서양 해류는 특히 이런 움직임을 보이기 쉬운 모양이다. 실제로 1만 년에서 1만 5천 년 전, 마지막 대규모 빙하작용이 빠르게 풀릴 때, 이 해류가 수세기 동안 완전히 멈추었다고 알려져 있다. 불과 몇 년 전만 해도 학자들은 해류가 다시 멈추어 서유럽이 순식간에 다시 식어버리지나 않을까 걱정했다. 서유럽이 따뜻한 이유는 북대서양 해류가 계속 따뜻한 표층수를 공급한 덕분이기 때문이다. 하지만 최근 자료를 보면, 북대서양 해류의 유속이나 유량이 심각히 줄었다는 증거는 아직 없다. 지금보다 더 더워야 해류가 고위도에 도달하지 않는 현상이 일어날 것이다. 하지만 아주 오래전, 지금보다 더 더웠던 때에는 실제로 현재 그린란드·아이슬란드·노르웨이 사이의 바다까지 올라가 있는 역전 최종지점보다 훨씬 더 남쪽에서 역전이 일어나기 시작했다. 그러면서 심해에 산소 결핍이 시작됐다.

　　자오선 역전 순환 해류는 대개 해류가 역전하면서 엄청난 양의 산소를 바다 밑으로 옮기는데, 이로써 산소를 호흡하는 해양생물이 해저까지 고루 번식한다. 그러나 그것은 자오선 역전 순환의 행복한 부산물이고, 본래의 기능은 해양 여러 곳의 서로 다른 밀도·온도·염분을 고르게 유지하는 것이다. 그런데 이 해류가 현재의 최종지점에 훨씬 못 미친 곳에서 역전을 시작한다면, 차갑고 산소가 풍부한 물이 아닌 따뜻하고 산소가 훨씬 적은 물이 심해로 운반된다. 이렇게 운반되는 산소가 썩은 유기물이 소모하는 양보다 훨씬 적을 경우, 심해에는 산소가 결핍되기 시작한다. 그리고 이 과정이 계속 진행되어 산소가 아예 없어져버리면

'캔필드 해양'이 된다.

그때까지 시간이 얼마나 걸릴지는 아무도 모르지만, 아마도 꽤 오래 걸릴 것이다. 심해 해류의 유속은 매우 느리고 유량은 방대하다. 게다가 일단 관련 세균이 침전물에서 빠져나와 활동을 시작하면, 산소가 결핍된 해양 저층에 황화수소가 가득 차기까지 시간이 얼마나 걸릴지, 그리고 황화수소 농도가 어느 정도일 때 화학약층이 해수면까지 올라와 황화수소를 대기에 배출하기 시작할지 아무도 모른다. 언뜻 느끼기에, 21세기에 예상되는 온난화 최고치에 도달해도 곧바로 위험이 닥칠 것 같지는 않다. 그러나 이 역시 그런 '느낌'에 의존하기에는 적절치 않은 영역이다. 여기서는 '느낌'이 있을 수 없다. 과거에 전혀 탐구되지 않은 영역이니까.

만약 캔필드 해양이 과학자들 표현대로 '화학약층 상승 이탈'을 일으켜 황화수소를 다량 방출하면 어떤 일이 일어날까? 물론 해양생물은 플랑크톤까지 전멸되다시피 할 것이다. 쿰프의 계산대로라면, 해양에서 부글부글 넘쳐 나오는 황화수소는 육지생물을 거의 다 없애고도 남을 것이다. 직접 독을 뿜어 없앨 수도 있고, 오존층을 파괴해 태양에서 나오는 치명적인 자외선복사에 동식물을 노출시켜 없앨 수도 있을 것이다. 전에도 이런 일이 여러 번 일어났고, 앞으로 다시 일어나지 말란 법은 없다. 피터 워드는 《녹색 하늘 아래》에서, 만약 그런 일이 일어나면 세상은 어떤 모습일지 상상한다.

아침 기온이 [화씨] 120도(섭씨 49도)에다 바람도 없고 그늘을 만들 나무도 없다. 초목이 더러 눈에 띄지만, 작고 바짝 마르고 생육이 더뎠다. 다른 생물은 거의 보이지 않는다. 전갈·거미·날벌레가 눈에 띄고, 사막 식물의 뿌리 사이에서 작은 동물이, 어쩌면 최초의 포유동물이 파놓은 굴 같은 것이 눈에 띈다. (……) 열이나 건조함으로 치면 사막이지만, 바람이 없어서 사하라나 칼라하리 사막의 상징인 모래언덕도 없다. 그저 뜨거운 불모지다.

땅만큼이나 음산하면서 더욱 놀라운 것은 바다다. 젤라틴처럼 걸쭉한 파도가 느린 동작으로 천천히 해변을 훑는다. 해안가는 온통 썩은 유기물로 뒤덮였고, 세균이 해안가를 따라 미끈거리는 비단 띠를 형성해 타오르는 태양 아래에서 부패한다. (……) 우리는 이 엄청난 해수면을 바라본다. 눈길이 닿는 저 끝까지 해양은 거울처럼 평평할 뿐 흰 물결이라고는 찾아볼 수 없다. 하지만 더 놀랄 일은 따로 있다. 해안부터 수평선까지 온통 보랏빛 일색이다. 평평하고 번들거리는 거대한 보랏빛은 물도 아니요, 도무지 이 세상 것이라고는 보이지 않는다. 수면을 깨뜨리는 물고기 한 마리, 먹이를 찾는 (……) 새 한 마리, 보이지 않는다. 보랏빛은 물 위를 떠다니는 방대한 세균에서 나온다. 지구상의 해양이란 해양은 죄다 약 30미터 두께의 보라와 녹색 세균 수프로 뒤덮였다.

드디어 바다가 움직인다. 하지만 생물이 아니라 반생물이다. 악취 나는 해안에서 그리 멀지 않은 곳에서, 끈적이는 기름띠 같은 수면을 뚫고 거대한 거품이 트림을 하더니, 다양한 크기의 거품이 여러 차례 요란하게 터진다. 거품에서 나오는 가스는 녹색유황세균이 그 사촌인 홍색유황세균에 둘러싸여 번식하면서 배출하는 황화수소다. 놀랄 일은 하나 더 남았다. (……) 머리 위 높은 곳에, 아주 높은 곳에, 얇은 구름이 덮였다. 지구상에 나타난 구름 중에 고도가 가장 높았던 경우보다 훨씬 높다. 그러다 보니 아예 하늘색이 바뀌어버렸다. 우리는 물 빠진 녹색의 하늘을 이고 있고, 하늘은 죽음과 독약 냄새를 풍긴다.

여기서 워드가 상상하는 특별한 '온실가스 멸종'은 2억 년 전에 일어났다. 트라이아스 말기 멸종이다. 그러나 그를 비롯한 많은 고생물학자들은 이제 이 사건이 지구상의 생명의 역사에서 단 한 차례가 아니라 여러 차례 일어났다고 주장한다. 이는 단순한 인과 사슬이다. 우선 거대한 화산 폭발과 뒤이은 현무암 홍수로 이산화탄소와 메탄이 갑자기 늘어나면서 세계 기후가 빠르게 온난화한다. 세계가 더워지자 해양순환계가 바뀌고 대서양의 자오선 역전 순환 해류가 저위도에서 심해로 내려가기 시작하면서 따뜻하고 산소가 적은 물이 해양 심해 평원으로 내려간다. 온난화는 계속되고, 적도와 극지방의 기온 차가 좁혀지면서, 결국 바람도 거의 없어지고 따라서 자연히 해류도 없어진다. 이쯤에 해양은 이미 두 개의 층으로 나뉘어 서로 섞이지 않는다. 산소가 원활히 공급되는 수면 부근과 산소가 갈수록 결핍되는 저층이다. 게다가 저층은 상층을 훼손하면서 점점 확장한다.

마침내 산소가 결핍된 심층수의 경계가 빛이 투과되는 지점까지 올라와 산소 부족에 빛이 더해져 녹색유황세균과 홍색유황세균의 수가 계속 늘다가 어느 날 결국 화학약층이 수면까지 올라가면 이들 세균이 해양 전체를 뒤덮는다. 남은 해양생물은 그 즉시 거의 다 죽지만, 일부 고립된 지역은 영향을 받지 않은 채 일부 해양종이 살아남을 것이다.

이제 얕은 물을 통과한 빛에서 번식하게 된 세균은 독성 황화수소를 다량 배출하는데, 오늘날 화산이 대기에 배출하는 양의 2천 배에 이른다. 황화수소는 높은 대기로 들어가 오존층을 파괴하고, 따라서 오존층에 걸러지지 않고 지표면에 도달하는 자외선복사로 육지의 동식물이 죽기 시작한다. 보이지 않는 황화수소 구름이 내륙을 떠다니며 동물과 식물에 모두 독성을 주입하는데, 높은 열 때문에 동식물 제거 효과가 더욱 커진다. 이런 일들은 어느 순간 펑, 하고 일어나는 게 아니라 찔끔찔끔 일어난다. 그리고 지난 5억 년 동안, 한 번에 일어나지 않고, 여러 번에 걸쳐, 어쩌면 스무 번, 서른 번에 걸쳐, 일어났다. 그러나 요즘에는 우리가 바로 화산이다.

위안을 삼을 만한 사실이 둘 있다. 하나는 이 모두가 가설이라 반대되는 증거가 나오면 뒤집힐 수도 있다는 점이다. 그렇게만 된다면 얼마나 좋을까. 안타깝게도 이 가설은 꽤 탄탄해서 고생물학자들 사이에 널리, 빠르게 퍼지면서 인정을 받았다.

또 하나는 이 가설이 옳다 해도 캔필드 해양이 초래한 대멸종은 현재까지 한동안은 일어나지 않았다는 점이다. 이 멸종은 4억 9천만 년 전에서 9천3백만 년 전 사이에 수십 차례 일어난 것으로 보이는데, 더러는 지구 전체에 일어나 바다와 육지에 생존하는 모든 종의 절반 이상을 제거하기도 하고, 더러는 지역적이고 제한적으로 일어나기도 했다(전세계 모든 해양이 동시에 캔필드 상태가 되는 건 아니다). 그러나 그 이후 딱 한 차례, 그러니까 약 5천5백만 년 전에, 소규모 온실가스 멸종이 일어나 주로 해양종에 영향을 미쳤는데, 캔필드 해양이 그 원인으로 추정된다. 지금은 상황이 바뀌어 이런 식의 재앙이 일어날 가능성이 줄었는데, 그 상황 변화 중 하나는 아마도 현재 대기의 이산화탄소 농도가 페름기보다, 심지어는 백악기보다 훨씬 낮다는 사실일 것이다. 과거의 대재앙은 대개 기온이 훨씬 높을 때 시작됐다.

반면에 그 마지막 온실가스 멸종은 대기의 이산화탄소가 고작 800ppm 정도일 때 일어났다. 지금 같은 상황이라면 21세기에 얼마든지 도달할 수 있는 수치다(19세기를 통틀어 인간의 활동으로 대기에 배출된 이산화탄소는 약 15ppm이었다. 20세기에는 그 양이 75ppm으로 뛰어, 대기의 이산화탄소 농도는 총 370ppm이 되었고, 그 뒤로 지금까지 벌써 20ppm을 추가했다. 해마다 2~3ppm이 늘어나는 꼴이며, 이 증가 속도는 점점 빨라지고 있다. 이대로라면 21세기 말에 700ppm 또는 800ppm에 도달하는 건 그리 어렵지 않다). 온난화가 이 정도로 수준이라면 자오선 역전 순환에 변화가 생겨 전세계가 캔필드 해양으로 진입하기 시작할까?

꼭 그렇지는 않다. 현재 1만 년간 안정된 기온을 유지하고 있지만, 그전에는 10만 년 동안 기온이 여러 차례 심하게 요동쳤다. 그러나 자오선 역전 순환이 이처럼 급격하게 요동칠 때, 그 여파는 현재의 빙하기와 먼 옛날에 서로 다르게 나타난다. 북대서양 해류는 과거 여러 차례 완전히 멈춘 적이 있는데, 그때 유럽 북서부에 극심한 한파가 몰아쳤다. 하지만 이때도 해류 자체가 변하지는 않아서, 역전 현상이 남쪽으로 옮겨가 상대적으로 따뜻하고 산소가 적은 표층수가 다량으로 해저로 내려가는 일은 없었다. 그보다는 한동안 해류가 아예 멈추었다가(따라서 이 기간에는 당연히 해양 저층에서 산소가 빠져나갔다가), 상황이 호전되자 다시 예전처럼 움직였다. 해류계에는 쉽게 빠져나가지 않는 운동량이 있어서, 해양은 늘 위부터 아래까지 고루 섞인다.

이 새로운 가설이 제시하는, 궁극적으로 온실가스 멸종으로 이어진 아주 오래전 유형에 따르면, 지구온난화가 닥쳤을 때도 자오선 역전 순환은 여전히 작동했다. 그러나 바닷물이 심해로 이동하는 시간은 훨씬 빨라졌고, 순환이 일어나는 곳도 물이 더 따뜻하고 산소가 적은 곳으로 옮겨 갔다. 그러나 이 현상은 대개 극지방에 얼음이 거의 또는 아예 없을 정도로 지금보다 훨씬 더운 세상에서 일어났고, 바로 그 점이 중대한 차이일 것이다. 자오선 역전 순환은 지금보다 더운 기후에서는 다르게 나타나고, 우리는 지금 그렇게 더워지는 중이다.

지구온난화를 방치한다면 캔필드 해양과 온실가스 멸종이 실제로 일어난다는 명확한 증거는 아직 없다. 다만 이런 문제들이 흔히 그러하듯, 확실한 증거가 나올 때면 이미 어떤 조치를 취해도 늦기 마련이다. 그러나 그것은 현재의 기후 위기 끝에 나올 유일한 현상이며, 이때 인구는 대량 감소하다가 결국 멸종에 이를 수 있다.

CLIMATE WARS

기후변화로 닥쳐올
미래에 대한 필수 안내서!

여름이 유난히 덥다, 기상이변 탓이다. 폭설이 잦다, 기상이변 탓이다. 비가 너무 자주 오거나 너무 안 온다, 기상이변 탓이다. 채소 값이 폭등한다, 역시 기상이변 탓이다. 이제는 교통사고가 일어나도 기상 이변 탓일 것만 같다. 세상이 온통 기상이변이다. 이쯤 되니 심각해지기보다는 둔감해진다. '이변'도 잦아지다 보면 더 이상 이변이 아니다.

환경 다큐멘터리를 보노라면 당장이라도 지구가 망할 것 같다. 얼음이 점점 사라져가는 극지방, 면적이 점점 확대되는 사막지대. 살 곳이 없어 작은 얼음 위에서 발을 동동 구르는 북극곰. 심각하고 안타깝지만 내가 사는 곳과 너무 멀다. 텔레비전을 끄면 위험도 사라진다.

기상이변 또는 기후변화는 이제 생활이 되어버려 심각한 문제라고 느끼지 못한다. 조금 불편하지만 그럭저럭 살아갈 수 있을 것 같다. 하지만 뉴스에서 '남발'하는 기후변화는 문제의 실상을 보여주지 않는다. 환경 다큐멘터리도 환경 재앙을 보여주며 인간의 각성을 촉구하지만, 그 뒤에 숨은 추악하고 복잡하고 이기적인 정치·군사 음모를 드러내지 않는다. 예측이 거의 불가능한 주식시장은 수시로 예측하면서, 빤히 예견되는 기후변화의 미래는, 특히 정치·군사 부문에서의 미래는 어느 누구도 애써 예측하지 않는다. 저자가 이 책을 쓴 이유도 바로 그 때문이다.

이 책을 처음 번역할 때, 기후변화의 미래를 예상하는 '시나리오'라는 말에, 기후 재앙을 소재 삼은 영화들을 떠올리며 꽤나 극적인 엄포성 글이 아닐까 싶었다. 역시나 무척 극적이었다. 문제는 전혀 엄포가 아니라는 거다. 기후변화는 환경뿐 아니라 정치·경제·군사에까지 두루 영향을 미친다. 저자는 군사 분야에 조예가 깊은 국제지정학 전문가이자 저널리스트다. 그런 그가 특히 우려하는 점은 기후변화가 치명적인 군사 대결로 이어지는 상황이다. 현실을 고려할 때 얼마든지 가능한 일이다. 저자는 비단 군사 분야뿐 아니라 기후변화와 관련한 정치와 과학도 집요하게 파고든다. 그가 파악한 기후변화의 영향은 우리의 상상을 가뿐히 뛰어넘는다.

앞으로 전쟁은 종교나 이념 대립이 아닌 이상기후로 인한 식량 문제에서 터질 가능성이 높다. 멕시코는 일자리를 찾아서가 아니라 먹을거리를 찾아서 집단으로 미국과의 국경을 넘는다. 파키스탄은 관개용수의 수원이 되는 물줄기 상당 부분을 인도가 쥐고 있는 상황에서, 물 부족으로 극도의 식량난에 시달리다 못해 급기야 인도를 향해 핵전쟁을 선포한다. 전쟁만이 아니다. 이제는 테러도 일부 과격한 종교 집단이 아닌

선진국의 과격한 환경운동가들이 원자로를 비롯해 환경에 해가 된다고
생각하는 대상을 표적 삼아 고성능 미사일을 날리는 식이다. 그런가 하
면 기후변화에 심각한 피해를 입은 일부 국가는 검증되지 않은 과학기
술을 동원해 문제를 해결하려 드는 바람에 주변국을 긴장시킨다.

이 책에는 시나리오와 현실이 교묘히 뒤섞여 있다. 책을 읽다 보면 더
러는 어디까지가 현실이고, 어디까지가 시나리오인지 분간이 어렵다.
현실이 시나리오처럼 극적이고, 시나리오가 현실처럼 사실적이다. 지구
와 태양 사이의 우주 공간에 거대한 햇빛 차단막을 설치해 마치 블라인
드를 조절하듯 지구에서 그 차단막을 폈다 접었다 할 계획을 세우는 과
학자가 있다? 공상과학 영화 시나리오 같지만 현실이다. 유럽연합은 기
후변화와 식량 부족으로 남부 회원국 국민들이 북부 회원국으로 대량
이주하면서 심각한 갈등을 빚다가 결국 연합이 해체되고 '북부연합'이
새롭게 형성된다? 물론 유럽연합은 해체되지 않았으니 시나리오다. 하
지만 얼마든지 있을 법한 일이다.

그리고 저자는 이 책의 한국 출간에 맞춰 한국 시나리오를 추가했다.
역시 북한 정권 붕괴를 예상했고, 한반도와 국경을 맞댄 중국의 혼란스
러운 내부 사정을 한국의 정세 변화를 좌우할 큰 외부 요인으로 지목했
다. 내 나라 미래를 자세히 분석한 남의 나라 전문가의 밝은 눈에 고개
를 크게 끄덕이며, 통일과 기후변화를 새삼 한덩어리로 인식했다.

저자는 군사 · 정치 · 과학계의 전문가 10여 명을 직접 만나 대담을 나
누고 가능한 모든 자료를 동원해 현실을 분석하고 고발한다. 그리고 그
현실을 바탕으로 치밀하게 미래를 예측한다. 사실 군사 전략가들은 이
미 그가 예견한 시나리오와 비슷한 상황을 염두에 두고 대비책을 마련

중이다. 결코 '아님 말고' 식 시나리오가 아니란 이야기다.

이제 우리는 안타깝지만 개인이 기름을 아끼고 쓰레기를 줄이는 식으로는 결코 해결할 수 없는 심각한 기후변화 위기를 맞이했다. 이 기후변화를 '정상'으로 되돌리기는 이미 글렀지만 걷잡을 수 없는 심각한 수준으로 치닫는 상황을 피할 '유일한' 방법은 국제사회의 공조뿐이라고 저자는 이 책 곳곳에서 수없이 강조한다. 국제사회가 다 함께 나서서 구체적인 목표를 정해 온실가스를 줄여 지구의 기온을 낮춰야 한다. 그러나 허술한 1997년 교토의정서, 아무런 합의를 이루지 못한 채 미래에 대한 비관론만 남기고 막을 내린 2009년 코펜하겐 회의가 보여주듯 일부 국가의 이기주의로 국제 공조는 전혀 이루어지지 않고 있다.

저자는 과거 40년간의 냉전 중에도 핵전쟁을 용케 피해온 사례 등을 꼽으며, 국제 공조와 인간에 대한 실낱같은 희망을 애써 놓지 않는다. 사실 달리 희망을 걸 곳도 없다. 이 한 가닥 희망이 끊어지면, 과거 수많은 생물종이 사라진 5대 대멸종이 되풀이될 수도 있다. 그리고 그 여섯 번째 대멸종의 주범은 자연이 아닌 인간이 된다. 참으로 불편한 진실이고, 참으로 불편한 시나리오다. 우리는 과연 우리 인간에게 희망을 걸 수 있을까? 확신이 서지 않는다.

참고자료

23쪽: "미래에 기후변화의 영향은 갑작스럽고 아마도 더러는 파국적인 변화를 수반하는 불안정한 상황에서 나타날 것이다. (······)"
출처: *DCDC Global Strategic Trends Programme 2007~2036*, Third Edition, pp. 26~28. Ministry of Defence, London.
인용 허가: Ministry of Defence, DCDC, Shrivenham, Swindon, United Kingdom.

26쪽: "[중동에서는] 이미 물 문제로 긴장이 고조되었다. (······)"
출처: *National Security and the Threat of Climate Change*, The CNA Corporation, Noel L. Gerson, Vice President, Communications and Public Affairs.
인용 허가: The CNA Corporation.

28쪽: "사람들은 절대적 확신을 얻고 싶다고 말한다. (······)"
출처: *National Security and the Threat of Climate Change*, The CNA Corporation, Noel L. Gerson, Vice President, Communications and Public Affairs.
인용 허가: The CNA Corporation.

34쪽: "[이 새로운 시나리오는 IPCC 2007년 보고서가 내놓은] 온난화와 그 충격 예측이 조직적으로 편향, 축소되었다고 추정한다. (······)"
출처: *The Age of Consequences: The Foreign Policy and National Security Implications of Global Climate Change*, Center for Strategic and International Studies, 2007, Project Co-Directors Kurt M. Campbell, Alexander T. J. Lennon, Julianne Smith.
인용 허가: Center for Strategic and International Studies(CSIS) and Center for a New

American Security(CNAS).

46쪽: "지구는 [과거에] 이런 식으로 열을 식혔다. (……)"
출처: *The Revenge of Gaia*, James Lovelock, published by Allen Lane, the Penguin Group, London, 2006, p. 60.
인용 허가: James Lovelock and Allen Lane, the Penguin Group.

66쪽: "우주에 도착한 첫날 깜짝 놀란 사실 하나는 (……)"
출처: *National Security and the Threat of Climate Change*, The CNA Corporation, Noel L. Gerson, Vice President, Communications and Public Affairs.
인용 허가: The CNA Corporation.

85쪽: "유라시아 북부의 안정은 (……) 중국이 남부 해안 홍수 피해 지역의 수천만 또는 수억 인구를 어떻게 다시 정착시키는가에 크게 좌우됩니다. (……)"

91쪽: "고古기후 자료를 보면, 빠른 피드백만 존재한다고 할 때 기후 민감도는 이산화탄소가 두 배 증가할 때마다 대략 3도로 나타난다. (……)"
출처: 'Target Atmospheric CO₂: Where Should Humanity Aim?' by James Hansen, Makiko Sato, Pushker Kharecha, David Beerling, Valerie Masson-Delmotte, Mark Pagani, Maureen Raymo, Dana L. Royer and James C. Zachos; http://arxiv.org/abs/0804.1126. Submitted by James Hansen. Also at http://www.columbia.edu/~jeh1/2008/TargetCO2_20080407.pdf.

135쪽: 모하멧 알수와이디 인용.
출처: "Abu Dhabi develops food farms in Sudan," by Xan Rice, in *the Guardian*, 2 July 2008.

135쪽: 콘웨이 교수 인용.
Prof. Conway: Former director of the Rockefeller Foundation and former chief scientist at the UK Department for International Development.
출처: "Climate change could devastate Africa, says top UK scientist," by John Vidal, in *the Guardian*, 29 October 2009.

141쪽: "중국 해군은 태평양으로 전진할 태세입니다. 실제로 그렇게 되면 곧바로 미 해군, 공군과 맞닥뜨리겠죠. (……)"
출처: Robert D. Kaplan, 'How We Would Fight China: The Next Cold War,' *Atlantic Monthly*, May 2005.

145쪽: "테러리스트가 인도 국회를 공격한 2001년 12월, 인도는 파키스탄을 비난하며 항의 표시로 자국의 고등판무관을 소환했다. (……)"
출처: Part II, Chapter 6 of The Final Settlement: Restructuring India-Pakistan Relations, Strategic Foresight Group, International Centre for Peace Initiatives, Mumbai, 2005.

173쪽: "텔레비전과 전등을 이미 사용하고 있던 터라 그런 추가 수요가 발생하기 전에도 전력 체계는 꾸준히 돌아가고 있었다. (……)"
출처: *Heat: How to Stop the Planet Burning*, George Monbiot, London, 2007, Penguin Books, pp. 80~81.
인용 허가: George Monbiot and Penguin Books.

273쪽: "에너지부 사람들은 온갖 수단을 동원해 권력 분산을 막았어요. (……)"
출처: Ken Livingstone, Mayor of London, 2000~2008.
Interview by Jo Revill, Whitehall editor in *The Observer*, Sunday March 23, 2008.
인용 허가: *Guardian*.

275쪽: "과학기술계에서는 다양한 지구공학 계획의 전면적인 효과가 제대로 알려지지 않았다고 우려하는 사람이 많다. (……)"
출처: Wikipedia, 'Geo-engineering,' entry as of June 3, 2008.
http://en.wikipedia.org/wiki/Planetary_engineering.

284쪽: "최근 연구에서, 이산화탄소와 다른 온실가스 농도 증가에 따른 지구온난화가 (……) 구름 응결핵 역할을 하는 황산염 입자로 부분적으로 상쇄되었다. (……)"
출처: "Albedo Enhancement by Stratospheric Sulfur Injections: A Contribution to Resolve a Policy Dilemma?" by Paul Crutzen in *Climatic Change*(2006) 77: 211-12, published by Springer.
인용 허가: Paul Crutzen and Springer.

293쪽: "최근 계산에 따르면, 성층권에 황을 1킬로그램 잘 뿌리면 (……)"
출처: David G. Victor, M. Granger Morgan, Jay Apt, John D. Steinbruner and Katharine Ricke, "The geoengineering option: a last resort against global warming?" *Foreign Affairs*, March, April 2009.
http://www.cfr.org/publication/18635/

324쪽: "지구의 생물량 가운데 인류가 차지하는 비율이 커질수록, 그리고 우리가 먹고사는 데 필요한 동물과 농작물의 비율이 커질수록, 우리는 전체 계에서 태양에너지와 다른 에너지를 더 많이 끌어오게 된다. (……)"
출처: *Gaia: A New Look at Life on Earth*, James Lovelock, Oxford, 1995, Oxford University Press, pp. 123~24.
인용 허가: James Lovelock and Oxford University Press.

329쪽: "우리는 지구가 기후와 그 조성을 통제한다는 사실을 알아보지 못한 탓에 우리가 마치 책임자인 양 직접 통제하려는 실수를 저질렀다. (……)"
출처: "James Lovelock: The Earth is about to catch a morbid fever that may last as long as 100,000 years", *The Independent*, January 16, 2006.
인용 허가: The Independent and James Lovelock.

346쪽: "간단한 계산으로 알 수 있는 사실은 지구 역사에서 해양에 산소가 결핍된 시기에 심층수의 황화수소 농도가 중대한 한계점을 넘었다면 (……)"
출처: the abstract of "Massive release of hydrogen sulfide to the surface ocean and atmosphere during intervals of oceanic anoxia," by Lee R. Kump, Alexander Pavlov and Michael A. Arthur, *Geology*, May 2005; v. 33; no. 5; pp. 397~400.
http://geology.geoscienceworld.org/cgi/content/abstract/33/5/397.

349쪽: "아침 기온이 [화씨] 120도(섭씨 49도)에다 바람도 없고 그늘을 만들 나무도 없다. 초목이 더러 눈에 띄지만, 작고 바짝 마르고 생육이 더뎠다. (……)"
출처: *Under a Green Sky*, Peter D. Ward, New York, 2007, Smithsonian Books, HarperCollins Publishers, pp. 139~40.
인용 허가: Peter D. Ward and HarperCollins.

CLIMATE WARS